짬낚과 일명 전투낚시에 최적화 설계

HiTMAN
Good Choice

Stylish & Convenient

편리함과 멋스러움에 물들다 – 아이콘 보조가방, 히어로 로드가방

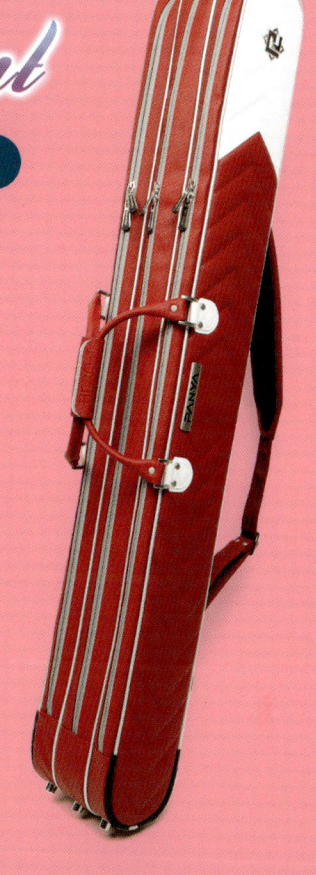

ICON-I
아이콘 보조가방
가로: 500mm 세로: 330mm
높이: 350mm 용량: 38L

HERO-I
히어로 로드가방 3단
가로: 1280mm 세로: 190mm
높이: 140mm

경원 배합술 총정리

아쿠아삼합
회유중인 물고기를 불러들이고 유입된 대상어를 묶어두며 반복입질을 유도하는 레전더리 배합술

 +  +  +

아쿠아텍2 50cc + 아쿠아김밥 50cc + 아쿠아텍블랙 50cc + 물 100cc

폰으로 촬영하여 영상으로 확인

3232
기존 3:2:3(텍2:물:찐버거)의 물성을 업그레이드 시킨 배합술

초기 집어용
 +  +  (10분 숙성)  +  +

아쿠아텍X 150cc + 매쉬포테이토 대립 100cc + 물 150cc + 찐버거 50cc + 향버거 50cc

영상으로 확인

집어 후 먹이용
 +  (10분 숙성) +  +

아쿠아텍X 150cc + 물 150cc + 매쉬포테이토 소립 50cc + 향버거 100cc

챔피언
제1회 AFC리그 우승자 배합술

 +  (10분 숙성)

아쿠아블루 150cc + 물 125cc + 알파글루텐 25cc

영상으로 확인

어텍2
극강의 동물성 성분 조합으로 전투적인 낚시가 필요할 때

 +  (10분 숙성)  +  or

아쿠아텍2 150cc + 물 150cc + 어분글루텐6 낱봉1 + 크릴새우가루 25cc + 오징어내장가루 25cc

영상으로 확인

글루텐 삼합

입질이 빈약할 때
 +  +  +

화이트글루텐6 낱봉1 + 딸기글루텐6 낱봉1 + 스노우글루텐 50cc + 물 220~230cc

영상으로 확인

깊은 수심일 때
 +  +  +

밀키글루텐6 낱봉1 + 스노우글루텐 50cc + 글루텐 덕용 50cc + 물 180~190cc

영상으로 확인

 AFC 카페 주소 http://cafe.naver.com/aquatek
검색어 : 네이버 카페 앱에서 "경원 afc" 카페명으로 검색

낚시는 Feeling 이다.

리미티드 마스타 29 NEW

· 장절 특유의 묵직한 허리힘과 제압력
· 튜블라와 솔리드를 접목한 하이브리드 초리대
· 챔질의 경쾌한 소리.
· 6절 / 무게 80g

● AS - 구매처나, 보증서를 통한 택배AS 가능합니다.
● 본사 : 경기도 광주시 오포읍 신현로 104-6 (2층 비제이)
● TEL : 031.716.7565
● 홈페이지 : http://www.bjfish.kr

BJ

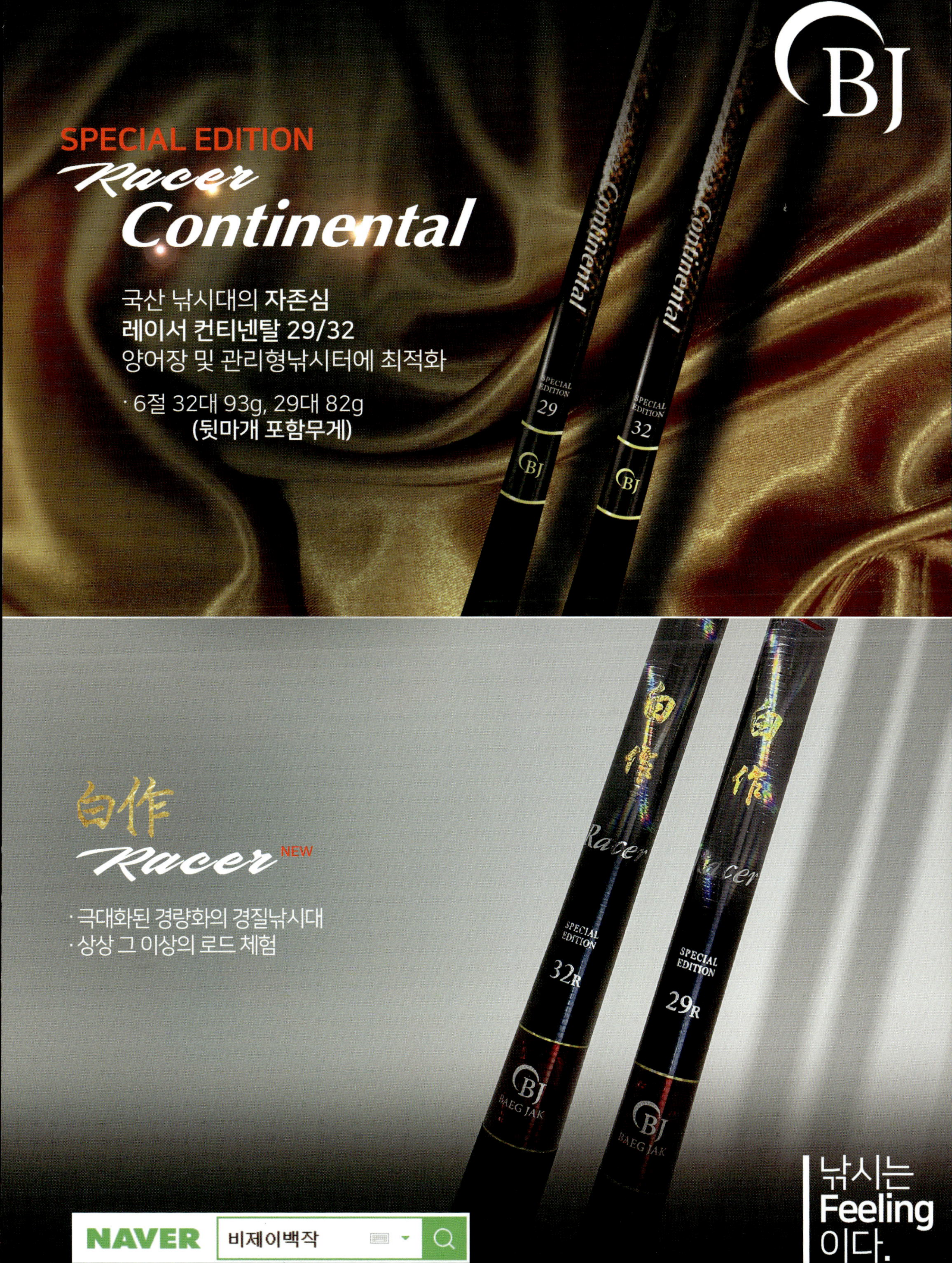

BJ
SPECIAL EDITION
Racer
Continental
국산 낚시대의 자존심
레이서 컨티넨탈 29/32
양어장 및 관리형낚시터에 최적화
· 6절 32대 93g, 29대 82g
(뒷마개 포함무게)
Continental
SPECIAL EDITION 29
SPECIAL EDITION 32
白作
Racer NEW
· 극대화된 경량화의 경질낚시대
· 상상 그 이상의 로드 체험
Racer
SPECIAL EDITION
32R
29R
BJ BAEG JAK
NAVER
비제이백작
낚시는
Feeling
이다.

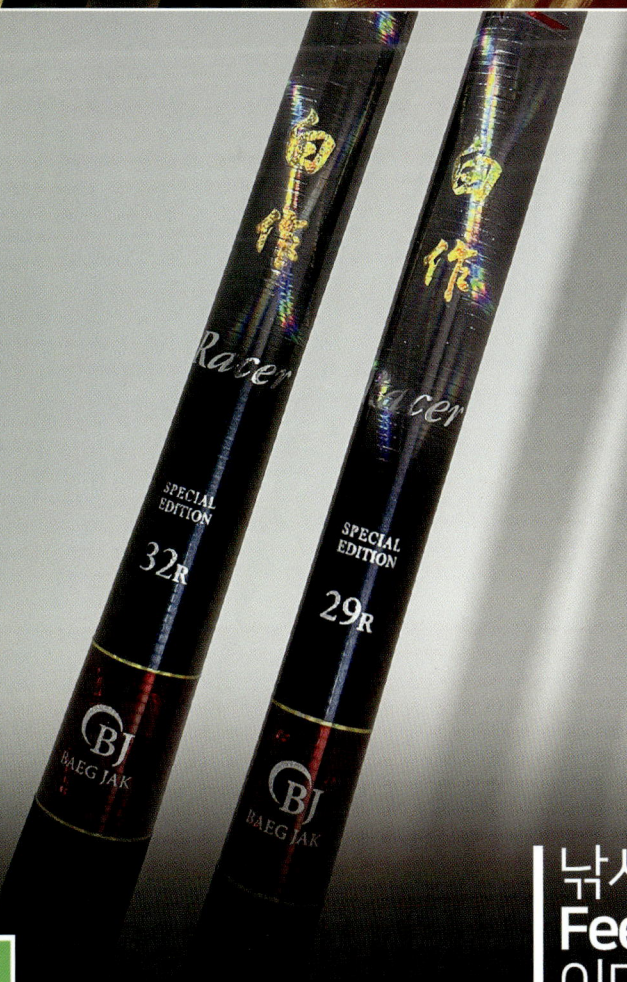

우경레저 더블유받침틀 세트상품 리스트

Fishing Rod Strut Controller
WRSC

W받침틀 Set A
(나무좌대/관리터/유료터용)

- 2단   RSC-SA2
- 3단   RSC-SA3
- 5단   RSC-SA5

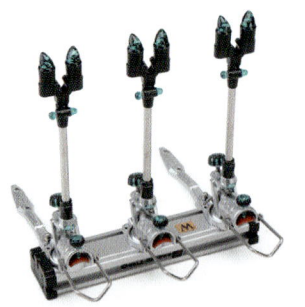
RSC-SA3

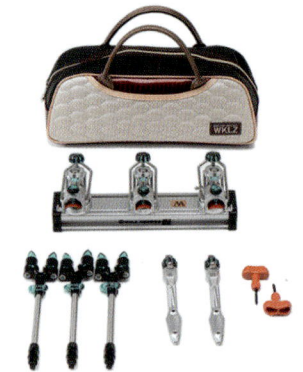

[구성]
W받침틀 일자형프로파일
일자다리 x2
데크볼트 (피스볼트) x2
뒤꽂이 (브레이크형, 긴봉) x단수
가방

W받침틀 Set B
(자연지, 짬낚시용)

- 3단   RSC-SB3
- 5단   RSC-SB5
- 6단   RSC-SB6

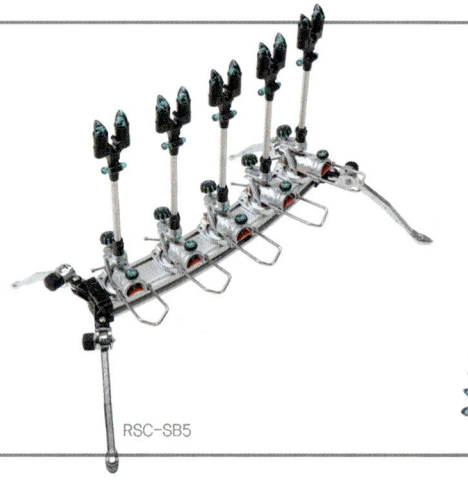
RSC-SB5

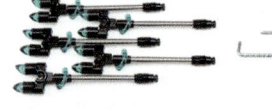

[구성]
W받침틀 라운드형프로파일
스파이더렉 x2
팩 (다리고정용) x2
뒤꽂이 (브레이크형, 긴봉) x단수
가방

W받침틀 Set S
(다대편성, 자립다리용)

- 5단   RSC-SS05
- 6단   RSC-SS06
- 10단   RSC-SS10
- 12단   RSC-SS12

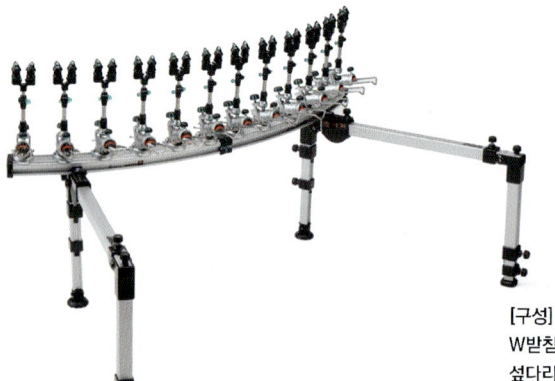
RSC-SS12

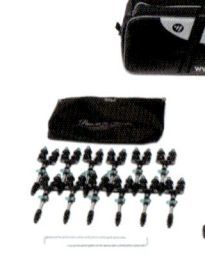

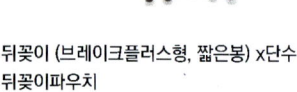

[구성]
W받침틀 라운드형프로파일
섶다리 한조(2개)
팩 (다리고정용) x2
뒤꽂이 (브레이크플러스형, 짧은봉) x단수
뒤꽂이파우치
가방

우경레저 부품몰 오픈
이제 작은 부품 하나를 구하려 떠돌지 않으셔도 됩니다.

NAVER

 우경레저 부품몰   smartstore.naver.com/wklz

CS 1833-6488
ADD 대구시 동구 (도동) 도평로 117-4 우경레저

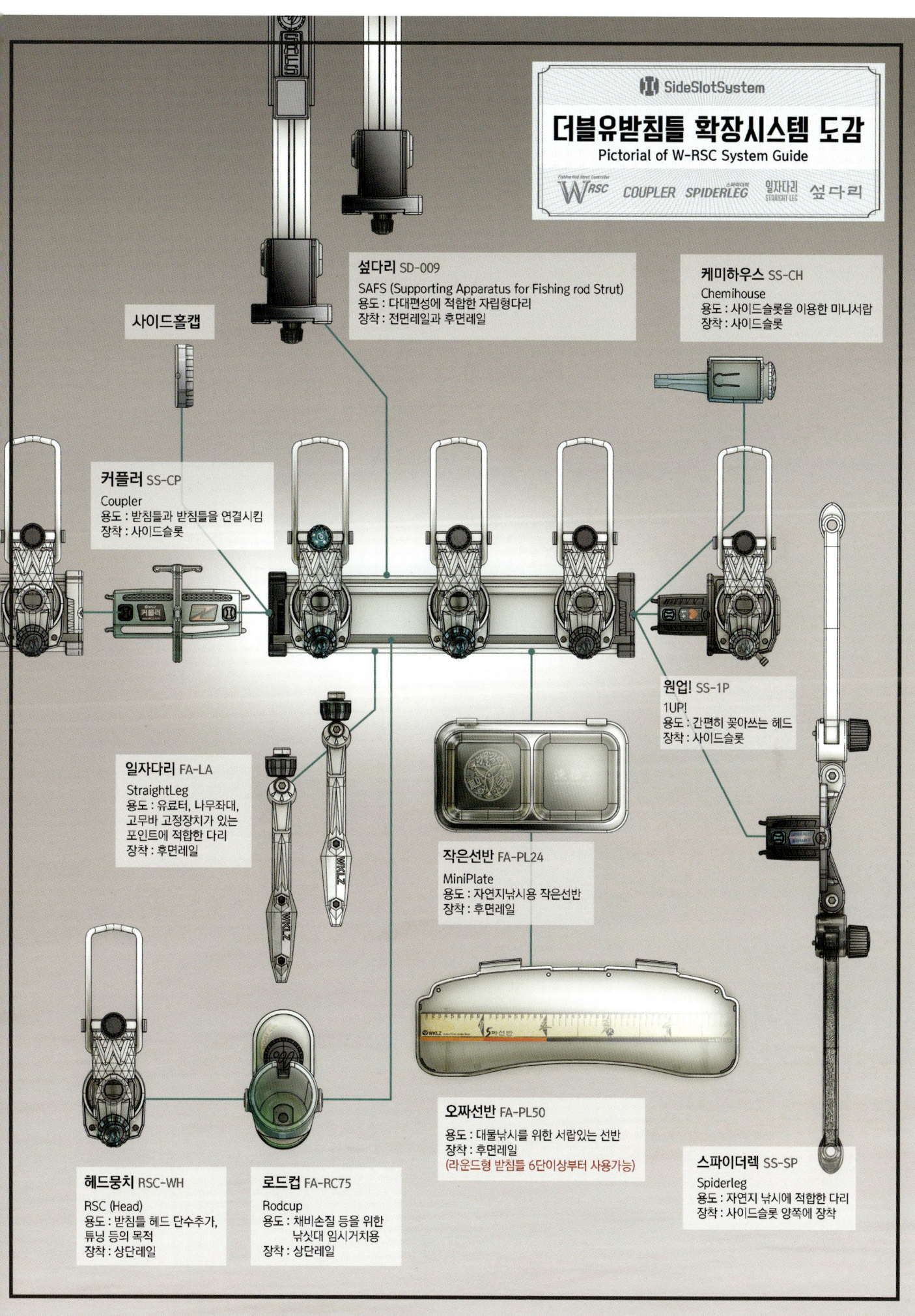

스위벨 채비!
오월이찌! 물방개찌!
조황정보! 조행기!
낚시 장비와 소품!
성제현의 낚시 동영상!

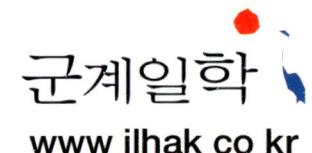
www.ilhak.co.kr

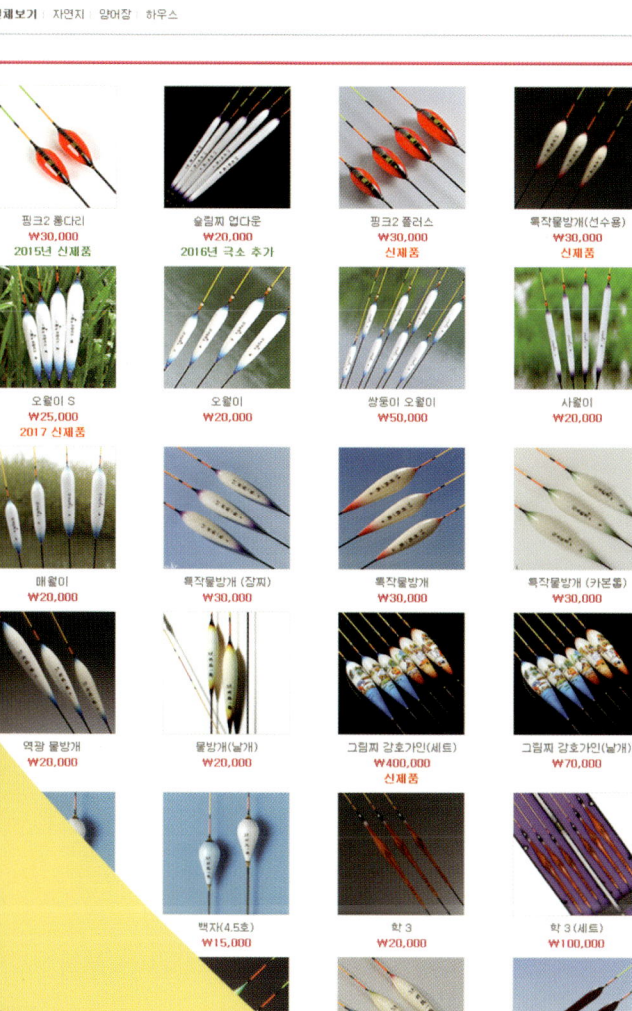

스위벨 채비!
오월이찌! 물방개찌!
조황정보! 조행기!
낚시 장비와 소품!
성제현의 낚시 동영상!

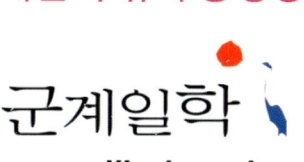

www.ilhak.co.kr

마루큐 삼합 와이삼

 +  +  + 물

와다글루	이모글루텐	글루텐3	물
50cc	50cc	(1포)100cc	225cc

➡ 5분간 방치 후 10~20회 치대기

Why 와이삼?

[솜사탕처럼 부풀어 붕어를 유혹하는   와다글루
집어력과 비중에서 안정적인 고구마성분의   이모글루텐
딸기향과 색감으로 베이스떡밥에 최적인   글루텐3]

수년에 걸쳐 전문조사들에게 검증받은 최강의 전통바닥낚시 삼합 블렌딩

 잘낚이는 미끼만들기 외길

(주)다솔 경기도 화성시 영통로 23
Tel.031-206-0302 Fax.031-206-2162
마루큐 홈페이지 http://www.marukyu.co.kr/

(주)만어 부산광역시 동래구 충렬대로 113(온천동)
Tel.051-557-7070 Fax.051-557-7090

모든 입질을, 깔끔하게, 먹는다

● **노리텐 (45g * 3개입)**

민물 바닥낚시용 제품으로 개발된 노리텐에는 붕어와 잉어류가 선호하는 집어성분이 다량 함유되어 있습니다. 경이로운 떡밥 유지력을 자랑하며, 유연한 탄력으로 떡밥이 제대로 바늘에 남습니다. 잡어가 많고 활성이 좋은 고수온기이거나, 천천히 장시간 기다릴 필요가 있는 저수온기에도 유용합니다! 손에 잘 붙지 않고, 공 모양으로 쉽게 만들 수 있는 촉감이므로 초보자도 사용하기 쉬운 떡밥입니다.

● **만드는 방법**

노리텐 100cc + 물 100cc

소포장 한봉을 떡밥그릇에 붓고, 물 100cc를 넣습니다. 가루 상태가 보이지 않도록 다섯손가락을 이용해서 빠르게 10회 정도 젓습니다. 3분~5분 정도 방치 후 떡밥그릇 한쪽으로 모아서 손톱만한 사이즈로 공 모양으로 만들어서 바늘에 달아서 사용합니다.

● **세트낚시로 함께 쓰면 좋은 제품들**

천하무쌍, 역작 천하무쌍, 바라케무기, 입전

● 노리텐 (45g * 3개입)

신제품 노리텐

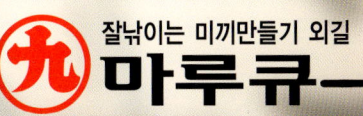

(주)다솔 경기도 화성시 영통로 23
Tel.031-206-0302 Fax.031-206-2162
마루큐 홈페이지 http://www.marukyu.co.kr/

(주)만어 부산광역시 동래구 충렬대로 113(온천동)
Tel.051-557-7070 Fax.051-557-7090

CONTENTS

화보 365일 24시간 물고기와 맘껏 놀 수 있는 곳_16

PART 1 입문하기
1. 유료낚시터의 매력과 트렌드 낚시를 쉽고 편하게 즐길 수 있다_26
2. 유료낚시터의 종류 양어장형과 관리형, 손맛터와 잡이터_28
3. 유료낚시터에서 낚이는 물고기들 향붕어가 주인공, 손맛·입맛 어종 다양_32
4. 입문자시라고요? 알고 있어야 할 낚시용어들_36

PART 2 장비와 채비
1. 종류와 쓰임새 2.9~3.2칸 낚싯대 가장 많이 쓰이고 양어장형, 손맛터는 낚시좌대 있으면 편리_40
2. 낚시용품 지상전시 낚싯대 | 앞받침대 | 튜닝용품 | 낚시가방 | 낚시좌대 | 받침틀 | 찌 | 채비소품_42
3. 전자케미 화학케미보다 비싸지만 밝고 편리_51
4. 많이 쓰는 6가지 채비 외봉돌·스위벨(분할봉돌)·편대·내림·얼레벌레·사슬_52
5. 채비 묶음법 초릿줄 묶음법·끝고리 만들기·도래 연결법·안돌리기 바늘 묶음법·손가락 돌리기 바늘 묶음법_54
6. 찌와 낚싯대의 활용 찌맞춤·낚싯대 편성·챔질·끌어내기_60

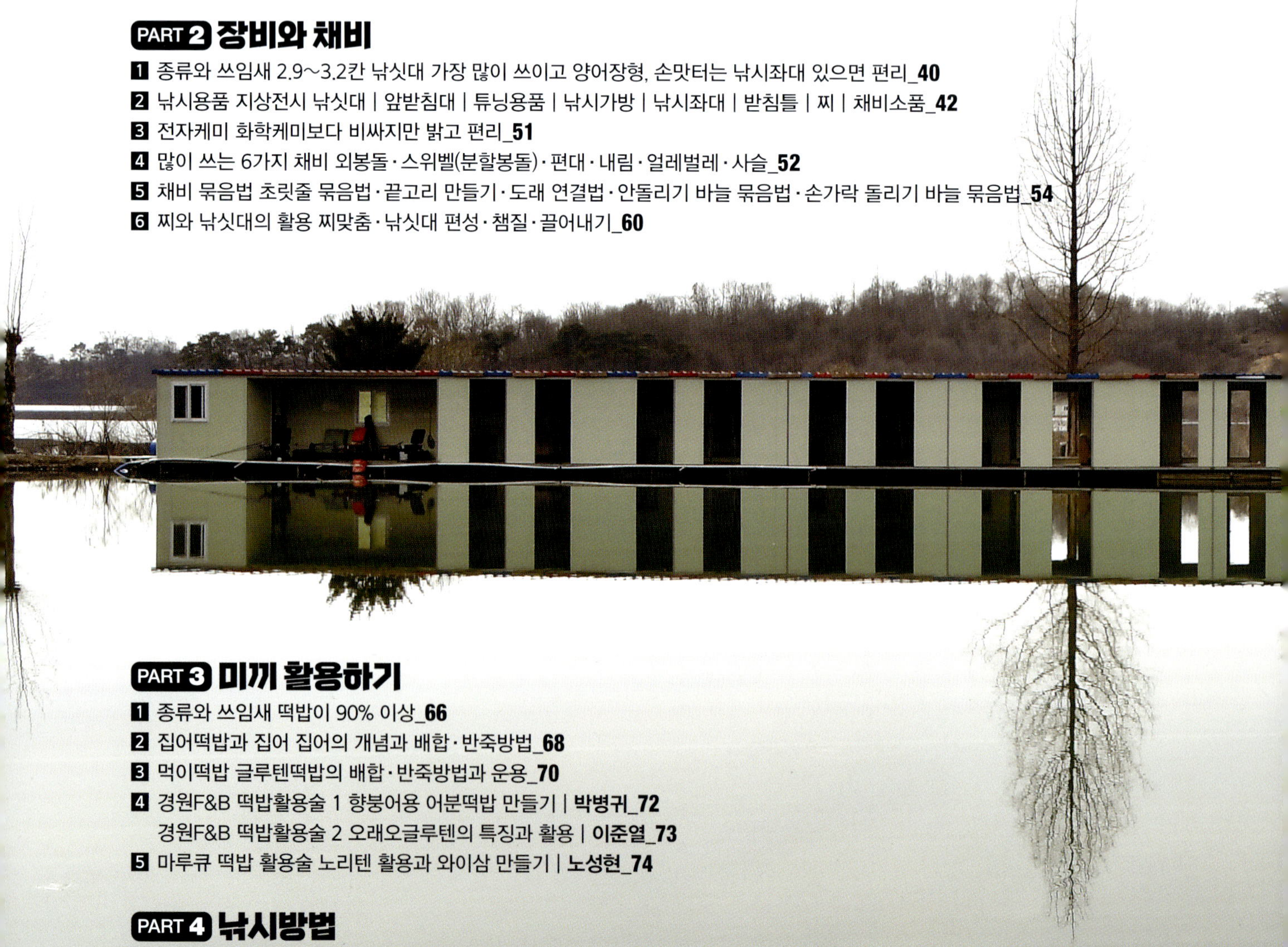

PART 3 미끼 활용하기
1. 종류와 쓰임새 떡밥이 90% 이상_66
2. 집어떡밥과 집어 집어의 개념과 배합·반죽방법_68
3. 먹이떡밥 글루텐떡밥의 배합·반죽방법과 운용_70
4. 경원F&B 떡밥활용술 1 향붕어용 어분떡밥 만들기 | 박병귀_72
   경원F&B 떡밥활용술 2 오래오글루텐의 특징과 활용 | 이준열_73
5. 마루큐 떡밥 활용술 노리텐 활용과 와이삼 만들기 | 노성현_74

PART 4 낚시방법
1. 고수 성제현 따라하기 유료터에서 향붕어 한 마리 낚기까지_78
   채비의 운용 유동채비 폭을 2cm만 주어라_88
   중국붕어 집어 최강 테크닉 반스윙_90
   토종붕어 유료터낚시 집어낚시와 길목낚시를 병행하라_92
   겨울 물대포낚시 밤에 입질 활발, 미끼는 작고 부드럽게_96

낚시春秋 무크지 11
유료낚시터 붕어낚시

- **2** 박병귀의 하우스낚시 성공전략 헛챔질 잦다면 동일 부력의 긴 찌 써라_72
- **3** 수상좌대낚시 1 출조 전 챙겨야 할 기본수칙 5_102
  수상좌대낚시 2 봄 갈대 +버드나무 공략법_106
- **4** 내림낚시 1 입질 파악 능력 뛰어난 고감도 채비의 낚시_108
  내림낚시 2 최강 테크닉 세미단차낚시_113
- **5** 떡붕어 중층, 제등낚시 수심 깊은 잔교에서 즐기는 손맛 화끈_116
- **6** 경기낚시의 세계 공정한 규정 아래 기량을 겨룬다_120

PART 5 낚시터

- 1 강원 춘천 강촌낚시터_124
- 2 강원 춘천 하늘낚시공원_125
- 3 강원 횡성 안흥낚시공원_126
- 4 경기 가평 도장골낚시터_127
- 5 경기 광주 유정낚시터_128
- 6 경기 광주 진우낚시터_129
- 7 경기 광주 추곡낚시터_130
- 8 경기 안성 개나리낚시공원_131
- 9 경기 안성 고삼지_132
- 10 경기 안성 덕산낚시터_133
- 11 경기 안성 도곡낚시터_134
- 12 경기 안성 두메낚시터_135
- 13 경기 안성 만정낚시터_136
- 14 경기 안성 산우물낚시터_137
- 15 경기 안성 설동하우스낚시터_138

- 16 경기 안성 성주리낚시터_139
- 17 경기 안성 월향낚시터_142
- 18 경기 안성 장광낚시터_143
- 19 경기 안성 칠곡낚시터_144
- 20 경기 양주 연곡낚시터_145
- 21 경기 양평 고재낚시글램핑장_146
- 22 경기 용인 연천 백학낚시터_147
- 23 경기 용인 삼인낚시터_148
- 24 경기 용인 송전지_149
- 25 경기 포천 가산낚시터_150
- 26 경기 포천 동교낚시터_151
- 27 경기 포천 용담대물낚시터_152
- 28 경기 화성 고잔낚시터_153
- 29 경기 화성 노진낚시터_154
- 30 경기 화성 동방낚시터_155
- 31 경기 화성 어천낚시터_156
- 32 경기 강화 항포낚시터_157
- 33 충남 공주 자연농원낚시터_160
- 34 충남 당진 안국지_161
- 35 충남 당진 전대리지낚시터_162
- 36 충남 부여 캠피그라운드_163
- 37 충남 서산 덕송낚시터_164
- 38 충남 아산 냉정낚시터_165
- 39 충남 아산 봉재낚시터_166
- 40 충남 아산 영인낚시터_167
- 41 충남 아산 죽산낚시터_168
- 42 충남 예산 예당지_169
- 43 충북 괴산 문광낚시터_170
- 44 충북 괴산 신흥낚시터_171
- 45 충북 음성 사계지낚시터_172
- 46 충북 청주 호암낚시공원_173
- 47 충북 충주 모점낚시터_174
- 48 충북 충주호_175

판권_176

경기 안성 청월낚시터

| 화보 |

365일 24시간
물고기와 맘껏 놀 수 있는 곳

유료낚시터는 단어 그대로 돈을 내고 낚시를 하는 곳이다. 저수지 등을 임대해 유료낚시터를 운영하는 낚시터 사장은, 고객인 낚시인이 더 많이 더 자주 찾도록 낚시터를 가꾸는 데 공을 들인다. 낚시인이 쉽게 물고기를 낚을 수 있도록 고기 방류를 많이 하고 또 오래 머물고 싶도록 시설을 계속해서 업그레이드한다. 식당을 기본으로 갖추고 있는 낚시터가 대부분이며 맛에도 신경을 쓴다. 이렇듯 낚시인들이 바라는 대로 변모해온 유료낚시터의 요즘 트렌드는 '편의'다. 1년 365일 하루 24시간 연중무휴 개장해 언제 찾아도 낚시를 즐길 수 있으며 펜션보다 더 좋은 숙박시설을 갖추고 낚시인은 물론 가족까지 함께 맞고 있다. 사진으로 '럭셔리'하게 바뀐 유료낚시터를 만나보자.

물위의 별장, 녹음이 짙게 배인 수상좌대에서 입질을 기다리고 있는 낚시인들(경기 포천 중리낚시터).

럭셔리한 요즘 유료낚시터 풍경. 수상 글램핑장에서 채비를 던지고 있다(경기 안성 두메낚시터).

낚시터 수상 글램핑장의 내부.

낚시터에서 저녁식사를 하며 회포를 풀고 있는 낚시인들.

통창문에 낚시터를 담은 방갈로좌대(경기 안성 개나리낚시터).

풍차 형태의 수상좌대가 들어서 이국적인 분위기를 자아내고 있다(충남 서산 덕송낚시터).

형형색색의 수상좌대들(경기 안성 금광호수낚시터).

물고기가 방류되고 있는 낚시터.

낚시터의 밤. 불을 밝힌 좌대와 수면의 찌가 어우러져 황홀한 분위기를 연출하고 있다.

수상좌대의 한가로운 오후(충북 괴산 문광낚시터).

입걸림과 함께 힘을 쓰는 붕어와 맞서는 낚시인의 낚싯대가 활처럼 휘었다(경기 포천 초원낚시터).

거칠게 저항하는 붕어.

수상좌대에서 낚은 월척 붕어를 들어 보이고 있는 윤창석 씨(경기 안성 고삼지).

경기 양평 고재글램핑장

유료낚시터의 매력과 트렌드
낚시를 쉽고 편하게 즐길 수 있다

유료낚시터는 낚시터 허가를 받은 농업용 저수지에 물고기를 방류하는 등 낚시를 할 수 있게 만든 곳을 말한다. '유료(有料)'라는 단어에서 알 수 있듯 돈을 내고 낚시하는 곳이다. 지방자치단체, 한국농어촌공사 등으로부터 일정 기간 공공수면을 임대해 낚시터 허가를 받은 낚시터 업주는, 임대한 저수지 등에 물고기를 방류하고 낚시터 시설을 설치해 손님을 맞는다.

기본적으로 물고기를 방류해 영업하고 있는 유료낚시터는 자연적으로 어자원이 조성된 일반 저수지나 수로 등에 비해 대부분 낚시가 잘 된다고 보면 맞다. 그래서 장거리를 이동하기엔 부담이 되고 평일에 잠깐 시간을 내어 낚시를 즐기고 싶은 낚시인들이 유료낚시터를 찾는다.

도시어부 등 낚시가 TV에서 예능 프로그램으로 다뤄지고 낚시인구가 1천만명을 바라볼 정도로 늘어나고 있는 요즘, 낚시를 체험하고 싶은 국민의 욕구는 어느 때보다 높다. 이제 낚시터에서 여성이나 아이들을 만나는 것은 어려운 일이 아니다. 가족이 함께 낚시를 즐기는 모습도 자주 눈에 띈다. 유료낚시터들은 이러한 트렌드에 맞춰 낚시자리는 물론 숙박시설까지 완벽하게 갖추고 낚시인 손님들을 맞고 있다.

도시 근교에서 즐길 수 있어 매력

유료낚시터는 도시 근교에 많다. 도시에 유료낚시터를 찾는 사람들이 많다는 얘기다. 주말을 이용해 낚시를 해야 하는 도시의 직장 낚시인들에게 유료낚시터는 쉽게 접근할 수 있는 낚시 공간이다. 대부분 1시간 전후의 가까운 거리에 있어, 지방의 자연 낚시터보다 이동시간과 기름값이 덜 들고 낚시를 더 오래 즐길 수 있다는 게 장점이다. 유료낚시터는 서울, 인천, 수원 등 수도권에 70% 이상 몰려 있다.

물론, 유료낚시터는 이동시간과 기름값을 줄일 수 있는 대신 입장 비용, 즉 입어료를 내야 한다. 하루에 수 만원 하는 입어료를 내고 좌대 등 숙박 겸용 낚시 시설을 이용하려면 따로 이용료를 내야 하는 만큼, 유료낚시터 낚시 비용은 만만치는 않다. 하지만 주말 교통체증을 피할 수 있고 더 여유 있게 낚시를 즐길 수 있다는 게 큰 메리트로 작용하면서 인기는 계속 치솟고 있다.

친구, 연인, 가족과 함께! 낚시 입문 장소로 적격

유료낚시터는 가족낚시터로 환영받고 있다. 가족과 함께하는 요즘 레저 트렌드가 낚시에도 반영된 결과다. 유료낚시터의 주 낚시 대상어는 붕어인데, 자연낚시터 붕어낚시는 고기가 밤에 잘 낚이는 만큼 야외에서 밤을 새야 하고, 이 과정에서 여성과 아이들이 함께하기에는 불편함이 많이 따를 수밖에 없다. 여성이나 아이들이 이용할 수 있는 깨끗한 화장실이 없다는 것도 큰 문제다.

이런 점에서 낚시인 아빠가, 또는 낚시인 남자친구가 가족, 연인과 함께 찾을 수 있는 낚시터로 유료낚시터만한 대안은 없다. 요즘은 펜션과 비교해도 손색이 없는 숙박시설을 겸한 낚시공간을 갖춘 유료낚시터들이 많이 있기 때문에 이런 곳을 함께 찾는다면 일행 모두 불편 없이 낚시를 즐길 수 있다.

잘 갖춰진 낚시터의 숙박시설은 여름에 에어컨이 나오고 냉장고가 있으며 낚시를 한 후 샤워실에서 몸을 씻을 수 있다. 깨끗하게 청소가 되어 있는 화장실이 있는 것은 물론이다. 또 보일러 등 난방장치가 설치되어 있어서 겨울에도 추위 걱정 없이 낚시를 할 수 있게 해놓았다.

때문에 가족이 낚시를 배우는데 데 있어 유료낚시터만한 곳이 없다. 유료낚시터는 낚시를 한 번도 해보지 않은 사람도 고기를 낚을 수 있도록 어자원을 관리 운영하고 있다. 정기적으로 많은 양의 고기를 방류한다. 따라서 유료낚시터는 낚시를 배우는 입문 장소로도 적합하다.

전문 동호인의 낚시 기량 경연의 장

500평~3천평 수면적의 비교적 작은 유료낚시터는 숙박시설 등 시설 투자보다는 고기 관리에 신경을 쓰는 일이 더 많다. 시설보다는 낚시로 고객을 끌겠다는 영업 전략이다. 이렇듯 규모가 작고 고기가 잘 낚이는 유료낚시터는 낚은 고기를 가져가지 못하도록 하고 손맛만 보고 놓아주도록 운영하곤 하는데 이러한 낚시터를 '손맛터'라고 부른다. 반대로 낚은 고기를 가져갈 수 있는 낚시터를 따로 '잡이터'라고 부른다.

숙박휴식시설이 놓인 낚시터 연안(경기 화성 동방낚시터).

겨울에 낚시인들이 하우스낚시터에서 붕어낚시를 즐기고 있다(충남 당진 고대하우스낚시터).

손맛터는 유료낚시터를 자주 찾는 전문 동호인의 기량을 겨루는 경연장으로 이용되는 경우가 많다. 동호인들끼리 모여 정해진 시간을 두고 자체적으로 낚시대회를 여는 것이다. 이런 식으로 많은 동호인이 모여 토너먼트를 치르듯 몇 차례의 경기를 통해 입상자를 가리는 큰 낚시대회가 열리기도 하는데, 이러한 낚시 스타일을 '경기낚시'라고 부른다.

좁은 공간에 많은 양의 물고기를 방류했다고는 하지만 생물인 물고기는 날씨, 수온, 물속의 산소 함유량, 낚인 빈도에 의해 컨디션, 즉 활성도가 달라지기 때문에 잘 낚이지 않을 때도 많다.

이러한 물고기의 활성도를 파악해서 좀 더 먹기 편하게 먹이를 만들고 낚시도구를 조정해야 하는데, 이러한 낚시인의 능력에 따라 잘 낚고 못 낚고 하는 기량 차이가 난다. 내가 사용하는 낚시도구와 활용하고자 하는 낚시방법을 통해 남보다 더 많은 고기를 낚았을 때 희열은 생각보다 커서, 전문 동호인들은 어떻게 하면 더 빨리 더 많이 고기를 낚을 수 있을까 연구하고 또 연구한다.

가족낚시가 이뤄지는 잡이터, 경기낚시가 이뤄지는 손맛터

가면 무조건 낚일 줄 알았던 유료낚시터에서 한 마리도 못 낚고 철수하는 일도 있다. 겨울철이 그렇다. 유료낚시터 중엔 겨울에도 낚시를 할 수 있도록 펌프로 물을 돌려 수면이 얼지 않도록 유지하는 곳이 있는가 하면, 큰 하우스를 만들어서 그 안에서 낚시를 할 수 있게 만든 곳도 있다. 펌프로 결빙을 막는 낚시터를 '물대포낚시터', 하우스 안에서 낚시할 수 있는 곳을 '하우스낚시터'라고 부른다.

자연 상태의 물고기는 얼음이 얼 정도의 낮은 수온에서는 활동 폭이 줄어들고 먹이활동도 둔해진다. 당연히 낚시는 잘 안되고 밤을 새고도 입질 한 번 보지 못하고 철수하기도 한다. 낚시도 안 되는 겨울에 낚시 가는 사람이 문제라고 할 수도 있지만, 낚시에 빠지게 되면 물만 봐도 좋고 잘 안 낚일 때는 한 번의 손맛이, 인내의 시간을 보상해줄 만큼 큰 희열을 준다.

> **역사**
> ## 우리나라 최초의 유료낚시터는?
>
> 우리나라에 최초로 유료낚시터가 등장한 시기는 언제일까? 유료낚시터의 등장 시기는 월간 낚시춘추의 기록을 통해 확인할 수 있는 정도인데, 1971년 9월호에 '주말을 즐겁게'라는 제목의 유료낚시터 화보 사진이 실렸고 이게 최초의 유료낚시터 기록이다. 소개된 낚시터는 경기 벽제의 송우양어장낚시터로, 우리나라 유료낚시터의 시초가 이 즈음에서 크게 벗어나지 않는다는 것은 확실하다.

| PART 1 | 입문하기 2

유료낚시터의 종류
양어장형과 관리형, 손맛터와 잡이터

낚시터업주들이 중심되어 결성한 낚시단체인 한국낚시업중앙회는 전국에 있는 유료낚시터 수를 1천여 개로 추산하고 있다. 하지만 이 숫자는 농업용 기반시설 관리기관인 한국농어촌공사가 관리하는 저수지를 임대한 낚시터 수를 집계한 것이고, 사유지의 물웅덩이를 낚시터로 운영하고 있는 곳도 꽤 있어 유료낚시터 수는 더 많을 것으로 보인다.

유료낚시터는 낚시터의 규모, 낚은 고기의 처리 방법, 낚시시설의 형태, 낚시방법, 어종 등에 따라 분류해 부르는 명칭이 있다. 구분 기준이 명확해 그에 따라 이름을 붙였다기보다는 낚시인이 낚시터를 어떻게 이용하느냐에 따라 부르고 있는 사례가 많다. 낚시인들이 많이 사용하는 낚시터 이름을 중심으로 유료낚시터의 종류를 살펴보도록 하자.

연안과 연결된 다리를 이용해 방갈로좌대로 향하고 있는 낚시인(경기 포천 중리낚시터).

낚시터의 규모
양어장형낚시터, 관리형낚시터, 자연형낚시터

■ 양어장형낚시터

양어장은 원래 물고기 등 수생물을 키우기 위해 육상에 인공으로 조성한 시설을 말한다. 규모가 커봐야 1천평을 넘기 힘든데, 양어장형낚시터라고 하면 수면적 크기가 500평에서 5천평에 이르는 작은 규모의 유료낚시터를 말한다고 이해하면 되겠다. 작은 수면적의 저수지를 임대한 곳도 있고 사유지에 웅덩이를 파서 만든 곳도 있다.

규모가 작은 만큼 앉을 자리나 햇빛과 비를 피할 수 있는 천막을 설치하는 정도로 낚시터를 꾸미고 있는 곳이 많다. 수면적이 작으므로 물고기의 밀도가 높다고 할 수 있는데 대체적으로 낚시도 잘 된다. 주로 낚은 고기를 방류하는 손맛터로 운영되고 있으며 입어료도 낚은 물고기를 가져갈 수 있는 잡이터보다 낮다. 최근엔 럭셔리한 숙박시설을 도입하는 등 시설 투자도 많이 이뤄지고 있다.

■ 관리형낚시터

관리형낚시터는 수면적이 1만평 이상으로 넓은 것이 특징이다. 수면적이 넓다 보니 관리실 앞이나 일부 구간에 낚시시설을 놓고 나머지 구간은 자연 상태 그대로 놓아두고 운영한다. 양어장형낚시터처럼 정기적으로 물고기를 방류하지만 수면적이 넓다 보니 특정한 포인트, 특정한 시간대 등 물고기가 잘 낚이는 조건을 맞춰야 낚시가 잘 된다. 숙박시설도 잘 갖춰 놓았으며 조경에도 신경 써 경관이 아름다운 곳이 많다. 낚은 고기를 가져갈 수 있는 잡이터로 운영하는 곳이 많으며 낚시시설과 숙박시설을 함께 이용해야 하는 경우가 많으므로 양어장형낚시터, 손맛터보다 입어료, 이용료가 높다.

■ 자연형낚시터

자연형낚시터라는 명칭은 따로 없지만 낚시터 종류를 이해하는 데 있어 필요하다고 판단해 따로 구분했다. 자연형낚시터는 수면적이 워낙 넓어 전체적인 관리가 어렵거나 청소비 등의 이용료만 받는 낚시터를 말한다. 수면적 329만평으로 전국에서 가장 큰 저수지인 예산 예당지는 유료낚시터이지만 규모가 워낙 크다 보니 한 저수지 내에 10개 이상의 낚시터 업주가 구간을 나눠 영업을 하고 있다. 또 물고기 방류가 이뤄지고 있긴 하지만 양어장형낚시터나 관리형낚시터처럼 자주 이뤄지고 있지는 않다. 인위적인 관리보다는 자연 상태의 낚시 조건을 이용한다고 볼 수 있다. 대부분 수상좌대 등의 낚시시설만 갖춰 놓고 손님을 받는다.

수면적 2천900만여 평으로 우리나라에서 가장 큰 규모를 자랑하는 충

양어장형낚시터(경기 여주관광농원낚시터)

관리형낚시터(충남 당진 가교리낚시터)

자연형낚시터(충북 충주호)

방갈로낚시터(경기 가평 도장골낚시터)

접지좌대(경기 화성 안석낚시터)

낚시잔교(충남 공주 우목낚시터)

잔교식 방갈로좌대(경기 용인 삼막곡낚시터)

다리로 연결된 방갈로좌대(경기 용인 삼인낚시터)

수상좌대(경기 안성 덕산낚시터)

낚시터 안내판. 입어료, 낚시방법, 사용금지 사항 등을 알리고 있다.

낚은 붕어를 방류하고 있는 낚시인.

주호도 자연형낚시터다. 충주호에 구간을 나눠 낚시터 영업을 하고 있는 낚시터업주만 28명이다.
한편, 마을 주민들이 저수지 관리자가 되어 청소비 명목으로 5천원~1만원의 입어료를 받고 있는 곳도 자연형낚시터라고 할 수 있다. 이런 곳은 낚시시설이 들어서 있지 않고 자연 상태의 저수지에서 그냥 낚시를 하고 오는 형태다.

낚은 고기의 처리 방법
손맛터와 잡이터

■ 손맛터
낚은 고기를 가져가지 못하고 다시 방류해야 하는 낚시터다. 양어장형낚시터에서 이런 식으로 운영하는 곳이 많으며 잡이터보다 입어료가 낮다.

■ 잡이터
낚은 고기를 가져갈 수 있는 낚시터다. 낚은 고기를 가져갈 수 있게 하되 개체수를 제한하는 곳도 있다. 관리형낚시터, 자연형낚시터가 이런 방법으로 낚시터를 운영하고 있으며 손맛터, 양어장형낚시터보다 입어료가 높다.

낚시 시설의 형태
잔교낚시터, 방갈로낚시터, (수상)좌대낚시터, 하우스낚시터

낚시터업주는 보통 낚시 구간에 낚시인이 편하게 낚시를 편하게 할 수 있도록 사각 형태의 평평한 1인용 접지좌대를 설치하고 있다.

■ 잔교낚시터
'잔교(棧橋)'는 선박을 접안하기 위해 육상에서 수상으로 뻗어나간 형태의 수상구조물을 말한다. 잔교낚시터는 연안에서 저수지 중앙부 혹은 좌우 방향으로 잔교를 설치해 낚시자리를 마련한 낚시터를 말한다.

■ 방갈로낚시터
'방갈로'는 간단한 형태의 주거형 목조시설을 말한다. 방갈로낚시터는 간단하게 휴식을 취할 수 있는 공간을 확보한 낚시시설이라고 이해하면 되겠다. 낚시자리 뒤편에 몸을 뉘울 수 있는 침대를 놓은 방갈로 형태도 있고 화장실과 취침실을 따로 마련한 고급형도 있다. 연안에 나란히 붙여서 짧은 길이의 다리로 건너가도록 만들었다.

■ (수상)좌대낚시터
좌대는 낚시하기 편하도록 만든 낚시시설을 말한다. 보통 사각 형태의 좌대 밑에 부력재를 묶고 물 위에 띄우는 수상좌대를 뜻한다고 보면 맞다. 따라서 좌대낚시터라고 하면 수상좌대낚시터라고 이해하면 되겠다. 물고기가 잘 나올만한 곳에 수상좌대를 갖다놓고 사각 좌대 모서리에 설치한 폴대를 내려 물속 땅에 박아 고정시킨다. 수상좌대는 위치가 고정되어 있는 것이 아니라 낚시터업주가 1년에 두세 번 정도 낚시가 잘 될만한 곳에 옮겨놓는 것이 보통이다.

■ 하우스낚시터
돔 또는 삼각 형태 지붕을 갖춘 실내 낚시터다. 수면이 어는 겨울에 추위를 피해 낚시를 할 수 있도록 만든 낚시터로, 수면적 규모가 500평 전후로 작은 것이 대부분이다. 겨울에 운영할 목적으로 연안 한 곳에 웅덩이를 파서 하우스낚시터를 만든 유료낚시터가 많다. 또 아예 하우스낚시터만 운영하고 있는 유료낚시터도 있다.

낚시방법
바닥(올림)낚시터, 내림낚시터, 전층(중층)낚시터

유료낚시터의 낚시방법은 크게 바닥(올림)낚시, 내림낚시, 전층(중층)낚시로 나뉜다. 올림낚시는 허용하고 내림낚시나 전층낚시는 허용하지 않은 곳이 늘고 있다. 전층(중층)낚시터는 떡붕어가 잘 낚이는 낚시터라고 이해하면 되겠다.

어종
토종(붕어)터, 떡붕어터, 향어터, 잉어터…

주로 낚이는 어종에 따라 부르는 낚시터 이름이다. 2023년 현재 전국의 유료낚시터에 방류하고 있는 물고기는 붕어와 향어의 교잡종인 향붕어가 대부분이다. 유료낚시터를 찾았는데 따로 낚시 어종에 대해 설명을 해놓지 않았다면 향붕어가 주로 낚인다고 보면 맞다. 토종(붕어)터, 떡붕어터, 향어터, 잉어터 등은 주로 낚이는 어종이 토종붕어, 떡붕어, 향어, 잉어라는 뜻이다.

연안잔교와 방갈로좌대가 수변을 따라 설치된 낚시터(경기 안성 청월낚시터).

연안을 따라 다리로 연결된 수상좌대가 설치된 낚시터(경기 용인 고초골낚시터).

유료낚시터 붕어낚시 | 31

유료낚시터에서 낚이는 물고기들
향붕어가 주인공, 손맛·입맛 어종 다양

유료낚시터는 정기적으로 물고기를 방류해야 낚시가 꾸준히 잘 된다. 낚시인이 내는 입어료엔 낚시터업주의 방류 물고기 구입 비용이 포함되어 있는 셈이다. 충주호와 같이 자연 상태의 어자원만으로 낚시가 이뤄지는 대형 낚시터는 예외일 수 있지만 그것은 일부일 뿐이다.

유료낚시터 인구가 몰려 있는 수도권의 낚시터들은 10만평 내외의 소형 저수지가 주를 이루며, 낚시터업주는 손님들이 많이 몰리는 주말을 전후해 정기적으로 물고기를 방류한다. 낚시터업주 입장에선 경제적 논리를 적용해 수지타산이 맞는 물고기를 구입할 수밖에 없는데, 2023년 현재 양어장형낚시터, 관리형낚시터에 주로 방류되는 물고기는 향붕어로, 붕어와 향어를 교배한 교잡종이다.

수조차를 이용해 붕어를 방류하고 있다(경기 화성 안석낚시터).

토종붕어→향어→중국붕어→향붕어

1970년대 초 수도권을 중심으로 등장하기 시작한 유료낚시터에 방류된 어종은 토종붕어, 잉어가 주를 이뤘다. 양식은 아니었고 다른 저수지에서 그물로 잡은 물고기를 사다가 방류하는 형태였다. 유료낚시터에 양식산이 본격적으로 등장하기 시작한 시기는 80년대를 넘어서면서부터다. 소양호, 파로호, 충주호, 대청호 등 댐호소를 중심으로 양식이 이뤄졌던 향어가 그 주인공이다. 이 향어가 댐에서 낚시어종으로 인기를 끌자 유료낚시터마다 향어를 앞다퉈 구입해 방류했다.

90년대 중반을 넘어서는 양식산 중국붕어가 향어를 대체해 방류되기 시작했다. 붕어를 중국에서 수입해 방류한 것이다. 중국붕어는 토종붕어와 비교해 외형과 습성이 비슷하고 무엇보다 토종붕어보다 값이 싸다는 게 매력이었다. 그 뒤 2010년대 중반까지 유료낚시터를 대표하는 낚시어종은 중국붕어였다. 그러나 2010년대 초부터 중국붕어 수입 통관절차가 엄격해지면서 수급의 어려움이 따르기 시작했다. 통관절차를 모두 마치고 유료낚시터에서 방류된 중국붕어는 폐사하기 일쑤였다. 그렇게 해서 중국붕어를 대체해 방류되기 시작한 어종이 향붕어다.

2023년 현재 유료낚시터에 주로 방류하고 있는 어종은 향붕어이지만 그 외 낚시인의 기호와 취향에 맞춰 다른 어종으로 손님을 맞고 있는 낚시터들도 많다. 전통의 토종붕어를 비롯해 잉어, 떡붕어, 잉붕어, 향어, 메기 등으로, 겨울에 한시적으로 냉수성 어종인 무지개송어를 방류하기도 하고 빙어낚시터를 따로 개장하기도 한다. 열대성 어종인 역돔을 수십년 간 방류하는 전용 낚시터도 있으며 랍스터낚시터도 성행 중이다.

■ (토종)붕어

우리나라 민물낚시 대표어종이다. 붕어는 저수지든 수로든 강이든 물이 있는 곳이라면 전국 어디에서나 만날 수 있으며 어자원 역시 풍부하다. 낚시 문외한도 알고 있는 월척이라는 용어는 이 붕어에서 비롯됐다. '월척(越尺)'이란 1척, 즉 30.3cm를 넘은 붕어를 말한다. 먹이 여건이 좋으면 40~50cm까지 성장한다. 야생 붕어는 힘이 좋고 먹성이 강하다. 다만 양식에 있어 향붕어에 비해 성장속도가 더디기 때문에 값이 비싸다. 만약 향붕어와 값이 비슷하고 공급량만 충분하다면 유료터업주들은 토종붕어를 방류할 것이다. 어종의 명칭은 그냥 붕어다. 그러나 떡붕어, 중국붕어, 향붕어 등과 구분짓기 위해 우리나라의 붕어라는 뜻에서 토종붕어라고 부르고 있을 뿐이다.

■ 떡붕어

1972년에 일본에서 들여온 수입산이이지만 이식된 지 50년이 넘어 토

잉어를 걸어 손맛을 즐기고 있는 낚시인(경기 공주 명곡낚시터).

착화됐다고 봐도 무방하다. 일본에선 붕어낚시 하면 떡붕어낚시를 뜻할 정도로 대중화 되었다. 동물성 식물성 가리지 않고 먹는 토종붕어와 달리 떡붕어는 물속의 식물성 플랑크톤을 주식으로 하는 식물성이다. 하지만 토착 떡붕어는 식물성 플랑크톤만을 취하지는 않고 동물성인 지렁이도 잘 먹는다. 토종붕어에 비해 성장속도가 빠르며 40cm 이상 성장하고 자연낚시터에선 50cm가 넘는 녀석도 올라온다. 2010년대 중반 이후 개체수가 급격히 줄어들면서 낚시터도 줄었다. 토종붕어에 비해 아래턱이 더 튀어나온 것이 특징이다.

■ 중국붕어

중국에서 양식하고 있는 어종으로 야생에 방류된 중국붕어는 토종붕어와 구분하기 어려울 정도로 생김새가 비슷하다. 동물성, 식물성 가리지 않는 잡식성으로 토종붕어에 비해 먹성이 약하고 힘이 떨어진다는 게 낚시에서 드러나는 차이점이다. 1990년대 말부터 2010년대 말까지 유료낚시터 대표어종이었으나 향붕어에게 자리를 내주었다.

■ 향붕어

향붕어는 향어와 붕어를 섞어 만든 교잡종이다. 향어와 붕어의 습성을 고루 갖춘 향붕어는 폐사율이 적고 힘도 장사여서 유료터업주와 낚시인 모두에게 큰 인기를 얻고 있다. 물돼지라는 별명을 갖고 있는 향어의 DNA를 갖고 있다 보니 손맛이 헤라클래스급라는 게 낚시인들의 공통된 평이다. 토종붕어와 비교해 몸통이 더 넓으며 머리가 작은데 머리는 향어에 가깝다. 바닥층에서 주로 먹이활동을 하는 토종붕어와 달리 향붕어는 먹이층과 수온에 따라 중층과 상층으로 수시로 오가는 게 특징이다. 유료터에 주로 방류되는 크기는 25~35cm다.

■ 잉어

잉어만을 방류하는 전용 낚시터가 있기는 하나 향붕어와 함께 일부 섞여 방류되는 게 일반적이다. 25~35cm급이 주로 방류되며 종종 낚이는 40~50cm 크기는 그 낚시터에서 성장한 녀석이다. 향붕어와 비교해 낚기 쉬운 것이 장점이지만 힘이 쓸데없이(?) 강한 것이 흠이다. 좌우로 움직이며 힘을 쓰는 통에 낚싯줄을 엉켜버리는 일이 종종 발생해서 잉어를 낚으면 곤혹스러워 하는 낚시인이 많다.

■ 잉붕어

붕어와 잉어의 교잡종이다. 성장속도가 빠르고 50cm 이상 자라는 녀석도 많다. 30cm급은 토종붕어와 생김새도 비슷해 혼동하기 쉽다. 토종붕어와 마찬가지로 잡식성으로 주둥이를 자세히 보면 퇴화한 수염이 남아있다.

무지개송어

빙어

역돔

랍스터

■ 향어
이스라엘잉어라고도 불리는 향어는 1973년 이스라엘에서 들어왔다. 한때 전국의 댐호소에서 양식을 하고 낚시대상으로 인기를 끌기도 했으나 수질오염을 이유로 댐호소의 가두리양식장이 폐쇄된 이후엔 육상 양식장을 중심으로 식용과 유료낚시터 공급용으로 양식되고 있다. 향어만 방류하는 전용 낚시터가 있으며 같은 크기의 잉어에 비해 힘이 더 강한데 이렇듯 강한 힘을 선호해 향어 전용 낚시터만을 찾는 이들이 늘고 있다.

■ 메기
잉어, 향어와 마찬가지로 메기만을 방류하는 낚시터도 있으나 대중적이지는 않다. 야생에서 낚이는 메기의 크기가 20~40cm인 것에 비해 전용 낚시터에서 낚이는 양식산 메기는 50cm가 넘는 녀석들도 흔하다. 식용으로도 애용되고 있다.

■ 무지개송어
찬물에서 사는 냉수성 어종인 무지개송어는 식용으로 인기가 높은 어종이다. 겨울에 3~4개월 한시적으로 방류해 무지개송어낚시터를 운영하는 경우가 대부분이다. 대부분 루어라는 가짜 미끼로 낚지만 일부 낚시터에선 식물성 미끼를 사용해 낚기도 한다.

■ 빙어
인제빙어축제를 통해 국민에게 친숙해진 빙어는 무지개송어와 마찬가지로 찬물에서 사는 냉수성 어종이다. 추위가 일찍 오고 결빙이 이뤄지는 수도권의 유료낚시터 중엔 빙어 얼음낚시터를 따로 개장해 손님을 맞고 있다.

■ 역돔
민물의 돔이라고 불리는 역돔의 원래 이름은 틸라피아(Tilapia)다. 아프리카 동남부가 원산인 역돔은 1955년 우리나라에 들어왔다. 역돔이라는 이름처럼 외형은 우리나라 바다에 사는 감성돔과 비슷하며 생김새처럼 힘이 좋고 맛 또한 좋다. 회로도 먹을 수 있어 식용으로 애용되고 있다. 20도 이상 수온에서 서식하는 열대성 어종으로 찬물은 견디지 못하고 죽는다. 전용 낚시터는 적정 수온이 유지되는 실내낚시터로 운영되고 있다.

■ 랍스터
외국 바닷가재인 랍스터는 물고기는 아니지만 유료낚시터에서 낚시 대상으로 방류하고 있는 수생물이다. 식용으로 인기가 높고 값도 비싸기 때문에 높은 가격의 입어료에도 낚시인들이 많이 찾는다.

입문자시라고요?
알고 있어야 할 낚시용어들

■ 낚싯대
원줄, 목줄, 채비 등을 연결해 물고기를 낚을 수 있도록 만든 대.

■ 내림낚시
입질할 때 찌에 큰 동작으로 나타나는 움직임을 두고 표현한 붕어낚시의 한 방법. 입질을 받으면 대부분 찌가 수면으로 내려간다.

■ 단사(單絲)
한 가닥으로 되어 있는 낚싯줄. 영어로 모노필라멘트라인. 소재에 따라 나일론사, (플로로)카본사 등이 있다.

■ 떡밥
낚시용 미끼 중 하나. 곡물 등을 혼합해 빻아 만든 분말가루에 물을 부어 반죽한 뒤 바늘에 달아 사용한다.

■ 마릿수
낚은 물고기의 수

■ 목줄
봉돌과 함께 바늘이 연결돼 물고기의 입질을 받아내는 역할을 하는 낚싯줄.

수면의 찌

■ 바늘
물고기를 낚을 목적으로 철사 끝을 뾰족하게 만든 낚시도구. 낚고자 하는 대상어의 크기와 힘, 입 크기와 먹이습성에 맞춰 제작된 것을 쓴다.

■ 바닥(올림)낚시
입질할 때 찌에 큰 동작으로 나타나는 움직임을 두고 표현한 붕어낚시의 한 방법. 입질을 받으면 대부분 찌가 수면으로 솟는다.

■ 봉돌
바늘을 포함한 채비가 물속에 가라앉도록 해주는 역할을 하는 채비용 소품.

■ 생미끼
지렁이, 대하살 등 생물을 사용한 낚시용 미끼.

■ 씨알
물고기의 크기를 표현하는 용어.

■ 어신(魚信)
물고기가 바늘에 달린 먹이를 먹었을 때 나타나는 신호. 찌가 크게 솟구치거나 내려가는 형태로 표현된다. 찌가 크게 솟구치기 전 나타나는 움직임을 예신, 크게 솟구치는 움직임을 두고 본신이라고 구분해 부른다.

■ 원줄
원줄은 목줄과 연결돼 대상어를 걸었을 때 버텨주는 역할을 하는 낚싯줄을 말한다.

■ 입질
붕어가 주둥이로 바늘에 달린 미끼를 먹는 행위.

■ 전층(중층)낚시
바닥층, 중층, 상층 등 전 수심층을 노려 낚시하는 방법. 중층낚시라고도 부른다.

■ 조과(釣果)
자신이 낚은 물고기의 양이나 씨알 등을 표현하는 용어. 조과가 좋다면 많이 또는 큰 씨알을 낚았다는 뜻이다.

■ 좌대
낚시를 할 수 있도록 만든 평평한 낚시시설. 낚싯대를 꼽고 떡밥그릇을 설치하는 등 낚시인이 개인용으로 앉아서 쓸 수 있도록 만든 낚시장비도 마찬가지로 좌대라고 부른다.

■ 찌
물고기의 입질을 전달해주는 일종의 부표.

■ 찌놀림
붕어의 입질로 인해 수면의 찌에 나타나는 움직임.

■ 조황(釣況)
물고기가 낚이는 정도. 조황이 좋다면 물고기가 잘 낚인다는 뜻이다.

■ 채비
낚싯줄, 바늘, 봉돌로 구성되어 있는 묶음을 말한다. 채비는 각 어종의 크기, 습성, 생태에 따라 낚싯줄의 굵기, 바늘의 크기, 봉돌의 무게, 이들을 연결하고 있는 구조 자체가 각각 다르다. 한 낚시방법에도 여러 채비가 있다. 붕어낚시의 경우 외바늘채비, 두바늘채비와 같은 기본채비를 비롯해 채비의 특성이나 낚시방법을 반영한 스위벨채비, 편대채비, 얼레벌레채비 등이 있다.

■ 챔질
물고기가 미끼와 바늘을 입안에 넣는 순간, 바늘이 물고기의 입안에 걸리게 하기 위해 순간적으로 낚싯대를 들거나 잡아채는 등의 동작.

■ 챔질타이밍
챔질할 때의 적절한 순간을 표현하는 용어.

떡밥그릇과 떡밥

■ 출조(出釣)
낚시를 간다는 것을 뜻하는 용어.

■ 포인트
물고기가 모여 있어 잘 잡히는 곳 또는 그곳을 노릴 수 있는 장소. 범위를 좀 더 좁혀 설명한다면 미끼를 꿴 채비를 던져야 할 곳이라 할 수 있다.

■ 합사(合絲)
여러 가닥을 꼬아서 만든 낚싯줄. 반대말은 단사.

■ (−)호
낚싯줄의 강도를 나타내는 표기. 호수가 높을수록 굵고 강도가 높다.

낚싯대 부위별 명칭

낚싯대는 형태상 릴을 장착해 사용하는 릴낚싯대와 낚싯대 끝에 낚싯줄을 매어 쓰는 민낚싯대로 나눌 수 있다. 민낚싯대란 낚싯대 표면에 아무것도 달리지 않은 낚싯대를 말한다. 붕어낚시에선 민낚싯대를 쓴다.
민낚싯대는 길이와 휨새 두 가지 기준으로 설명할 수 있다. 길이는 보통 '−칸'으로 표현한다. 1칸의 길이는 1.8m다. 따라서 2칸대라고 하면 '2×1.8m=3.6m'이므로 3.6m 길이인 것이다.
휨새는 경질, 중경질, 연질로 설명한다. 보통 경질은 앞쪽(초릿대) 쪽이 휘어지는 8:2 휨새, 중경질은 경질보다 손잡이대 쪽으로 더 휘어지는 7:3 휨새, 연질은 중간 쪽이 휘어지는 6:4 휨새를 말한다.

| PART 2 | 장비와 채비 1

종류와 쓰임새
2.9~3.2칸 낚싯대 가장 많이 쓰이고 양어장형, 손맛터는 낚시좌대 있으면 편리

자연 상태 그대로를 이용해야 하는 자연낚시터와 잔교, 방갈로, 좌대 등 낚시시설이 갖춰진 유료낚시터는 많이 사용하는 낚시장비가 조금 다르다. 또 관리형낚시터에선 낚시시설을 이용하지 않더라도 방류어종에 따라 낚싯대, 채비가 달라져야 한다.

잔교, 방갈로, 좌대 시설에 떡밥그릇을 비치하거나 낚시의자 대용 1인용 소파 또는 차량용 시트를 설치한 유료낚시터들이 많다. 처음엔 이런 비치용품을 이용하고 개인 취향에 따라 필요한 장비들을 구입하면 되겠다. 개인 칸막이가 있는 양어장낚시터나 긴 시간 낚시하지 않고 손맛만 보고 오는 손맛터에선 낚싯대, 뜰채, 떡밥그릇을 모두 거치할 수 있는 올인원 제품인 개인용 낚시좌대가 인기를 끌고 있다.

■낚싯대
낚싯대 길이는 1칸(1.8m)부터 6(10.8m)칸까지 다양하지만 가장 많이 쓰이는 길이의 낚싯대를 서너 대가량 구입하는 게 좋다. 유료낚시터에서 가장 많이 사용하는 낚싯대 길이는 3.2칸(5.76m)이다. 이 길이는 한 손으로 앞치기할 때 채비가 잘 날아가고, 무게에 대한 부담이 적으며(3.5칸부터는 무거워진다), 손맛을 보기도 딱 좋은 길이다.
규모가 작은 수도권의 양어장형낚시터에선 낚싯대 길이를 제한하는 경우가 대부분인데 그 제한 길이가 3~3.2칸이다.
유료낚시터에선 지렁이 등과 같은 생미끼보다는 어분 등과 같은 떡밥을 많이 사용한다. 떡밥낚시는 동일한 지점에 떡밥을 많이 투여하여 고기를 불러 모으는 집어를 잘 해야 조과를 보장받을 수 있다. 동일한 길이의 낚싯대 두 대만 펼쳐 집어력을 높여할 때가 많은데, 그것을 흔히 '쌍포낚시'라고 부른다.
따라서 3.2칸 대를 우선 두 대 구입하고 낚시 상황에 따라 낚시인들이 많이 사용하는 길이를 추가로 장만하면 되겠다.

■뜰채
낚은 고기를 뜰망 안으로 넣어 안전하게 낚은 고기를 처리할 수 있게 해주는 장비다. 유료낚시터에 힘이 좋은 향붕어가 많이 방류되고 있어 뜰채는 필수품이라 하겠다.

■받침대·받침틀
받침대는 낚싯대 길이에 맞춰 구입한다. 가장 많이 사용하는 낚싯대 길이인 2.5~3.2칸 대는 3절을 구입하면 된다. 요즘은 받침틀에 꽂아 쓰는 짧은 1단 내지 2단 앞받침대 사용이 보편화됐다. 앞받침대가 짧지만 뒤꽂이의 악력이 세기 때문에 손잡이대를 꾸욱 눌러 놓으면 위로 빠져나오지 않는다.
받침틀은 1~3단을 가장 많이 사용한다. 받침틀은 앞받침대, 뒤꽂이를 꽂아 쓸 수 있도록 만든 장비를 말한다. 낚시터 낚시자리엔 받침대 또는 받침틀 다리를 고정할 수 있도록 바닥에 고정용 고무가 설치되어 있다. 3단 받침틀을 하나 구입해 놓으면 양어장형낚시터와 자연형낚시터에서 두루 쓸 수 있어 좋다. 짧은 시간 손맛만 보고 오는 경우 부피가 작은 미

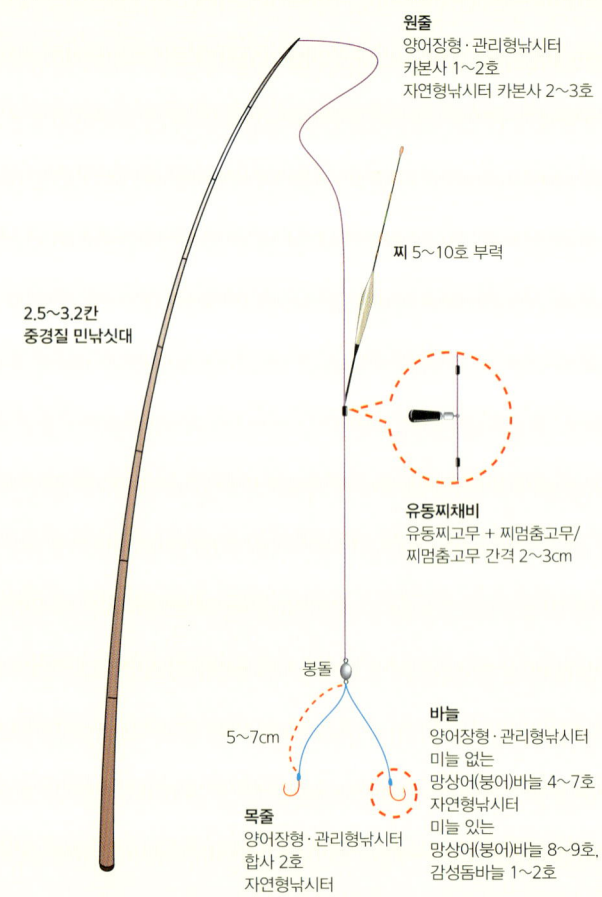

유료낚시터 붕어낚시 장비·채비도

니 2단 받침틀이 좋다.

좌대가 아닌 연안 맨땅에서 낚시할 경우 뒤꽂이는 낚싯대 개수에 맞춰 구입하되 한두 개를 더 여유 있게 구입한다. 한 개는 살림망 걸이용으로, 한 개는 쓰레기봉투를 매달거나 채집망 걸이용으로 쓰는 등 뒤꽂이의 용도는 매우 다양하다.

■낚시좌대
낚싯대, 뜰채, 떡밥그릇을 거치하고 낚시소품도 수납할 수 있도록 만든 올인원 낚시의자라고 보면 되겠다. 한 대 또는 두 대를 사용하는 낚시에 알맞고 찌의 움직임에 집중할 수 있도록 설계되어 있다. 떡붕어 전층낚시용 소형 좌대를 개량 업그레이드시켜 바닥낚시에서도 쓰기 편하도록 만들었다. 칸막이가 있는 양어장형낚시터 잔교, 손맛터 등에서 쓰면 편하고 규정에 맞춰 기량을 겨루는 경기낚시에선 필수품이라 할 수 있다.

양어장형·손맛터 연안좌대에 설치한 1단 받침틀.

■낚시의자
관리형낚시터의 수상좌대, 자연형낚시터의 연안에서 낚시할 때 사용하면 편리하다. 크고 안락하며 앞뒤 높낮이 조절이 가능한 낚시 전용이 좋다. 자연 상태의 연안에서 낚시할 경우 대개 경사가 져서 의자 놓기가 불편한 곳이 많다. 낚시 전용은 높낮이 조절 기능이 있어 편리하다.

■낚시가방
낚싯대 3~4대, 받침대 3~4대, 뒤꽂이 3~4대가 들어갈 수 있는 작은 3단 가방이 적당하다. 그러나 낚시를 하다보면 찌통, 바늘 등 각종 소품을 함께 넣어 갖고 다닐 필요가 있으므로 처음부터 너무 작은 크기를 구입하는 것은 바람직하지 않다. 따라서 처음부터 수납공간이 최소 3개로 나뉜 3단 가방이 무난한 선택이다.

그 외 떡밥그릇, 수건 등 낚싯대 외 부피가 있는 낚시용품을 수납할 보조 가방을 하나 더 장만한다.

■살림망
낚은 붕어를 보관하는 망이다. 4단 이상을 준비해 가고 40~50cm 향붕어나 잉어도 종종 만나므로 입구가 넓은 것이 좋다. 망 소재가 실리콘 등의 소재로 만들어 부드러워야 고기 지느러미가 잘 걸리지 않고 비늘이 상하지 않는다. 또 낚시터 시설에 따라서는 낚시 자리가 높은 곳도 있으므로 4단 정도는 돼야 살림망을 내려도 수면까지 길이가 모자라지 않는다. 3단 이하 짧은 살림망은 얕은 곳에서 살림망이 충분히 잠기지 않아 붕어가 계속 철퍼덕거리며 소란스럽다.

■떡밥그릇
떡밥을 반죽하는 그릇이다. 유료낚시터엔 플라스틱 재질로 만든 떡밥그릇을 사용할 수 있도록 제공하기도 하나 관리형낚시터나 자연형낚시터는 개인용품이 필요하므로 따로 구입해두는 게 좋다. 떡밥그릇은 집어제 반죽용 그릇 2개, 글루텐떡밥용 1개, 손을 씻을 수 있는 물그릇용으로 1개까지 총 4개를 구입하면 되겠다.

■찌
유료터낚시용 찌는 예민성이 필요하다. 찌몸통의 형태로 보면 몸통 위쪽이 두툼하고 아래로 내려갈수록 가늘어지는 유선형이 좋으며 찌 부력은 5~8호가 적당하다. 향붕어, 중국붕어, 떡붕어를 방류한 곳에서는 5~6호, 토종붕어를 대상으로 한다면 7~8호를 많이 쓴다. 수심이 깊은 계곡형지나 댐에선 9~10호 부력 찌를 쓸 때도 있다.

또 낚싯대 길이에 따라 찌의 부력 선택이 달라질 수도 있는데 긴 대일수록 부력 센 찌를 쓴다. 예를 들어 4칸 대에 5호 부력의 찌를 쓰면 봉돌이 너무 가벼워 멀리 던지기 어렵다.

밤낚시 때는 찌톱 맨 위에 전자케미나 케미컬라이트를 달아 쓴다. 전자케미 중에는 입질이 오면 색상이 변해 입질 여부를 알려주는 제품도 있으며 아예 찌톱에 불이 들어오는 전자찌도 판매 중이다.

■봉돌
원줄과 목줄에 팔자매듭을 지어 수시로 탈착할 수 있는 고리봉돌이 편리하다. 떡붕어 낚시에 주로 쓰는 편동을 사용하기도 한다. 편동은 미세한 무게 조절을 할 수 있어 편리하다. 친환경 소재 봉돌에 와셔 방식의 추를 끼워넣는 제품이 많이 쓰이고 있다. 상황에 맞춰 수시로 무게 조절을 할 수 있기 때문이다. 군계일학의 황금봉돌 제품 등이 좋은 예이다.

■바늘
가장 많이 쓰이는 바늘은 망상어(우미다나고)바늘이며 4~7호. 만약 붕어 씨알이 잘면 5호, 대형 붕어를 노릴 때는 8~9호 또는 감성돔바늘 1~2호를 쓴다.

■낚싯줄
향붕어, 중국붕어를 대상으로 하는 양어장형·관리형낚시터와 수초대 등 장애물이 있고 토종붕어를 노리는 자연형낚시터로 나눠 살펴볼 수 있다. 자연 상태 그대로에서 낚시를 하는 자연형·자연낚시터는 장애물에 걸릴 경우 툭툭 쳐서 빼내야 하고 40cm 이상 대물 붕어를 노리는 경우가 많으므로 양어장형·관리형낚시터보다 강하게 쓴다(좌측의 유료낚시터 장비·채비도 참조).

목줄은 부드러워야 붕어의 흡입때 바늘이 입속으로 잘 빨려 들어가므로 합사를 주로 사용하고 있다.

| PART 2 | 장비와 채비 2

낚시용품 지상전시

낚싯대·앞받침대·튜닝용품

BJ 백작 주몽 II
낚싯대 전문 제조업체 BJ에서 다대 편성 대물낚시에 초점을 맞춰 개발한 제품으로 호평을 받은 전작 주몽의 업그레이드 버전이다. 3.2칸대 기준 109g의 무게를 실현했다. '낚시는 Feeling이다'라는 콘셉트에 맞춰 낚시인이 캐스팅 시 투척감, 고기를 걸었을 때의 손맛을 극대화할 수 있도록 설계했다. 접은 길이 90cm 중절 길이의 중경질대로서 무게중심이 손잡이대 쪽에 있어 무게감이 적으며 중탄성의 휨새로 힘이 강한 향붕어를 다루기에 용이하고 짧은 시간에 고기를 제압해야 하는 경기낚시에 효율적이라는 게 회사 측의 설명이다. 1.8칸부터 짝수 단위로 6.0칸까지 22개의 라인업이 있다. 가격은 3.2칸 대 기준 23만원.

BJ 백작 리미티드·리미티드S
낚싯대 전문 제조업체 BJ에서 붕어 전용으로 개발한 낚싯대다. 100% 국내 기술과 제조 시스템을 통해 제작된 낚싯대로서 3.2칸 대 기준 94g 무게를 실현했다. "초고탄성 초경량에 초점을 맞췄으며 최상의 낚싯대 밸런스를 구현해 우수한 투척감과 인장강도가 장점이다"라는 게 설계자의 설명이다. 8:2 휨새를 구현했으며 2.0칸부터 6.0칸까지 16개의 라인업이 있다. 가격은 2.8칸 대 기준 23만9천원. 한편, 유료낚시터의 향붕어나 대물붕어를 겨냥한다면 동 시리즈의 강성 버전인 백작 리미티드S를 구입하면 된다. 2.8칸, 3.0칸, 3.2칸 3개의 라인업이 있으며 가격은 3.2칸 대 기준 26만2천원.

BJ 백작 레이서 32R(뉴 버전)
낚싯대 전문 제조업체 BJ가 유료낚시터 향붕어 전용으로 내놓은 제품이다. 최상급 원단을 사용한 BJ의 플래그십 모델로 "낚싯대를 직접 들어보면 느낄 수 있다"고 강조할 만큼 최고의 소재와 함께 회사의 기술력을 쏟아 부었다. 필드테스터와 낚시인의 의견을 반영한 업그레이드 모델로서 "버전 1과 비교하자면, 수평으로 들어보았을 시 앞 무게의 느낌이 덜해 앉아서 앞치기 하기가 훨씬 수월해졌고 손잡이대가 4cm 더 길어진 덕분에 손맛이 더 좋아졌다"는 게 사용자들의 평이다. 초릿대 소재는 솔리드와 튜블러를 접목해 챔질할 때 경쾌하는 소리가 나며 고기를 끌어낼 때 낚싯대가 돌아가는 것을 막아준다. 가격은 44만6천원.

BJ 백작 레이서 컨티넨탈 29, 32
BJ의 플래그십 모델 레이서의 스페셜 에디션 제품이다. 가장 많이 사용하는 2.9칸, 3.2칸 대에 대해 최상위급 카본 원단을 사용하고 회사의 기술력을 총동원했다. 6절로서 무게가 3.2칸대 93g, 2.9칸 대 82g의 초경량화를 실현했다. 튜블러 초리를 채용했으며 제품의 색상 톤에 맞춰 황동 색상의 앞, 뒷마개를 사용했다. 절번마다 들어간 시그니쳐 컬러가 고급스러움을 더해준다. 제품 구입 시 튜블러 회전초리를 추가 증정한다. 가격은 2.9칸 대 기준 63만원.

낚싯대 | 앞받침대 | 튜닝용품 | 낚시가방 | 낚시좌대 | 받침틀 | 찌 | 채비소품

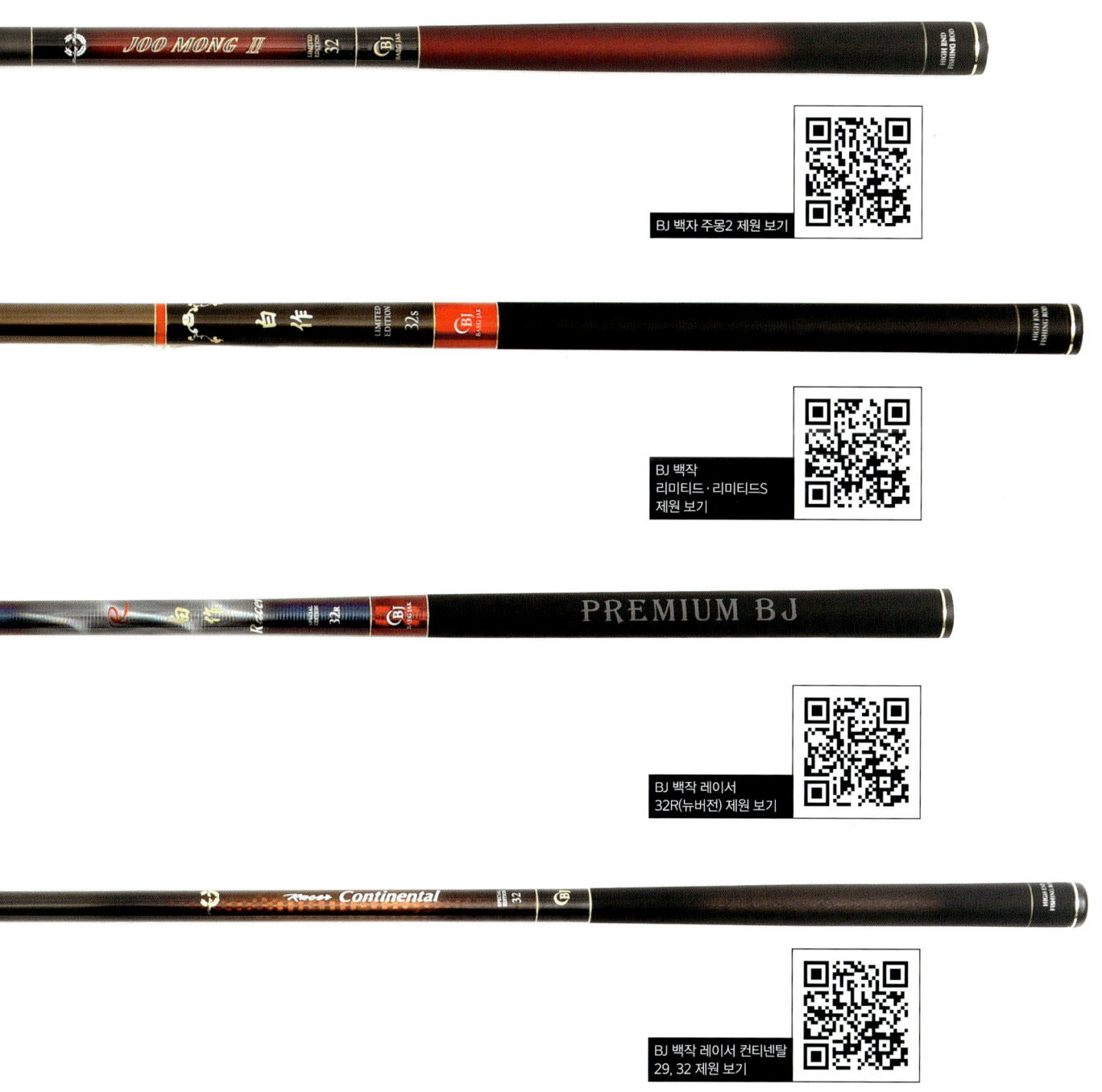

BJ 백자 주몽2 제원 보기

BJ 백작
리미티드·리미티드S
제원 보기

BJ 백작 레이서
32R(뉴버전) 제원 보기

BJ 백작 레이서 컨티넨탈
29, 32 제원 보기

군계일학 굿바디

붕어낚시 고수이자 군계일학 대표인 성제현 씨가 직접 개발한 낚싯대로 양어장과 자연지에서 고루 쓸 수 있는 전천후 제품이다. 가벼우면서도 허리힘이 좋은 낚싯대를 모토로 설계했으며 휨새는 7.5:2.5다. 3.2칸 이상은 장절로 설계해 3.2칸 기준 9마디가 아닌 8마디인 것이 특징이다. 46톤 초경량 고탄성 C2 카본을 사용했으며 초고밀도 성형공법인 VLDC공법을 적용했다. "가볍게 만들려고 하다 보니 허리 밸런스가 틀어져서 고생을 많이 했지만 3.2칸 이상의 절번 수를 8마디로 줄여 해결할 수 있었다"는 게 성제현 씨의 설명이다. 장절 설계로 3.2칸 이상 낚싯대의 중량을 줄여 경량화에 성공했으며 6칸 대도 앞치기 하기가 훨씬 수월해졌다는 게 사용자들의 평. 1.6칸부터 6.0칸까지 17가지 라인업을 갖추고 있으며 3.2칸 대의 가격은 27만8천원.

군계일학 굿바디 히트

출시와 함께 좋은 평을 받은 굿바디의 엔트리급 모델. 굿바디의 혈통을 그대로 이어가되 유통 마진을 줄여 가격을 낮췄다는 게 회사 측의 설명이다. 굿바디와 마찬가지로 군계일학 성제현 대표가 개발과 제작에 참여했다. 이 제품을 위해 13개월 동안 13회의 설계를 변경하고 50여 개의 샘플을 만들었다. 3~6번대를 굿바디와 같이 46톤 최고급 카본 원단을 사용했으며 저중심 설계를 통해 투척, 챔질, 끌어내기의 성능을 올렸다. 5.5칸과 6.0칸은 마디를 길게 설계했다. 1.8칸부터 6.0칸까지 총 20가지 라인업으로 구성. 3.2칸 대의 가격은 17만6천원.

BJ 레이서 컨티넨탈 받침대

기본 3절로 이루어져 있으며 거치대에서 낚싯대가 미끄러지지 않도록 미끄럼 방지 실리콘을 채용했다. 받침대 꽃이 쪽에 무게감을 줄여 안정감이 있다. 사용하는 낚싯대 길이에 따라 2절, 3절로 조절해 사용할 수 있다. 가격은 10만원.

BJ 발란스 뒷마개

BJ 출시 낚싯대 시리즈 중 낚싯대의 앞쏠림을 보정할 수 있도록 개발된 소품이다. '유려한 티타늄 컬러로 사용 시 이질감이 없다'는 게 회사 측의 설명이다. 무게는 14.9g으로 크기는 지름 17mm, 18mm 2종이며 가격은 1만원.

낚시가방·낚시좌대·받침틀

판야 히어로 아이 로드 가방 3단

3개의 수납공간을 갖추고 있는 낚시 전용 가방이다. 대한민국 세계여성발명대회에서 은상을 수상한 제품으로 디자인이 스타일리시하다. 그립감이 좋고 부드러운 양면 지퍼가 장착되어 있으며 가방 하부엔 금속 받침을 6개 박아 직립 보관의 편의를 도왔다. 내부에 다양한 크기의 포켓이 6개 있어 소품을 수납할 수 있다. 크기는 가로 1280mm, 세로 190mm, 높이 140mm이고 색상은 블루, 레드 두 가지이며 가격은 23만원.

판야 아이콘 보조가방

받침틀, 뜰채, 떡밥 등 낚싯대 외 낚시용품을 수납할 수 있는 사각 형태의 가방이다. 대한민국 세계여성발명대회에서 동상을 수상한 제품이다. 상부 덮개의 각을 유지할 수 있도록 스테이션을 부착해 수납의 편의성을 높였으며 앞쪽 프론트 포켓은 전면 개방형으로 만들어 소품을 찾아 쓰기 편하다. 분리 가능한 하드 이너백과 봉돌, 바늘 등 소형 소품을 보관할 수 있는 파우치도 들어 있다. 크기는 가로 500mm, 세로 330mm, 높이 350mm, 용량 38리터이며 색상은 딥레드, 미드나잇블루 두 가지다. 가격은 27만원.

군계일학 굿바디 제원 보기

군계일학 굿바디 히트 제원 보기

판야 히트맨

판야 낚시좌대의 실속형 모델이다. 슬림 스타일이어서 부피가 작고 보관과 이동이 편하다. 보관 시 본체 내부에 오리발 4개를 보관 수납할 수 있다. 알루미늄 아노다이징 공법을 적용해 가볍고 튼튼하다. 방석(860g)을 포함한 총 무게는 4.67kg. 등받이 방석은 3단계로 각도를 조절할 수 있어 안락하고 편하다. 크기는 좌대 상판 가로 680mm, 세로 330mm, 4개의 다리는 270~410mm로 조절할 수 있다. 색상은 레드와 블랙 두 가지. 제품 구매 시 전용 가방을 함께 증정한다. 가격은 27만원.

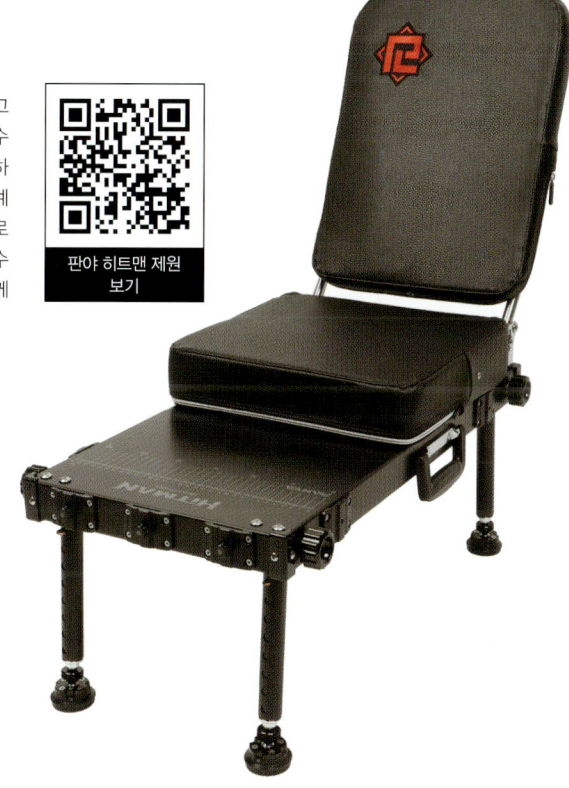

판야 히트맨 제원 보기

판야 커맨더 제원 보기

판야 커맨더

'확장이 주는 편리함'이라는 제품의 카피 문구처럼 좌대 상판을 확장 늘일 수 있게 만들어 편안함과 자연스러움을 추구한 제품이다. 낚시용 소형좌대 하면 다리를 벌려서 앉는다는 상식을 깬 제품. 낚싯대, 떡밥그릇 등을 거치하는 상판 부위 일부를 225mm 늘이고 그 안으로 다리를 넣을 수 있다. 다리를 오므려 앉을 수 있으므로 장시간 앉아 있어도 다리 절임 등 피로하지 않다. 또 확장된 상판 사이에 다용도 슬라이드 수납함, 소형 미니수납 서랍을 설치해 낚시의 기능성을 높였다. 4개의 다리는 300~420mm로 조절할 수 있다. 방석 무게 1.8kg 포함 총 무게는 6.43kg. 상판은 접을 수 있으며 크기는 펼쳤을 때 기준 가로 830mm, 세로 330mm, 접을 때 기준 가로 610mm, 세로 330mm이다. 제품 구입 시 전용 가방을 함께 증정한다. 색상은 레드, 블랙 두 가지. 가격은 49만5천원.

판야 보스 1단 받침틀 · 판야 킹 멀티브레이크

판야 보스 1단 받침틀은 판야 낚시좌대에서 사용하는 낚싯대 거치용 1단 받침틀이다. 좌, 우 80도 회전하며 상 25도, 하 15도로 각도를 조절할 수 있다. 앞받침대 삽입 구경 기준 18Ø, 21Ø 두 가지가 있으며 색상은 레드, 블랙 두 가지. 제품 구성은 받침틀 본체, 빅토리 뒤꽂이, 전용 가방이며 가격은 18Ø 기준 7만원.
판야 킹 멀티브레이크는 앞받침대에 세팅해 사용할 수 있는 브레이크 기능의 뒤꽂이다. 미끄럼 방지 패드를 채용했으며 뒤꽂이 좌측에 미끼, 채비 등을 걸어 놓을 수 있는 걸이를 만들어 편의성을 높였다. 사용하지 않을 땐엔 앞으로 90도 꺾어 놓을 수 있다. 가격은 1만7천원.

우경레저 회전의자

우경레저가 2012년 독자 개발해 호평을 받은 제품으로 다리와 분리된 방석이 360도 회전하는 게 특징이다. 방석은 2중 쿠션으로 되어 있으며 등받이는 최대 150도까지 꺾인다. 앞다리 390mm~260mm, 뒷다리 320~230mm 길이로 조절 가능하다. 권장 하중은 100kg 이하, 컬러는 브론즈, 펄레드 2종이다. 가격은 34만원.

사진은 우경레저 W받침틀 6단 라운드형.

우경레저 W받침틀

W받침틀은 기존의 WK받침틀에 이어 우경레저가 독자 개발한 제품이다. 빠른 결속의 우경헤드볼트를 사용해 조립과 설치가 빠르다. 헤드의 하단의 결속 마찰 면이 넓어 안정적으로 낚싯대를 거치해주며 사이드슬롯시스템을 적용해 받침틀, 헤드뭉치, 자연지용 다리, 액세서리를 추가로 확장 설치할 수 있다. 형태에 따라 라운드형, 일자형이 있으며 헤드뭉치의 수에 따라 3단, 5단, 6단이 있다. 가격은 라운드형 3단 8만1천500원, 일자형 3단 8만1천원.

최고급 낚시좌대 엿보기
판야 캡틴 프리미어

캡틴 프리미어는 판야의 최고급형 낚시의자다. '당신이 떠나는 그곳이 어디든 편안함과 안락함을 선사합니다'라는 모토 아래 개발된 제품은 쌍포의 관리터와 다대편성의 노지 어디서나 사용할 수 있으며 앉은 자세에서도 상판을 확장할 수 있는 것이 특징이다.

기본 630mm에서 최대 880mm까지 확장할 수 있어 방석과 상판 사이에 다리를 모아 앉을 수 있다. 또한 좌우 탈부착을 할 수 있는 팔걸이가 있어 낚시환경에 맞춰 사용할 수 있는 것도 특징이다.

앉아서 상판 880mm까지 확장, 다리 모아 앉을 수 있어 방석은 판야의 특허기술인 3LS(3LAYER SYSTEM) 시스템을 적용해 하중을 최적으로 분할해주어 오래 앉아 있어도 피로감이 덜하다. 상판은 미끄럼·흠집 방지 패드가 부착되어 있으며 좌우에 슬라이딩 미니 서랍이 있어 수납의 편의성을 높였다. 또한 받침틀 장착 홀이 있어 연장거치대와 함께 받침틀(연장 거치대와 받침틀 별매)을 연결하면 다대편성을 할 수 있다.

받침틀은 캡틴 전용을 비롯해 우경, 대륙 등 타사 제품을 연결해 사용할 수 있다. 제품에 사용한 금속은 알루미늄 아노다이징공법으로 만들어 무게를 줄였다. 좌대, 방석, 쿠션, 다리 등 좌대의 총 무게는 9.9kg이다.

제품 구입 시 캡틴 프리미어 전용 가방을 증정한다. 전용 가방은 좌대용품 외에 다른 장비와 소품을 수납할 수 있도록 넉넉하게 만들었다. 색상은 블랙과 레드 두 가지. 가격은 62만원.

판야 캡틴 프리미어 제원 보기

◀캡틴 프리미어의 등받이와 방석. 방석은 판야레저의 특허기술인 3LS 시스템이 적용됐다.

판야레저에서 출시한 최고급형 낚시의자 '캡틴 프리미어'.

▶캡틴 프리미어 블랙. 색상은 레드와 블랙 2종이다.

◀캡틴 프리미어 뒷모습

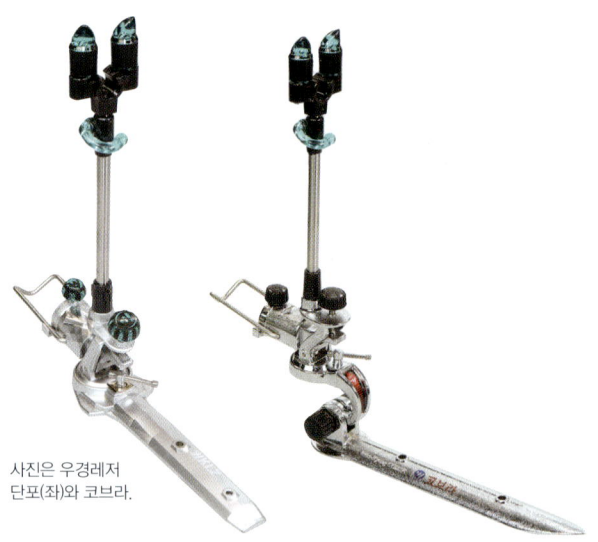

사진은 우경레저 단포(좌)와 코브라.

우경레저 단포·코브라

유료낚시터의 좌대 시설의 앞받침대 세팅용 고무, 자연낚시터 연안에서 사용할 수 있는 1단 받침틀이다. 대도시 주변의 직장 낚시인들이 퇴근 손맛터 짬낚시용 장비로 많이 사용하고 있는 제품이다. 앞이 뾰족해 뱀 머리를 연상시키는 코브라는 바닥이 단단한 연안에 잘 박힌다. 가격은 단포 3만원, 코브라 3만7천원.

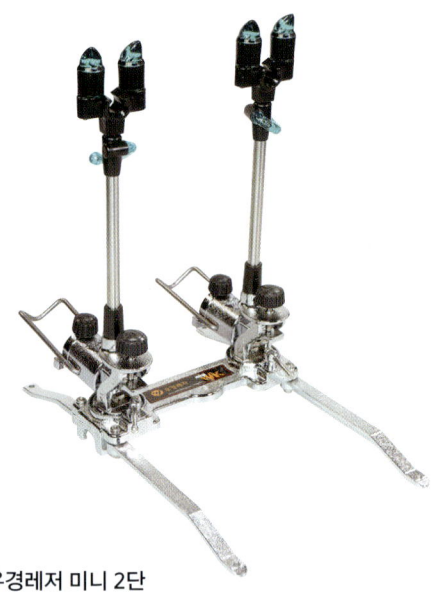

우경레저 미니 2단

2단 받침틀이지만 크기가 작아 보관, 수납이 쉬워 제품. 대도시 주변의 손맛터 잔교, 관리형낚시터의 방갈로좌대 등 앞받침대 세팅용 고무가 있는 곳이라면 간단하게 설치해 두 대를 펼 수 있다. 뒤꽂이를 제외한 받침틀의 크기는 가로 20cm, 세로 10cm이며 무게는 전용 가방을 포함해 895g밖에 나가지 않는다. 가격은 6만9천원.

우경레저 받침틀 세트 A, B, S 시리즈

1989년 창업한 우경레저는 편리한 낚시 장비 개발에 앞장서 온 낚시기업으로, 섭다리란 받침틀다리를 개발해 받침틀 분야에서 일대 혁신을 일으킨 주인공이다. 2020년대를 맞이한 우경레저 제품의 개발 패러다임은 '확장'으로 설명할 수 있다. 다양한 콘셉트로 개별 개발된 헤드, 받침틀, 받침틀다리를 자신의 낚시 스타일에 맞춰 연결 확장할 수 있게 만든 것이다. 사진의 받침틀 세트 A는 일자형 3단 W받침틀에 일자다리 받침틀다리를 연결한 것이고, 사진의 받침틀 세트 B는 라운드형 5단 W받침틀에 스파이더렉 받침틀다리를 조합한 것이다. 사진의 받침틀 세트 S는 라운드형 6단 W받침틀 2개를 연결해 12단으로 만든 후 우경레저의 트레이마크인 섭다리 받침틀다리를 연결했다. 받침틀 세트 A 3단 12만3천원, 받침틀 세트 B 5단 19만3천원, 받침틀 세트 S 12단 57만4천원.

우경레저 받침틀 세트 A

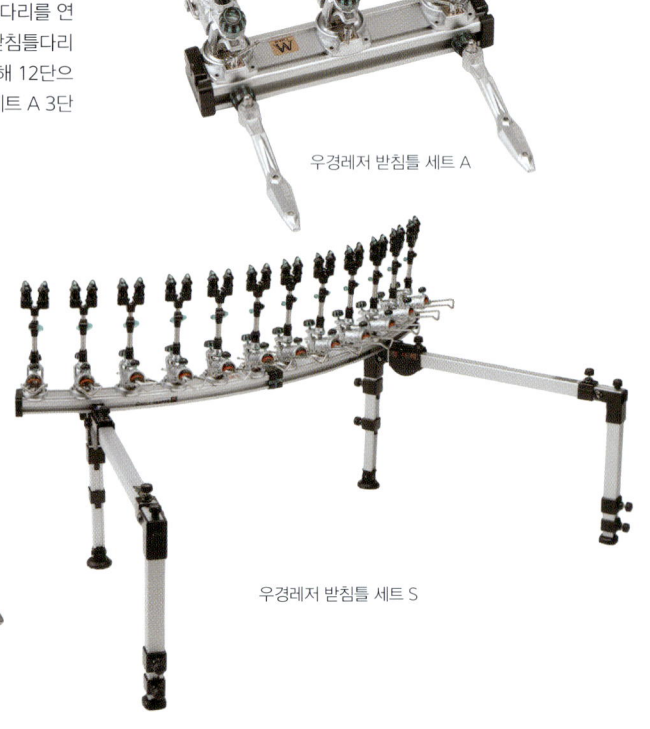

우경레저 받침틀 세트 B

우경레저 받침틀 세트 S

찌·채비소품

군계일학 향붕어 킬러 일당백 2
스위벨채비의 개발자이자 군계일학 대표인 성제현 씨가 향붕어 취이습성에 맞춰 개발한 올림찌다. 찌 하나로 밤을 새면 향붕어 100마리를 대적한다는 뜻에서 '일당백'이라고 이름을 지었고 실제 현장에서 이를 증명했다. 찌톱과 찌다리가 하나로 연결된 일체형으로 내구성이 뛰어나다. 가장 가벼운 찌톱 소재인 카본톱을 쓰되 케미꽂이 쪽으로 갈수록 가늘어지는 테이퍼형으로 만들어 감도를 높였다. 몸통은 첨단 신조재인 발포 우레탄을 썼다. 밸런스가 좋아 찌가 일찍 서고 입질 시 몸통까지 드러날 정도로 높은 찌올림이 보여준다. 길이에 따라 60cm 소, 65cm 중, 70cm 대 세 가지가 있다.

군계일학 일당백 역광
향붕어를 겨냥해 만든 올림찌 일당백의 역광 버전이다. 찌톱이 역광에서도 잘 보일 수 있도록 글라스무크 소재에 특수형광도료를 입혀 빛이 100% 투과돼, 해가 앞쪽에 있던(역광) 뒤쪽에 있던(순광) 잘 보인다. 60cm 소, 65cm 중, 70cm 대 세 가지가 있다.

군계일학 일당백 특장찌
향붕어를 대상으로 만든 올림찌 일당백의 장찌 버전이다. 길이가 90cm(소), 100cm(중), 110cm(대)로 길지만 느극하게 몸통까지 솟는 찌올림에 반한 매니아들이 늘고 있다. 과거 댐 향어낚시가 붐을 이룰 때의 추억을 갖고 있는 장년층은 소장용으로 구매할 정도로 인기 아이템이 됐다. 수심이 3.5m 이상으로 깊은 곳에선 찌올림은 물론 찌가 서는 과정도 카타르시스가 대단하다는 게 사용자들의 평. 가격은 대, 중, 소 각 5만원.

군계일학 오월이 슬림
군계일학이 창사 20주년을 기념해 만든 자연낚시터 올림찌다. 찌톱은 테이퍼 역광톱을 채용해 시인성, 견고성, 예민성을 충족시켰으며 몸통은 오동나무 소재를 사용하되 슬림형으로 만들어 튼튼하고 감도가 높고 투척력이 강하다. 또 찌다리는 1.3Ø 스트레이트 카본을 적용해 튼튼하다. 유료낚시터를 비롯해 자연낚시터까지 두루 사용할 수 있는 올라운드 멀티플레이어라는 게 개발자 성제현 씨의 설명이다. 길이에 따라 소(32cm), 중(36cm), 대(40cm), 특(44cm) 네 가지가 있으며 가격은 각 2만원.

군계일학 롱스펙 역광
군계일학의 내림낚시용 찌다. 글라스무크 찌톱에 특수형광도료를 얇게 2회 도포하여 역광에서도 잘 보인다. 찌톱 상단으로 갈수록 가늘어지는 테이퍼형으로 만들어 감도를 높였다. 에콰도르산 발사목을 탈진 탈색하여 만든 찌몸통은 순부력이 우수하며 유선형이어서 입질 표현력이 뛰어나다. 자연낚시터, 유료낚시터, 하우스낚시터에서 두루 사용할 수 있다. 길이에 따라 1호(32cm)부터 5호(50cm)까지 5가지가 있으며 가격은 각 3만원.

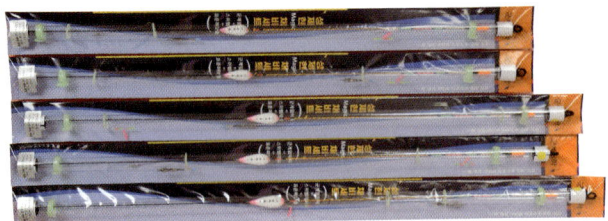

군계일학 매직채비세트
표준찌맞춤을 마친 군계일학 찌, 원줄, 스위벨채비(목줄, 바늘 포함)를 묶은 채비세트다. 낚싯대 길이에 따라 출시되어 있으므로 구입해 초릿줄에 연결해 바로 쓸 수 있다. 찌에 따라 일당백2, 일당백 역광, 오월이 슬림 3종이 있다. 일당백 매직채비세트 시리즈는 소(2.4칸, 2.8칸), 중(2.8칸, 3.2칸), 대(3.2칸) 3종으로 나뉘며 가격은 각 4만5천원. 오월이 슬림 매직채비세트는 2.4칸부터 5.2칸까지 열한 가지가 있으며 가격은 각 3만2천원.

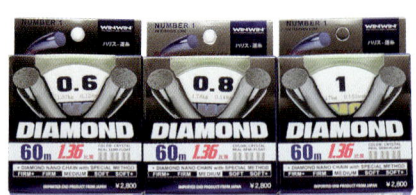
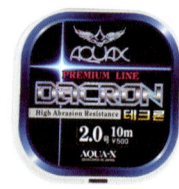
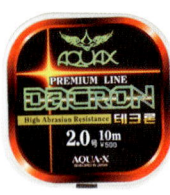
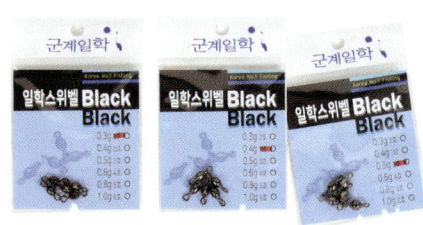

원원상사 다이아몬드라인(원줄)
직진성이 뛰어나 적은 퍼머 현상으로 민물낚시 동호인들에게 호평을 받고 있다. 가격은 1.2호 기준 2만원

데크론목줄
군계일학 대표채비인 스위벨채비용 목줄로 애용돼 왔던 낚싯줄이다. 데크론라인은 실을 여러 가닥 꼬아 만든 합사로서 튼튼하고 입질 전달력이 뛰어난 게 장점이다. 색상은 컬러와 블루 2종. 가격은 2호 기준 5천원.

군계일학 일학스위벨 블랙
분할봉돌채비인 스위벨채비에서 좁쌀봉돌 역할을 하는 스위벨로서 색상이 검정이다. 2호(0.3g)부터 6호(1g)까지 6종이 있으며 가격은 각 2천500원.

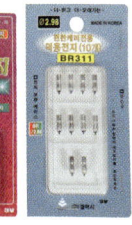

군계일학 황금봉돌 블랙
분할봉돌채비인 스위벨채비의 본봉돌로서 군계일학용 스냅오링을 추가하거나 빼서 찌맞춤을 조정할 수 있다. 0.5g부터 7g까지 8종이 있으며 별매품인 스냅오링, 황금봉돌 고정고무링을 결합해 사용한다. 가격은 3천500원.

군계일학 일학스위벨채비
군계일학 일학스위벨에 연결해 사용하는 수제 외바늘채비로서 빨강색, 파랑색 목줄을 각각 하나씩 사용해 쌍바늘채비로 사용한다. 목줄 색상을 달리하는 이유는 붕어가 어느 바늘의 미끼를 먹었는지 확인하기 위해서다. 미늘바늘 5호부터 7호까지 3종, 무미늘바늘 4호부터 7호까지 4종이 있으며 가격은 각 2천원.

갤럭시 편한케미 II 311
전지를 사용해 불빛을 밝히는 케미로 밤낚시 필수품이다. 군계일학 통큰케미(대)와 무게가 같아 호환해 쓸 수 있다. 색상은 녹색, 오렌지 2종이며 가격은 전지 포함 오렌지 5천원, 녹색 6천원. 전지를 제외하고 5종 색상 각 6개 들이로 묶은 덕용제품도 있다. 가격은 5천~6천원.

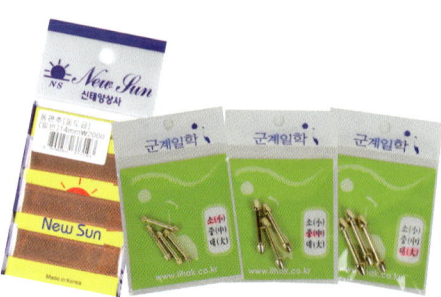
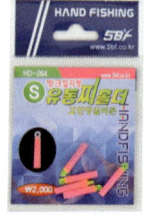

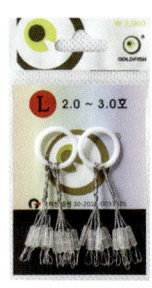

군계일학 편납홀더, 신태양상사 동도금 편납
편납홀더는 잘라 쓸 수 있는 편납을 감아서 쓸 수 있는 채비소품이다. 크기는 소, 중, 대 3종이며 가격은 2천원. 동도금 편납은 납 위에 동을 입힌 것으로 해양수산부 검사를 통과한 친환경제품이다. 접착식으로 넓이 5mm부터 21mm 6종이 있다. 가격은 각 2천원.

핑크 유동찌홀더
찌날라리가 없는 유동찌를 꽂아 쓰는 채비 소품이다. 찌고무가 핑크색으로 S는 양어장형낚시터용, M은 관리형낚시터, 자연형낚시터용이다. 가격은 각 1천800원.

골드피쉬 투명 찌멈춤고무
유동찌채비를 사용할 때 유동찌홀더 위아래 낚싯줄에 삽입해, 물에 넣었을 때 찌의 움직임(유동) 폭을 정할 수 있는 소품이다. 크기에 따라 3S부터 LL까지 6종이 있으며 가격은 각 1천800원.

전자케미
화학케미보다 비싸지만 밝고 편리

케미는 '케미컬라이트'의 준말이다. 화학적 발광을 뜻하는 '케미컬라이트(chemical-light)'에서 나왔다. 케미는 1961년 미국이 아폴로 우주계획의 일환으로 개발한 제품으로, 그 뒤 군사용 조명기구로 활용되었는데 미군부대에서 사용하던 것을 소형으로 개량하여 낚시용으로 사용한 것은 일본이었고 그게 지금 우리가 사용하는 케미다. 찌를 살펴보면 찌톱 끝에 컵 형태의 고무가 달려 있는데 이것이 케미꽂이다. 밤에는 어두워서 찌를 볼 수 없기 때문에 케미꽂이에 케미를 꽂고 입질을 파악한다. 1990년대는 소형 전지를 사용한 전자케미가 등장했다. 전자케미는 처음엔 관심을 끌지 못하다가 2000년대 중반부터 인기를 얻기 시작했다. 전자케미는 작은 전지가 LED 발광소자에 불을 밝히는 구조로 이뤄져 있는데 케미보다 무겁고 불량률이 높은 게 단점으로 꼽혔다. 현재는 기술 개발로 인해 무게가 가벼워지고 불량률도 줄어들면서 전자케미를 쓰고 있는 낚시인은 점점 늘어나고 있는 추세다. 2020년대 들어 케미는 전자케미가 화학케미를 확실히 밀어내고 자리를 잡았다. 낚시 패턴이 완전히 바뀐 것이다.

지속적인 밝은 불빛 유지가 최대 장점

전자케미가 화학케미와 공존하는 초창기에는 전자케미를 제한적인 상황에서만 쓰는 사람도 많았다. 대표적인 경우가 겨울과 새벽 시간이었다. 우선 기온이 낮은 겨울에는 화학케미의 성능이 크게 떨어져 빨리 어두워진다. 그러다보니 평소에는 1개로 밤낚시가 가능했지만 겨울에는 낚시 도중 새 것으로 교체하지 않으면 입질 파악이 너무 힘들었다. 처음에는 전자케미와 배터리 가격이 비싸서 화학케미를 고집하는 사람도 많았다. 전자케미가 막 등장했을 때는 배터리 포함 2개들이 가격이 5천원에 달했다. 그러나 화학케미는 2개들이를 1천원에 두세 봉씩 살 수 있어 경제적이었다. 낚시점에 따라서는 화학케미를 고객유치 차원 서비스 품목으로 삼아 1천원에 서너 봉씩 주는 곳도 있었다. 이런 경제성에도 불구 화학케미가 전자케미에 역전당한 이유는 압도적으로 밝은 밝기와 편리성 때문이다. 화학케미는 한 번 쓰면 끝나지만 전자케미(스마트케미가 아닌 일반 케미의 경우)는 배터리 한 개로 3~4회 밤낚시에 쓸 수 있어 실질적인 가격 차는 줄어든다.

너무 밝으면 입질에 악영향을 미치지 않을까? 군계일학 대표 성제현 씨는 이에 대해 케미를 수면에서 일정 구간 내놓고 낚시하면 문제가 없다고 말한다.

"전자케미가 처음 등장해 보급될 당시는 너무 밝은 불빛 탓에 붕어를 쫓는다는 의견이 많았다. 그러나 그때는 케미 사용법을 잘 몰라서 생겨난 선입견이다. 심지어 낚시인 중에는 화학케미는 전자케미보다 불빛이 은은해 물속에 살짝 잠가 놓고 써도 큰 문제가 없다며 화학케미의 우수성을 강조하는 사람도 있었는데 이는 큰 오산이다. 화학케미이건 전자케미이건 간에 케미가 물속에 잠기면 불빛이 크게 확산되며 주변을 밝게 만든다. 따라서 케미는 종류에 관계없이 수면에서 한두 마디 정도 떼어놓고 쓰는 것이 바람직하다. 다만 이 경우 케미 불빛이 수면에 반영돼 헷갈리고 찌올림이 실제보다 커져 보이는 착시현상을 일으킬 수 있다. 이런 점이 불편하면 최소한 케미꽂이 정도는 수면에서 떨어지도록 만드는 게 바람직하다."

진화하는 전자케미, 스마트케미

최근 전자케미는 입질이 오면 스스로 불빛이 변하는 기능도 갖추고 있다. 흔히 '스마트케미' 또는 '인공지능 케미'로 불리는 제품이다. 이 '불빛 가변형' 전자케미들은 대기 시에는 녹색(또는 붉은색)이었다가 입질이 오면 붉은색으로 램프 색상이 변한다. 불빛 변화만으로 입질 여부를 쉽게 알 수 있는 것이 최고의 강점이다. (참고로 현재 불빛 가변형 전자케미들은 스마트케미라는 용어가 대중적으로 쓰이고 있다. 그래서 이 글에서는 편의상 스마트케미로 부르기로 한다).

불빛 변화가 없는 일반 전자케미의 경우, 한눈을 팔거나 잠시 멍 때리는 사이 찌가 솟으면 챔질 타이밍을 놓치는 경우가 많았다. 반면 스마트케미는 입질이 올 때마다 저절로 색상이 바뀌는 것이다. 하지만 불빛이 너무 바뀌는 민감성, 전자케미보다 무겁다는 점, 배터리 전력 소모가 빠른 점 등이 단점이어서 전자케미와 스마트케미를 필요한 상황에 골라 쓰는 낚시인도 많다.

평소에는 전자케미를 사용하다가 겨울 저수온기 같이 입질이 약할 때 민감도가 높은 스마트케미를 사용하는 것이다. 무게가 많이 나가는 만큼 저부력 찌를 쓰는 양어장형이나 손맛터에서는 전자케미를 쓰고 고부력찌를 쓰는 관리형이나 자연형에서는 스마트케미를 쓰는 식이다.

캡슐 안의 화학물질이 화학작용을 해 빛을 내는 원리의 화학케미. 전용 수납함에 보관한 전자케미와 전지.

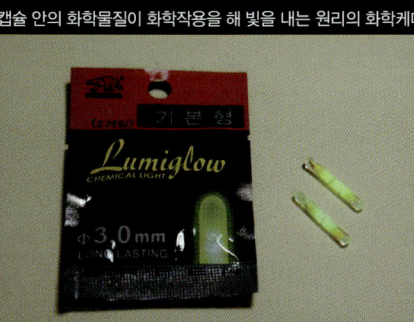

많이 쓰는 6가지 채비
외봉돌·스위벨(분할봉돌)·편대·내림·얼레벌레·사슬

외봉돌채비

하나의 봉돌에 목줄이 달린 채비로서 만들기 쉽고 다루기 쉬워 낚시인들이 가장 많이 사용하는 채비다.

장점은 사용하기 편하다는 것이다. 봉돌에 바늘과 목줄이 하나인 외바늘채비를 달거나 바늘과 목줄이 두 개인 쌍바늘채비를 다는 등 낚시 상황에 맞춰 채비를 쉽게 교체할 수 있다는 것이 장점이다.

그러나 소개하는 6가지 채비 중 감도가 가장 떨어지는 것이 단점이다.

스위벨채비(분할봉돌채비)

두 개의 바늘을 사용하는 채비 중 봉돌의 무게를 쪼개어 본봉돌 밑에 좁쌀봉돌을 단 분할봉돌채비다. 이 채비를 대중화시킨 군계일학의 성제현 사장은 좁쌀봉돌 대신 스위벨(황동 재질의 도래추)을 사용하며, 그것을 '스위벨채비'라 부르고 있는데 분할봉돌채비의 대표 채비로 자리 잡았다. 전체 봉돌의 무게가 10이라고 할 때 본봉돌을 8~9로 잡고 1~2를 떼어 바늘 위 4~5cm 지점의 목줄 중간에 달아 분할하는 방식이다. 본봉돌에서 좁쌀봉돌까지의 길이는 관리형 유료터에선 10cm, 양어장형 유료터에선 30cm까지 벌려 쓴다. 이렇게 본봉돌과 좁쌀봉돌의 길이가 차이가 나는 것은 양어장형 유료터의 양식붕어의 입질이 더 간사하기 때문이다. 본봉돌과 좁쌀봉돌의 간격을 벌려놓으면 미끼를 먹는 붕어의 시각에서 본다면 본봉돌이 시야에서 사라지므로 시각적 이물감을 줄이는 효과도 있다.

이 채비의 장점은 감도가 높고 입질이 시원하다는 것이다. 붕어가 미끼를 물고 스위벨만 들어 올려도 찌가 솟으며 목줄의 사각지대가 작은 만큼 찌가 시원하게 솟는다. 군계일학 홈페이지를 통해 구체적인 활용법이 널리 알려져 있는 것도 낚시를 배우기에 좋은 조건이다.

하지만 외봉돌채비에 비해 구조가 복잡하고 찌맞춤과 수심 맞추기 과정이 조금 번거로우며 찌톱을 수면에 내놓고 낚시하기 때문에 익숙해지기 전엔 오래 보고 있기 불편하다는 게 단점으로 꼽힌다.

편대채비

7~8cm 길이의 금속 편대를 사용하는 채비다. 스위벨채비와 함께 유료터에서 많이 사용하고 있는 채비로서 초기엔 편대 중앙에 봉돌이 하나 달린 일명 왕편대가 쓰였으나 현재는 스위벨채비와 마찬가지로 본봉돌을 두 개로 쪼개어 나눈 2분할봉돌채비가 애용되고 있다. 본봉돌이 있고 15cm 하단의 편대 중앙에 분할봉돌을 물린 편대봉돌이 있다. 바늘채비 목줄의 길이는 3~4cm를 쓴다.

편대로 인해 두 미끼가 분리되어 있어 붕어의 눈에 잘 띄어 깨끗한 바닥에서 특히 조과가 뛰어나다. 하지만 편대로 인해 목줄과의 엉킴이 발생

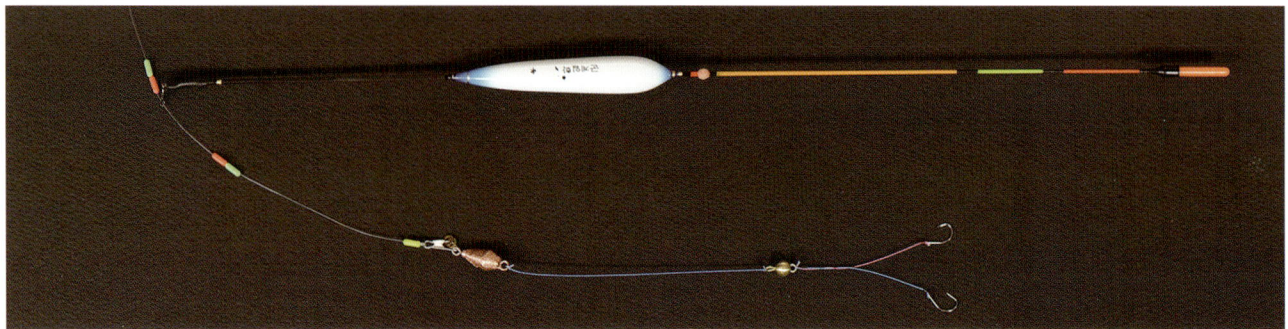
스위벨채비

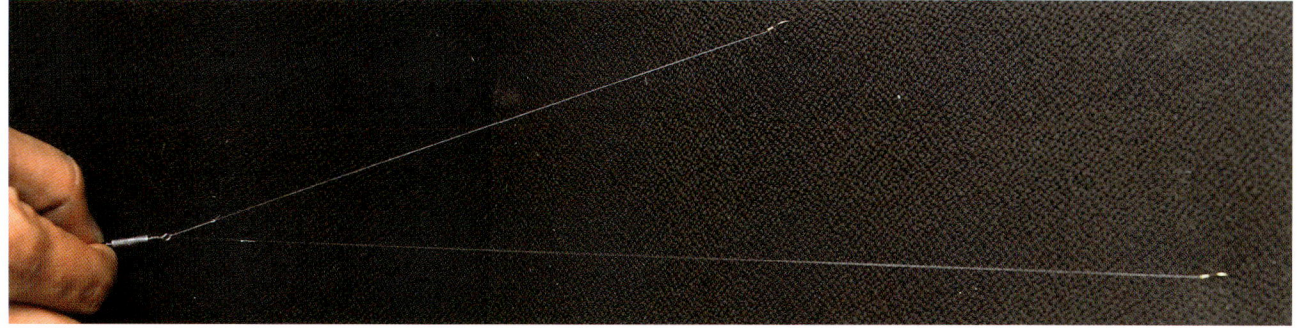

내림채비. 내림채비에 올림찌를 사용하면 얼레벌레채비가 된다.

할 수 있고 지렁이를 쓰면 편대를 감는 일이 종종 발생한다는 것이 단점이다. 캐스팅할 때나 채비 입수 시 채비가 엉키지 않도록 신경 써야 한다.

내림채비

봉돌이 뜨고 바늘이 바닥에 닿아 있는 채비로서 케미꽂이가 없는 내림찌를 사용한다.

유료터 채비 중 감도가 가장 높다. 붕어가 떡밥을 흡입해 조금만 움직여도 수면의 찌에 움직임이 나타나고 그 입질을 바탕으로 챔질로 이어나가 입걸림시킬 수 있다.

하지만 낚시를 하기 위한 과정이 복잡하고 가는 찌와 긴 목줄을 쓰고 찌맞춤과 수심 재기 등이 상당한 집중력을 요하기 때문에 시력이 약하거나 바닥낚시만 한 낚시인은 적응하기 어렵다.

얼레벌레채비

내림낚시용 채비에 일반 떡밥낚시용 찌를 사용한 채비다. 길고 부력이 좋은 올림찌를 사용하므로 찌를 보기 편하고 입질은 올라오거나 내려가는 형태로 나타나는데 챔질하면 입걸림이 되어 있는 경우가 대부분이어서 고기를 잡기 쉽다. 정통이다 아니다 말이 많지만 효과가 뛰어나서 내림낚시가 어렵거나 눈이 좋지 않은 노조사, 초보 낚시인들이 내림낚시 대용으로 이 채비를 쓰곤 한다. 하지만 이 채비는 내림낚시 효과를 흉내낸 것일 뿐 감도나 조과에 있어서는 내림낚시를 따라오지 못한다.

찌를 보지 않고 있어도 찌가 들어가기면 하면 자동 입걸림 되어 낚시하기 편하지만, 몸통 걸림이 많고 알아서 먹고 올라오므로 긴장감이 떨어진다.

사슬채비

20여 개의 초소형 금속 고리를 사슬처럼 연결해 만든 다분할봉돌채비다. 2010년대 초 등장한 이 채비는 간단한 사용법에 비해 뛰어난 조황을 보이면서 단기간에 동호인들이 늘어났다. 다분할봉돌채비여서 붕어가 미끼를 먹을 때 초경량의 사슬을 차례대로 들어올리기 때문에 무게감과 이물감이 적고 찌올림이 좋다. 맨 하단의 사슬에 6~10cm 길이의 쌍바늘채비 혹은 외바늘채비를 달기 때문에 목줄 길이만큼의 사각지대는 존재한다.

사슬이란 아이디어로 다분할봉돌채비와 비슷한 효과를 내어 감도가 높지만 찌맞춤 과정은 복잡하지 않은 것이 장점이다. 하지만 사슬 연결 구조여서 채비를 거둘 때 바늘이 사슬 구멍에 끼거나 사슬 자체가 꼬이는 일이 가끔 발생한다.

편대채비. 편대낚시 고수인 고양 제일낚시 박병귀 대표가 편대채비를 보여주고 있다.

사슬채비

| PART 2 | 장비와 채비 5

채비 묶음법
초릿줄 묶음법·끝고리 만들기·도래 연결법·안돌리기 바늘 묶음법·손가락 돌리기 바늘 묶음법

붕어낚시용 채비를 만드는 데 필요한 채비 묶음법 5가지를 소개한다. 일일이 묶어 쓰기에 시간이 허락되지 않는다면 아예 낚싯대에 묶어 쓸 수 있도록 출시된 채비세트를 써도 상관없다.

초릿줄 묶음법

1 원줄 끝을 접어 8자매듭을 지어 고리를 만든다.

2 고리의 크기는 너무 크면 좋지 않다. 3~4cm 길이면 충분하다.

3 초릿줄을 만들어놓은 원줄의 고리에 그림과 같이 감는다.

4 초릿줄 끝부분을 그림과 같이 원줄 고리 속으로 통과시킨다.

5 초릿줄 끝부분을 초릿대와 같이 쥐고 원줄을 당긴다.

6 단단히 당겨 조여주면 완성. 풀 때는 원줄 고리를 위로 밀어주면 된다.

끝고리 만들기

1 낚싯줄 끝을 접어서 겹쳐 질 준비를 한다. 고리를 크게 만들려면 겹치는 줄의 길이를 길게 한다.

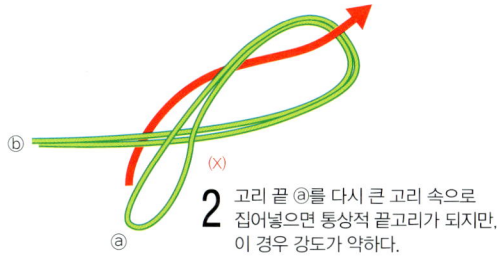

2 고리 끝 ⓐ를 다시 큰 고리 속으로 집어넣으면 통상적 끝고리가 되지만, 이 경우 강도가 약하다.

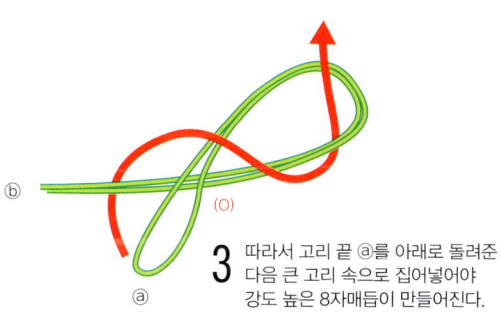

3 따라서 고리 끝 ⓐ를 아래로 돌려준 다음 큰 고리 속으로 집어넣어야 강도 높은 8자매듭이 만들어진다.

4 8자 형태의 매듭이 형성된다.

5 양쪽을 맞당겨 조인 후 자투리줄을 잘라주면 완성.

도래 연결법

1 도래의 고리에 낚싯줄을 넣고 빼낸다.

2 도래의 고리 속으로 낚싯줄을 통과시키고 그림과 같이 한 바퀴 돌린다.

3 그림과 같이 본줄과 함께 5~6회 꼬아준 뒤 끄트머리 줄을 꼰줄의 첫 고리에 넣는다.

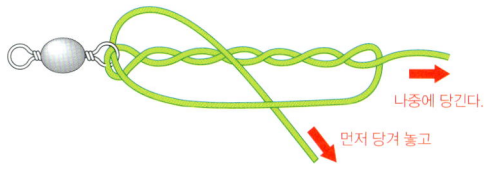

4 끄트머리 줄을 먼저 당겨서 조이고 본줄을 당겨준다.

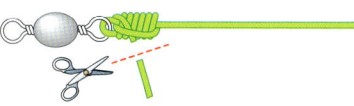

5 매듭이 도래에 바짝 다가가 조여진다. 자투리를 잘라내면 완성.

유료낚시터 붕어낚시 | 55

안돌리기 바늘 묶음법

1 그림과 같이 낚싯바늘과 목줄을 배치시키되 고리의 크기를 좀 크게 만드는 게 작업하기 쉽다.

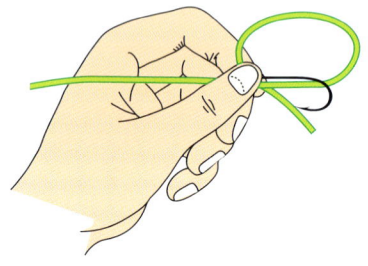

2 엄지와 검지로 바늘귀 부분과 목줄의 교차지점을 겹쳐 쥔다.

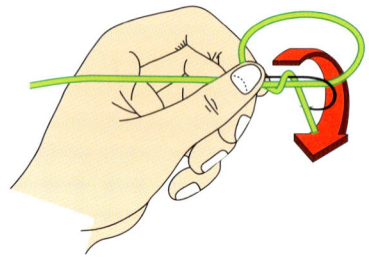

3 줄 끄트머리로 바늘과 줄을 동시에 감기 시작한다.

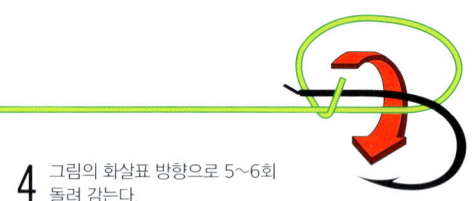

4 그림의 화살표 방향으로 5~6회 돌려 감는다.

5 목줄을 서서히 당겨 조여 준다. 이때 목줄이 바늘의 안쪽에 위치하도록 조정해준다.

6 자투리를 잘라주면 완성.

손가락 돌리기 바늘 묶음법

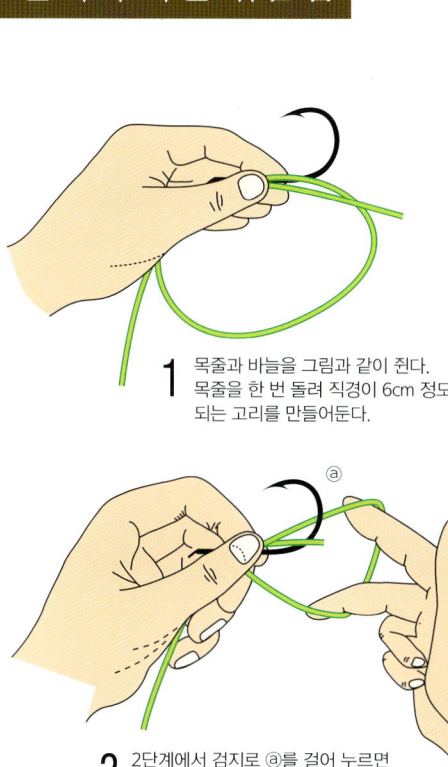

1 목줄과 바늘을 그림과 같이 쥔다. 목줄을 한 번 돌려 직경이 6cm 정도 되는 고리를 만들어둔다.

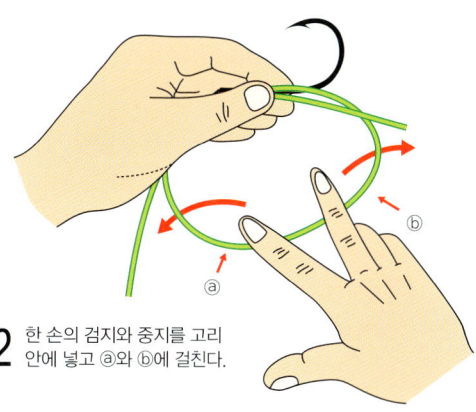

2 한 손의 검지와 중지를 고리 안에 넣고 ⓐ와 ⓑ에 걸친다.

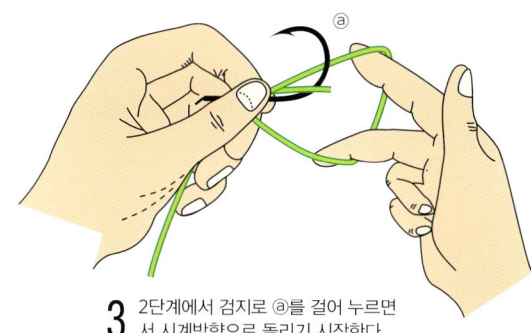

3 2단계에서 검지로 ⓐ를 걸어 누르면서 시계방향으로 돌리기 시작한다.

4 검지를 세워 ⓐ로부터 손가락이 이탈되는 것을 방지하면서 그림과 같이 돌려간다.

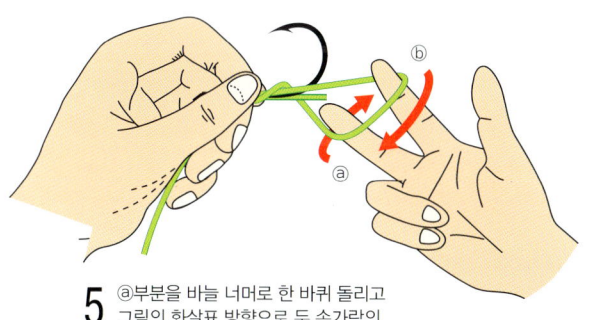

5 ⓐ부분을 바늘 너머로 한 바퀴 돌리고 그림의 화살표 방향으로 두 손가락의 방향을 뒤집어준다.

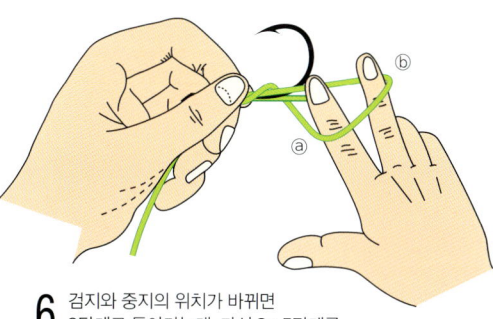

6 검지와 중지의 위치가 바뀌면 2단계로 돌아가는데, 다시 3~5단계를 4~5회 반복해 준다.

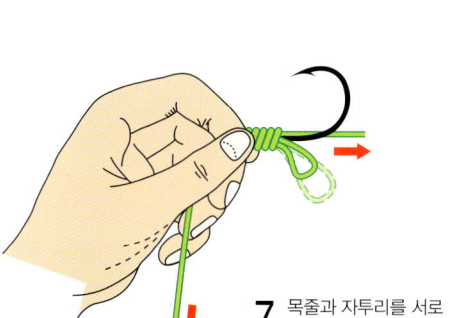

7 목줄과 자투리를 서로 당겨 조여준다.

8 바늘귀에 손톱을 대고 매듭 위치를 잡아준다. 목줄은 바늘 안쪽에 오도록 한다. 자투리를 잘라내면 완성.

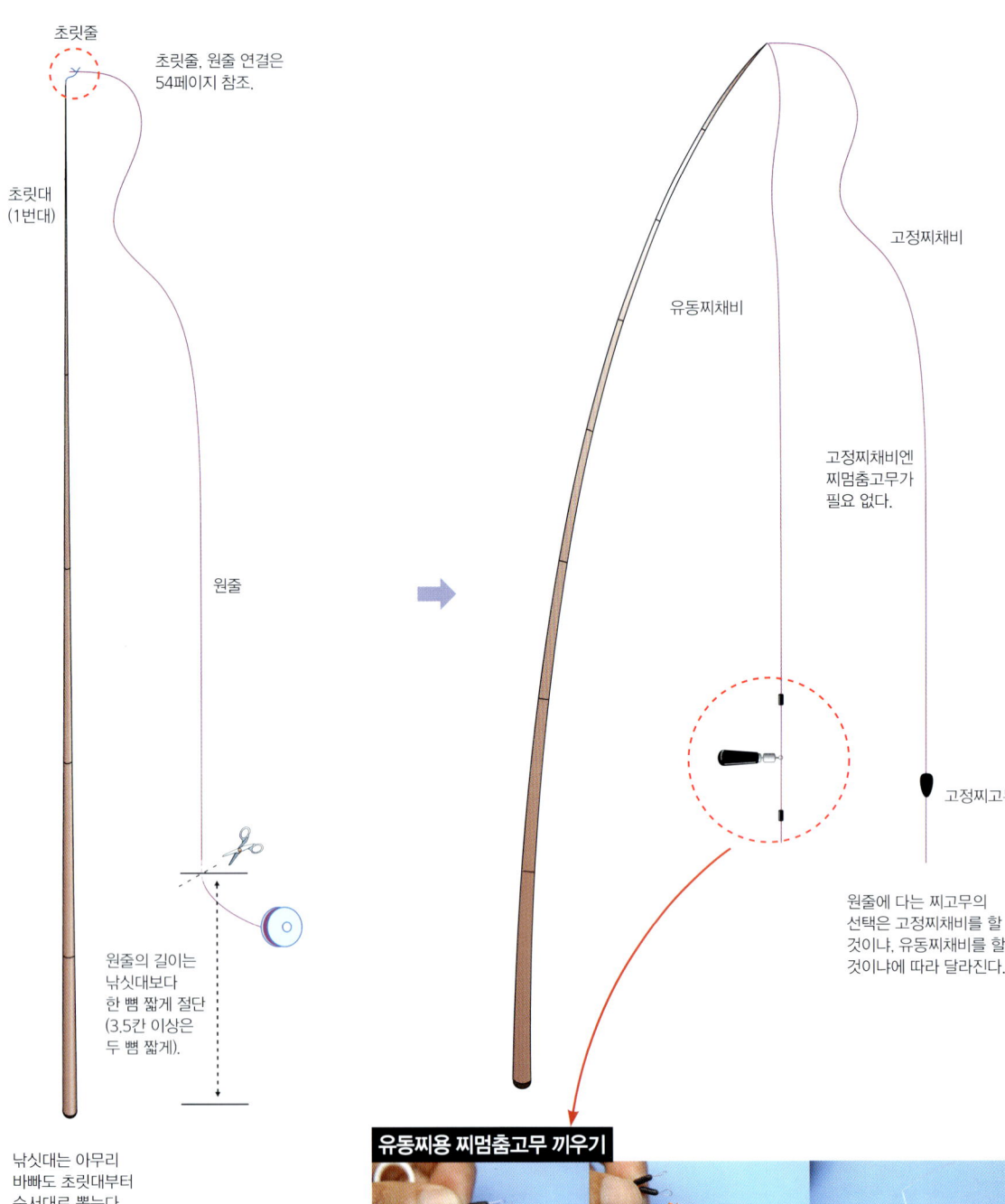

채비 세팅 ③
원줄 끝에 고리 만들기

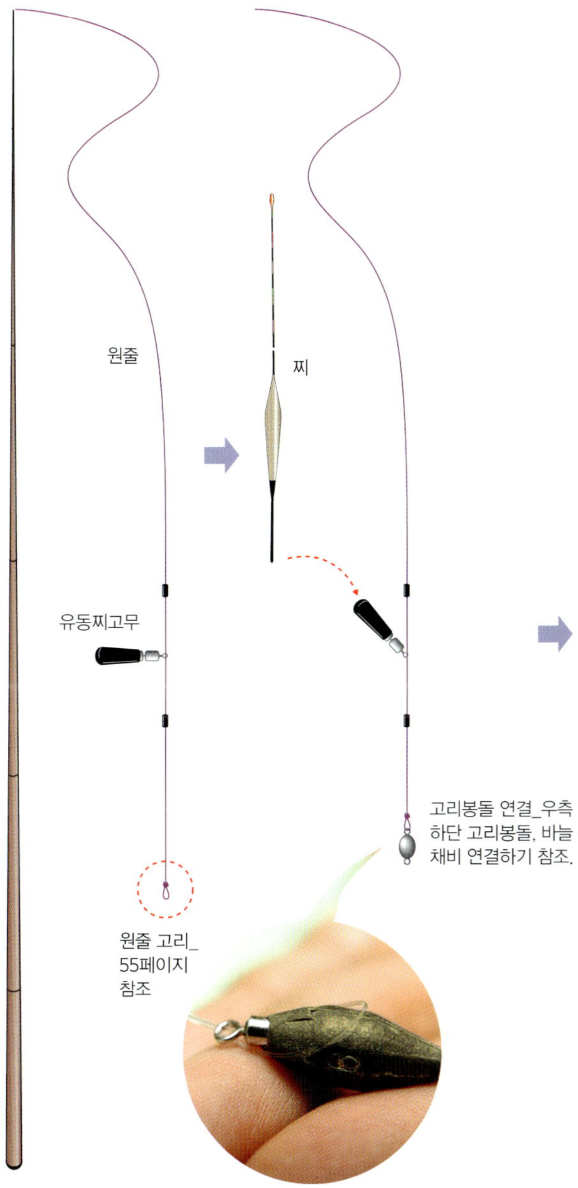

원줄

유동찌고무

찌

원줄 고리_
55페이지
참조

고리봉돌 연결_우측
하단 고리봉돌, 바늘
채비 연결하기 참조.

채비 세팅 ④
찌와 바늘채비 연결

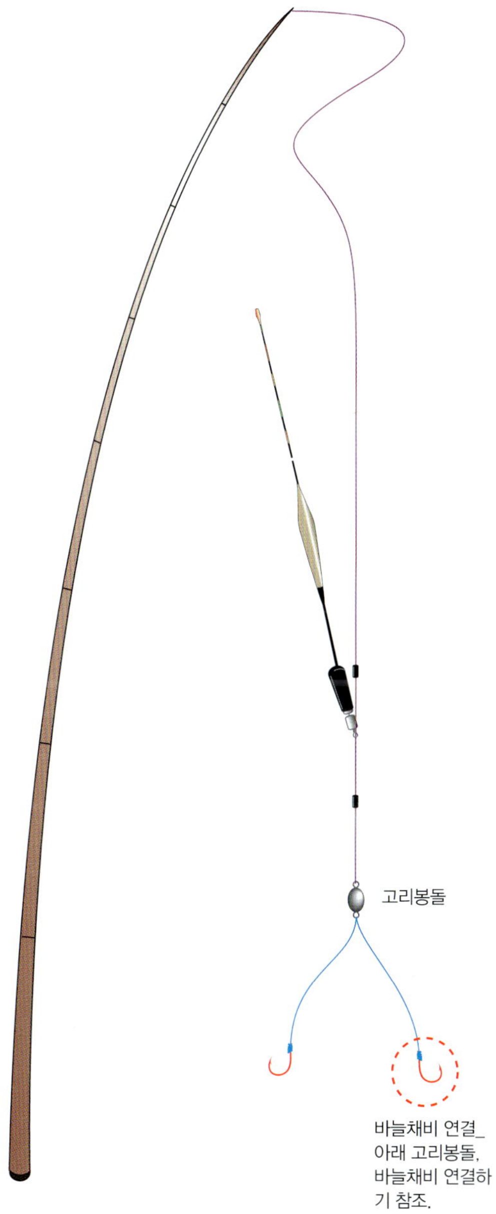

고리봉돌

바늘채비 연결_
아래 고리봉돌,
바늘채비 연결하
기 참조.

고리봉돌, 바늘채비 연결하기

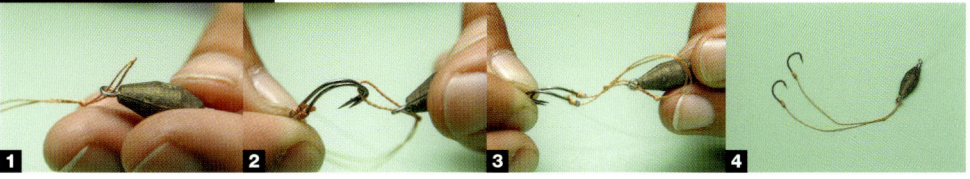

1 2 3 4

| PART 2 | 장비와 채비 6

찌와 낚싯대의 활용
찌맞춤·낚싯대 편성·챔질·끌어내기

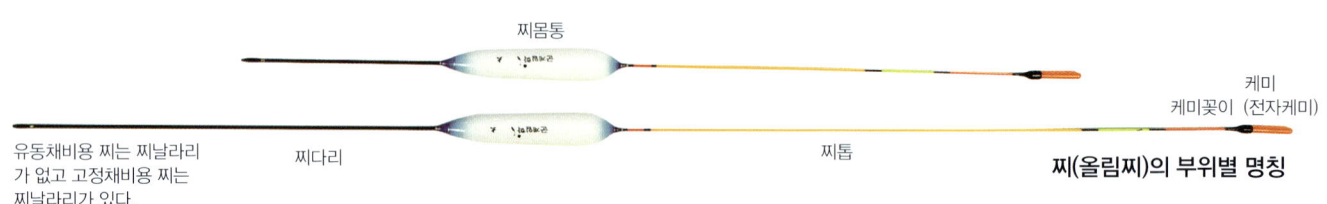

유동채비용 찌는 찌날라리가 없고 고정채비용 찌는 찌날라리가 있다.

찌(올림찌)의 부위별 명칭: 찌몸통, 찌다리, 찌톱, 케미, 케미꽂이(전자케미)

표준찌맞춤

떡밥낚시에서 표준찌맞춤이란 찌에 봉돌만 달고 수조에 넣었을 때 일단 수면 아래로 내려간 찌가 서서히 상승해 찌톱이 수면과 일치하는 상태를 말한다. 이 상태에서 바늘과 원줄을 연결하고 다시 수조에 넣어보면 서서히 가라앉아 봉돌이 바닥에 살포시 안착하게 된다. 입질이 왔을 때 찌가 가장 보기 좋게 상승하며 예민성도 충분하다.

그러나 최근에는 표준찌맞춤보다 약간 더 예민하게 찌맞춤하는 추세다.

즉 같은 과정을 거치되 케미꽂이 고무의 하단, 즉 가늘었다가 넓어지는 부분이 수면과 일치하게 맞추는 것이다. 이 정도로 맞추면 적당히 안정적이고 예민성도 살릴 수 있다(실제로 현장에서 원줄을 달고 낚시하면 원줄이 살짝 잠기는 무게가 더해지는데 이 상태가 표준찌맞춤 상태 정도가 된다).

이것 이상으로 채비를 가볍게 맞추면 봉돌이 바닥에서 뜰 수 있는데 봉돌이 바닥에서 떠버리면 오히려 찌올림 폭이 작아져서 챔질타이밍을 잡기 어렵다. 즉 낚시인은 위로 솟아오르는 찌올림을 원하는데 봉돌이 바

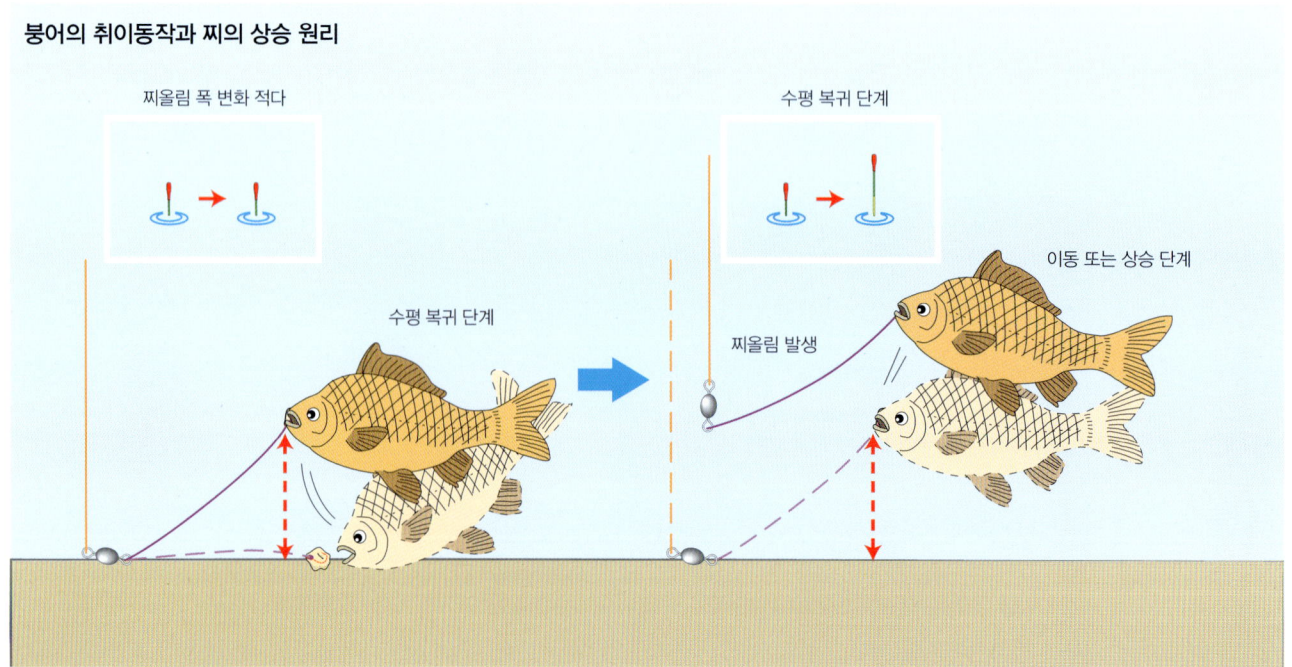

붕어의 취이동작과 찌의 상승 원리

찌맞춤 요령

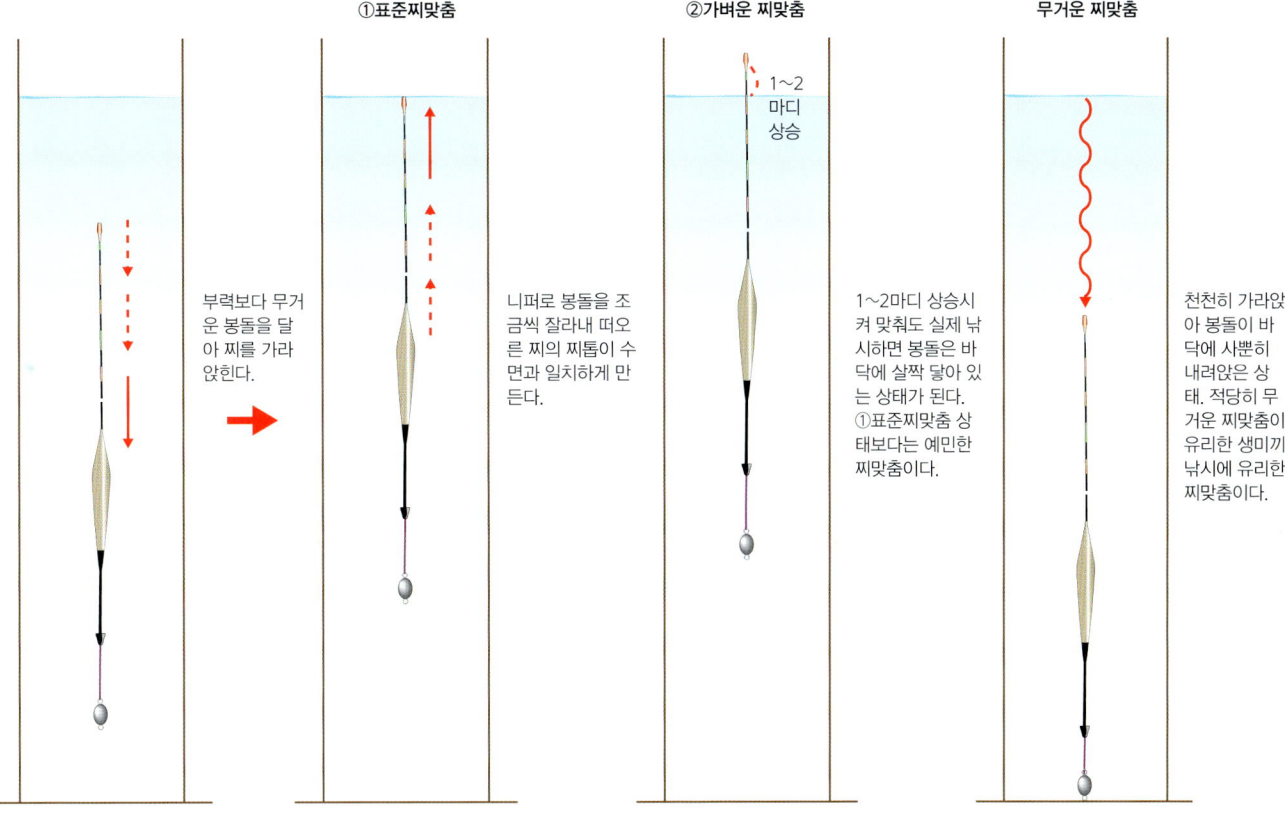

스위벨채비 찌맞춤

이 채비는 봉돌(본봉돌) 밑에 작은 스위벨(좁쌀봉돌) 하나를 더 부착한 것으로 크고 무거운 본봉돌대신 무게를 분산한 작고 가벼운 스위벨이 바닥에 닿게 만든 것이다.

〈그림〉에서 보듯 바늘 위 5cm 지점에 스위벨을 부착한다. 입질이 오면 곧바로 스위벨이 들리면서 전체 채비가 솟구치는 구조다. 작은 스위벨만 들면 되니 시각적 위화감도 적고 무게로 인한 이물감도 덜하다.

만약 커다란 본봉돌 하나만 사용하고 목줄을 5cm로 사용하면 어떨까? 이 경우엔 커다란 봉돌이 5cm 앞에서 떠오르므로 붕어가 놀라 이물감을 갖게 될 것이다.

그런데 간혹 스위벨채비의 예민성을 전적으로 '붕어가 작은 스위벨만 끌어올리므로 큰 본봉돌을 들어 올릴 때보다 힘이 덜 든다. 그래서 민감하다'고 생각하는 경우가 있는데 전혀 그렇지 않다.

이 채비의 찌맞춤은 이미 수조나 현장 찌맞춤에서 결정된 것이므로 붕어가 수직적으로 8호 봉돌 하나를 들어 올릴 때와 7.5호+0.5호로 나눈 스위벨채비를 들어 올릴 때의 힘은 동일하게 적용된다. 즉 붕어가 모든 걸 들어 올리는 게 아니라 붕어가 약간의 힘만 가하면 찌몸통의 부력이 봉돌 전체를 들어올리기 때문이다.

초기에는 소형 스위벨을 목줄에 물리는 형태였으나 지금은 스위벨이 달린 봉돌에 목줄을 연결한다고 해서 스위벨채비라는 이름이 더 익숙하다. 군계일학 성제현 대표가 대중화한 채비다.

성제현의 스위벨채비 찌맞춤 동영상

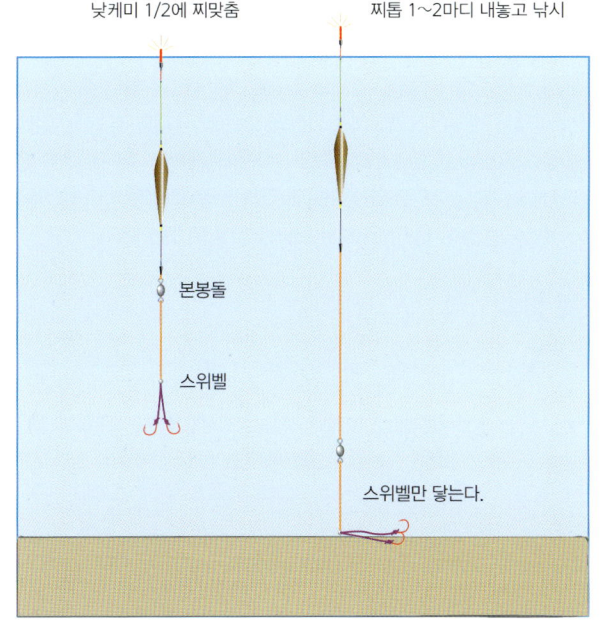

낚싯대 배치 요령

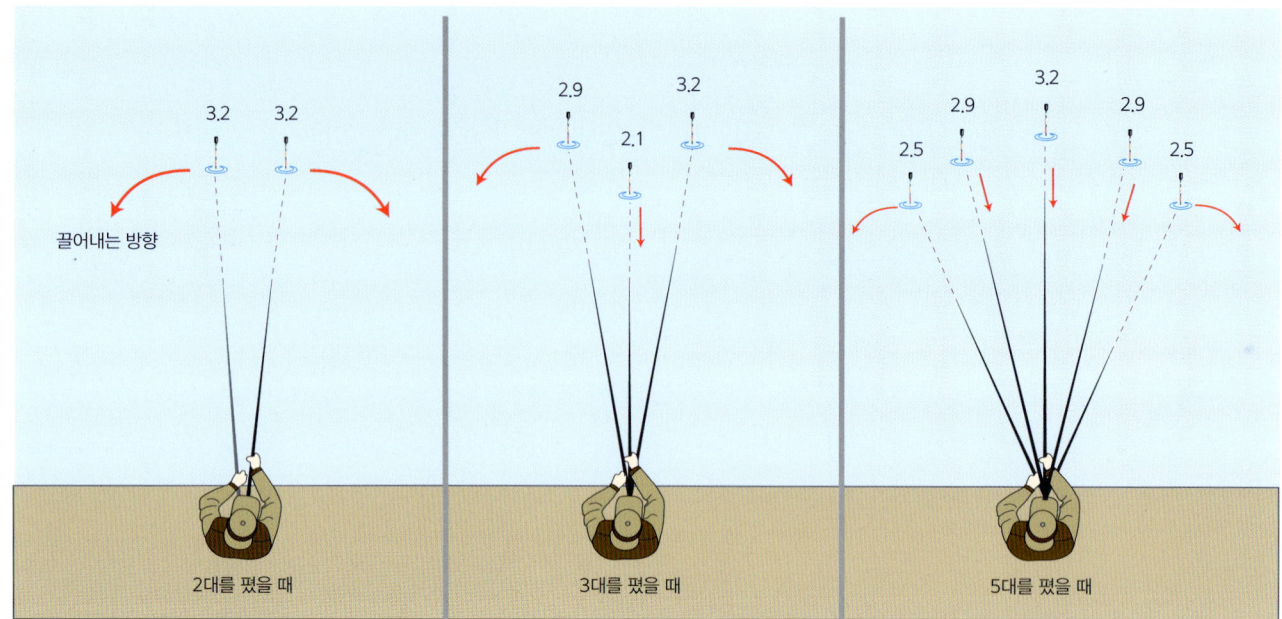

닥에서 떠있으면 위로 솟는 찌올림보다 좌우로 흔들리거나 깔끔하지 못한 찌놀림이 나타난다. 너무 민감한 찌맞춤보다 약간 '안정적'인 찌맞춤이 멋진 찌맛을 선사하며 정확한 챔질타이밍을 가져다준다.

낚싯대 편성

낚싯대 편성 방법은 개인의 취향에 따라 다양하지만 가급적 끌어내기에 유리하도록 배치하는 게 중요하다. 두 대만 편다면 어떤 식으로 배치해도 상관이 없다. 챔질 후 좌우 방향으로 각각 붕어를 끌어내면 되기 때문이다. 그러나 세 대 이상 되면 가운데 낚싯대가 문제가 된다. 그때는 가운데에 가장 짧은 대를 펴고 양 옆으로 긴 대를 펼치는 게 좋다. 만약 2.5, 2.9, 3.2칸 대를 폈다면 3.2칸 대가 가운데 오는 것은 피한다. 3.2칸 대의 붕어가 끌려오면서 양 옆의 2.5칸 대와 3.0칸 대 채비를 감아버릴 수 있기 때문이다. 그러나 2.5칸 대가 가운데 있으면 챔질 순간 이미 양 옆의 찌보다 전방으로 끌어내버리므로 옆 채비를 감을 위험이 없다.

투척과 챔질

유료터낚시는 예민한 찌맞춤을 필요로 한다. 가장 많이 쓰는 떡밥 자체가 부드럽고 금방 녹아내리는 성질을 갖고 있기 때문이다. 한 번의 본신에 챔질을 못하면 떡밥이 바늘에서 이탈해버려 상황이 종료되기 때문이다.
찌맞춤이 무거우면 짧고 예민한 입질은 간파하지 못할 수도 있다. 반대로 생미끼는 붕어가 흡입하고, 씹고, 내뱉는 과정에서도 미끼 형태가 장시간 유지되므로 너무 예민한 찌맞춤은 필요 없다. 오히려 적당히 무겁게 찌맞춤해야 붕어가 미끼를 완전히 삼킨 타이밍을 제대로 잡을 수 있다.

떡밥을 투척할 때는 앞치기로 살짝 던져 넣는다. 앞치기는 착수 소음과 충격이 가장 작아 떡밥 착수 때 깨질 확률이 낮기 때문이다. 채비가 착수되면 낚싯대를 앞받침대에 올려놓은 뒤 채비가 가라앉는 동안 손잡잇대를 살짝 들어 초릿대를 물속에 담근다. 수면에 늘어진 원줄을 미리 가라앉히기 위한 동작인데, 찌가 제자리를 잡은 뒤 원줄의 가라앉는 무게가 찌를 누르는 것을 막기 위해서다.

뒤꽂이의 높이는 무릎 부근이 적당하다. 팔을 뻗었을 때 바로 낚싯대를 잡아 빠른 챔질을 할 수 있는 높이다. 떡밥낚시의 입질은 예신과 본신으로 나뉜다. 생미끼의 경우 수차례의 예신이 전해지다가 본신이 들어오지만 떡밥은 한 번의 예신 후 본신으로 이어지는 경우가 많다. '깜박'하는 예신 후 찌가 두 마디에서 세 마디 상승했을 때 챔질하면 가장 걸림 확률이 높다. 찌가 솟는다는 건 붕어가 미끼를 물고 상승하면서 봉돌도 함께 떠오르는 것이므로, 사실 반 마디나 한 마디 상승 때 채도 걸림이 될 수 있다.

이게 흔히 말하는 '반 박자 빠른 챔질'인데 붕어의 활성이 떨어졌을 때 이 챔질법이 잘 먹힐 때가 많다. 그러나 반 마디나 한 마디 상승 때는 붕어가 떡밥을 입속에 완전히 넣은 게 아니라 입 끝으로 물고 있을 수도 있으므로 헛챔질이 될 수 있다.

물론 5~6마디 상승 때 챔질해도 걸림은 된다. 그러나 찌가 올라오는 것을 너무 오래 놔두면 분명 올라오는 도중 챘음에도 헛챔질로 끝나는 경우가 종종 있다. 이런 경우는 찌올림에 가속이 붙으면서 붕어가 미끼를 뱉었음에도 관성에 의해 찌가 여전히 솟구치는 과정으로 볼 수 있다.

챔질은 짧고 간결하게 한다. 낚싯대를 위로 들든, 뒤로 잡아 빼든, 옆으로 채든 간에 원줄은 찌를 거쳐 가기 때문에 바늘채비는 찌를 향해 수직으로 이동한다. 그래서 바늘은 대부분 붕어의 윗입술에 박힌다. 따라서 손잡이대를 잡고 짧고 간결하게 치켜세워주는 것만으로 챔질은 충분하다.

향붕어 끌어내기
챔질 후 대를 수직으로 세운다

2020년대 들어 유료낚시터 방류 어종은 중국붕어에서 향붕어로 바뀌었다. 향붕어는 중국붕어에 비해 체고가 높고 같은 씨알이라도 힘을 더 쓴다. 또 방류되는 씨알이나 무게 역시 35cm급, 1kg 가까운 녀석들이 많다보니 만만하게 보다가 원줄을 터뜨리거나 대가 부러지는 일도 종종 발생한다.

유료낚시터는 일부 낚시 구간을 제외하고는 대부분 장애물이 없다. 챔질 후 놀란 고기가 힘을 써서 수초나 나뭇가지를 감아 놓치는 일은 드물다고 할 수 있다. 대를 세우고 버티는 요령만 익힌다면 고기를 놓치는 일은 없을 것이다.

챔질을 하여 붕어를 걸었을 때 대를 세우느냐 못 세우느냐가 중요하다. 챔질 후 대를 수직으로 세워야 하는 이유는 최대한 대의 탄력을 이용하기 위해서다. 대를 세우지 못하면 대의 탄력보다도 낚싯줄에 의존하게 되어 붕어의 힘을 그대로 낚시인이 감당해야 한다.

대를 세우는 데 성공했다면 물고기의 힘이 거세게 전달될 때마다 낚싯대를 든 손을 적절히 낮추고 올리며 힘을 조절해 대응한다. 그런 과정에서 붕어는 연안 가까이 끌려오게 되는데 그러한 가운데에서도 순간순간 힘을 쓰므로 팽팽한 원줄이니 느슨하게 되지 않도록 대-원줄-붕어와의 긴장감을 유지한다. 원줄이 느슨해지면 붕어가 바늘에서 이탈되는 일이 발생한다.

계속해서 버티기를 하면 힘이 빠진 붕어는 스스로 수면으로 올라와서 공기 호흡을 하게 되는데 몇 번 공기 호흡을 하면 더 힘이 빠져 연안 가까이 끌려온다. 최종 단계에서 한 번 더 힘을 쓰고 차가 나갈 때가 있는데 이때 붕어의 머리를 돌려 세우는 요령이 필요하다.

그것은 낚싯대를 젖히는 방향에 따라서 대의 탄성에 의해 붕어의 머리 방향을 바꾸는 것이다. 붕어가 정면으로 차고 나갈 때 좌우 한 방향으로 대를 눕히면서 탄성을 주어 붕어의 머리가 그 방향을 따라 돌게 하고, 붕어가 좌측으로 나가면 우측으로, 좌측으로 눕혀주는 것이다.

힘이 다 빠진 붕어가 연안 가까이 왔다면 뜰채를 댈 준비를 한다. 뜰채를 물고기 쪽으로 가져가지 말고 물고기를 뜰채 쪽으로 들어가도록 유도하는 게 요령이다. 붕어가 연안 가까이 끌려왔다면 붕어와 조금 떨어진 거리에 뜰채를 미리 반만 물에 담고 있다가 그 뜰채에 들어오도록 한다.

향붕어를 건 뒤 대를 세워 맞서고 있는 낚시인.

PART 3

미끼 활용하기

| PART 3 | 미끼 활용하기 1

종류와 쓰임새
떡밥이 90% 이상

유료터낚시는 곧 떡밥낚시라고 할 정도로 미끼 사용에 있어 90% 이상으로 떡밥의 비중이 높다. 떡밥이란 물고기가 좋아하는 각종 곡물을 가공, 혼합하고 열처리 등의 공정을 통해 미끼용으로 개발한 낚시용품을 말한다. 과자 봉지처럼 비닐 봉지에 넣어 출시된 제품을 구매해 사용하고, 쓰고 남은 것은 다음 출조 때 또 사용할 수 있다. 그 외 낚시터, 낚시 시기에 따라 생미끼가 함께 사용되고 있다.

떡밥

가장 많이 사용하는 떡밥은 어분떡밥, 보리떡밥, 글루텐떡밥이다. 중국붕어가 방류되던 이전엔 보리떡밥의 사용량이 많았으나 향붕어로 바뀌면서 양식장에서 먹이로 사용하던 어분의 영향으로 어분떡밥의 효과가 더 뛰어나게 됐다. 떡밥낚시는 집어 과정을 거치게 되는데 집어 과정에서 쓰는 떡밥을 집어떡밥, 집어가 이뤄져 고기가 더 먹기 쉽게끔 집어떡밥과 함께 먹이용으로 다는 떡밥을 먹이떡밥으로 구분해서 사용한다.

■ 집어떡밥
□ 보리떡밥
콩가루, 보리보리, 찐버거 등의 제품 명으로 불리는 떡밥으로 보리 성분이 들어가 있는 것은 아니다. 실제로는 밀기울가루 또는 밀껍질 등을 혼합 가공해 만든 떡밥이다. 2000년대 초반 중국붕어를 대상으로 출시된 떡밥 제품 이름에 보리가 들어갔고 또 이게 널리 알려지면서 이후 어분을 제외한 비슷한 집어 용도의 곡물떡밥을 두고 보리떡밥으로 부르고 있다. 단독으로 쓰지는 않고 두 가지 이상을 혼합해서 쓴다.

□ 어분떡밥
정어리 등 바닷고기를 분쇄하여 말린 것이 어분의 원료다. 어분은 원래 양식어류 사료로 개발된 것이라 양식 후 방류된 향붕어를 비롯해 중국붕어, 잉어, 잉붕어들이 잘 먹는다. 그러나 낚시 미끼용 어분은 30%만 순수 어분이고 나머지는 대두, 소맥 등 곡물 성분이 차지하고 있다. 후각적 집어효과가 좋아서 토종붕어낚시에도 곡물떡밥에 어분을 약간씩 섞어 주면 효과가 좋다.

■ 먹이떡밥
□ 글루텐떡밥
원래 일본에서 떡붕어낚시용으로 개발된 떡밥인데 우리나라에선 유료터 양식붕어, 자연산 (토종)붕어낚시에서 많이 쓰이고 있다. 주성분은 감자 플레이크(약 60%)와 글루텐(약 30%)이다. 글루텐만 가지고는 끈기가 부족해 감자플레이크 가루를 섞는다. 글루텐떡밥의 가장 큰 특징은 물속에 들어가면 금방 부풀어 오르고 부드러워 붕어가 먹기 좋다는 것이다. 또 글루텐 특유의 끈기 덕에 바늘에 끈적하게 붙어 있어 붕어가 떡밥의 일부만 흡입해도 바늘이 함께 입속으로 빨려든다. 딸기글루텐, 어분글루텐 등 다양한 성분의 제품이 출시되어 있다.

그 외 겨울 하우스낚시터에선 토로로(해조류떡밥), 역옥 등 일본에서 개발한 떡붕어용 먹이떡밥이 사용되고 있다.

□ 옥수수
떡밥이 곡물을 분쇄해 만든 분말 미끼라면 옥수수는 자연 상태의 곡물을 활용한 고형 곡물미끼라 할 수 있다. 우리가 알고 있는 옥수수의 알이라고 보면 되는데, 유료낚시터로 운영되기 전 붕어낚시가 많이 이뤄졌던 관리형낚시터, 자연형낚시터에서 쓰이는 일이 많다. 예전에는 삶은 옥수수 알을 그대로 썼지만 요즘은 마트에서 판매하는 옥수수콘을 구입해 사용한다. 옥수수콘의 부드러운의 질감, 가공할 때 첨가된 당분이 붕어의 입질을 유도한다. 배스, 블루길 등 외래어종이 유입된 낚시터에서 효과가 좋다.

생미끼

떡밥만큼 사용 비중이 높지는 않지만 겨울과 같은 저수온기, 댐과 같은 자연형낚시터에서 떡밥이 따라오지 못하는 위력을 발휘하곤 한다. 생미끼가 잘 듣는 상황이라면 관리실에서 추천하는 생미끼가 있으므로 이를 구입해 사용하면 되겠다.

□ 지렁이
겨울이나 초봄의 저수온기, 하우스낚시터, 댐낚시터에서 떡밥과 함께 많이 쓰이는 미끼다. 또 관리형낚시터에서 봄 산란철 등 수초대, 수몰나무를 노려야 하는 수상좌대낚시에서 빠뜨려서는 안 될 미끼다. 댐낚시 오름수위 때 흙탕물에서도 잘 먹힌다. 그밖에 관리형 또는 자연형낚시터에서 수온 저하 또는 수위 변화로 붕어의 생활 리듬에 급격한 변화가 왔을 때 다른 미끼는 안 먹혀도 지렁이는 먹힐 때가 있다.

□ 대하, 새우, 구더기
관리형, 자연형낚시터엔 새우가 자생하기도 한다. 이렇게 새우가 자생하는 낚시터는 새우가 붕어의 먹잇감이 되므로 미끼로 쓰면 효과가 좋다. 그러나 자연산 새우보다 더 많이 쓰이는 새우가 있는데 바로 대하다. 살아 있는 녀석이 아니라 냉동된 상태를 쓰는데, 겨울에 지렁이와 함께 많이 쓰이는 생미끼다. 껍질을 떼고 살을 바늘 끝만 가릴 정도로 작게 달아 사용한다.

그 외 하우스낚시터에서 구더기도 종종 사용하고 있다.

물속에서 분말이 흩어지며 떨어지고 있는 떡밥.

보리떡밥 분말

어분떡밥 분말

글루텐떡밥 분말

해조류떡밥

지렁이

옥수수

| PART 3 | 미끼 활용하기 2

집어떡밥과 집어
집어의 개념와 배합·반죽방법

집어떡밥은 주변에 있는 붕어를 불러 모으기 위해 사용하는 떡밥을 말한다. 2010년대 중반부터 향붕어가 유료낚시터에서 급속하게 퍼지면서 2023년 현재, 집어낚시의 초점은 향붕어에 맞춰져 있다. 중국붕어와 향붕어는 습성이 조금 다르다. 그에 따라 사용하는 집어떡밥도, 사용방법도 달라졌다.

■군집성 중국붕어와 단독행동파 향붕어
군집을 이뤄 몰려 다니는 중국붕어와 달리 향붕어는 몰려다니지 않는다. 각 개체가 따로따로 움직이는 성향이 강하다. 또한 바닥층에서 주로 활동하는 중국붕어와 달리 향붕어는 먹이를 쫓아 자주 떠올라 중상층에서 활동하는 일도 잦다.
이에 따라 향붕어가 방류된 낚시터는 포인트 간 조황 차가 나는 일이 줄어들었다. 중국붕어를 방류할 때엔 군집성 때문에 잘 낚이는 곳과 안 낚이는 곳의 포인트 차이가 분명했지만, 향붕어는 그런 포인트 차가 줄어들고 고루 낚이는 경향이 강하다.

■향붕어 조과는 떡밥 투여량에 좌우되지 않는다
군집성이 강한 중국붕어는 물속에 쏟아붓는 떡밥량에 조과가 비례한다고 할 정도로 떡밥을 많이 투여하면 중국붕어가 몰려들었고 또 한 번 집어가 되면 잘 떠나지 않았다.
하지만 향붕어는 그렇지 않다. 떡밥 투여량에 꼭 비례하지만은 않는 것이다. 물론 꾸준히 집어를 해야 하는 것은 같지만 집어 효과는 중국붕어에 비해 떨어진다.

중국붕어는 옆 자리에서 집어에 성공하면 내 자리로 집어군을 빼앗아 오기 힘들지만 향붕어는 집어가 됐다고 하더라도 낚시인의 기량에 의해서 얼마든지 집어군을 빼앗아 올 수 있다.

■핵심은 향붕어가 중상층에서 떠오르지 않게 하고 바닥에 묶어두는 것
향붕어 집어의 핵심은 고기가 바닥에서 떠오르지 않게 하는 것이다. 바닥층에 주로 머무는 중국붕어와 달리 향붕어는 먹이를 쫓아 자주 중상층으로 떠오른다. 따라서 집어를 할 때 중상층에선 덜 풀리게 하고 하층이나 바닥층부터 많이 풀려야 바닥층에 향붕어를 묶어두고 낚을 수 있다. 그렇지 않으면 입질이 지저분해진다.
그래서 중국붕어가 주로 방류됐을 때는 보리떡밥을 많이 사용했던 때와 달리, 향붕어가 주로 방류되고 있는 2020년대 들어서는 확산성이 강한 보리떡밥 대신, 어분떡밥의 사용 비중이 높아졌다.

■도토리 크기로, 미끼와 함께 달아 던져야
유료터 고수이자 군계일학 대표인 성제현씨는 집어떡밥을 중국붕어낚시와 같이 밤톨만 하게 던져서는 안 된다고 강조한다. 도토리 크기로 약간 작게 달고, 미끼도 함께 달아 던져야 효과적이라는 것이다.
"개인적으로 약간 작게 달아 자주 던지는 것을 선호한다. 조금씩 모자란 듯 자주 줘야 대상어의 먹이 욕구와 경쟁력이 높아지기 때문이다. 미끼를 함께 달아 던지는 것은 글루텐과 어분 중 어떤 미끼에 향붕어가 반응하는가를 체크하기 위해서이다. 그래서 목줄의 색상을 달리해서 사용하고 있다."

바늘에 집어떡밥 달기

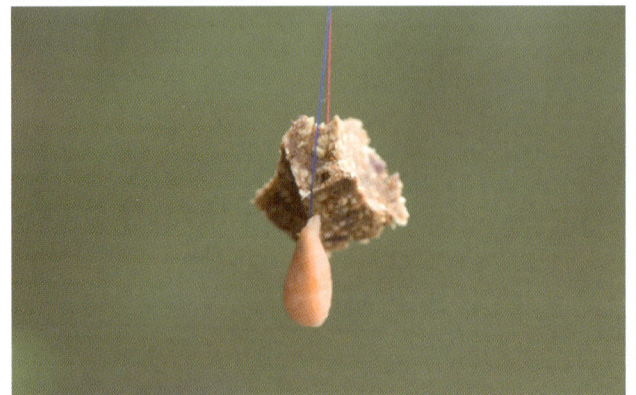

중국붕어용 집어떡밥과 글루텐 먹이떡밥. 밤톨만 하게 단 떡밥이 집어떡밥이다. 향붕어낚시에서 이렇게 집어떡밥을 크게 달면 안 된다.

향붕어용 집어떡밥과 글루텐 먹이떡밥. 도토리 크기만 하게 단 떡밥이 집어떡밥이다. 집어떡밥 상단부를 손으로 살짝 눌러, 중상층에선 덜 풀리고 바닥층에서 풀리게 하는 것이 운용방법이다.

집어떡밥 배합·반죽방법

떡밥그릇과 계량컵. 계량컵은 25cc, 50cc, 100cc 등으로 구분되어 있다.

떡밥봉지 뜯기. 지퍼백 위쪽 절취선을 찢되 1/5 정도는 남겨 놓는다. 다 찢으면 바람에 날리는 등 부주의로 인해 쓰레기로 남기 쉽다.

100cc 계량컵으로 떡밥 분말 담기. 고봉식으로 듬뿍 담지 말고 계량컵 끝과 일치하도록 양을 맞춘다. 정확한 양을 섞기 위해서다.

네 가지 떡밥 분말을 쏟아부은 떡밥그릇. 사진과 같이 구분되게 부어놓으면 혼합해야 할 떡밥을 빠뜨리는 일이 없다.

서로 잘 섞는다.

계량컵에 물을 담아 붓는다. 주의할 것은 100cc의 물이라면 한 번에 부어야 한다는 것. 50cc, 50cc씩 나눠 부어도 물의 양은 같지만, 어분떡밥은 물을 빨리 흡수하므로 나눠 붓는 도중 묽기, 찰기 등의 물성이 달라질 수 있다.

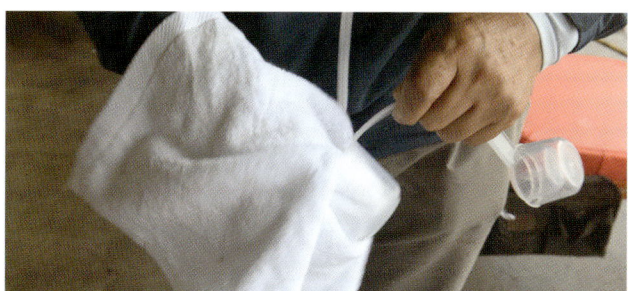

사용한 계량컵은 수건으로 물기를 닦고 사용한다. 물기가 있는 계량컵으로 떡밥 분말을 담을 경우 배합한 떡밥의 묽기, 찰기가 달라질 수 있기 때문이다.

집어떡밥 기본 반죽 방법. 손바닥으로 5~10회 떡밥 덩어리를 위에서 아래로 뒤집는다. 물이 고르게 스며들게 하는 정도로 반죽을 마무리하는 방법으로 찰기가 약해 물속에서 잘 풀어진다.

비가 오거나 수심이 깊을 때의 집어떡밥 반죽 방법. 손가락을 갈퀴 모양으로 만들어 5회 정도씩 방향을 바꿔가며 15~20회 휘젓는다. 기본 반죽 방법보다 찰기가 있는 떡밥 상태가 된다.

완성된 집어떡밥. 5~10분 정도 물이 스며들기를 기다린 후 사용한다. 보통 반을 덜어 사용하고 나머지 반은 떡밥 상태를 봐서 손에 물에 묻혀(일명 손물) 떡밥 상태를 조정한다.

먹이떡밥
글루텐떡밥 배합·반죽방법과 운용

일본에서 떡붕어용 떡밥으로 개발된 글루텐떡밥이 우리나라에 건너온 시기는 1990년대 말이다. 당시 국내에서 붐이 일었던 떡붕어낚시를 통해 알려지기 시작한 이 떡밥은, 물속에 들어가면 부풀어 오르는 성질과 바늘에 잔분이 끝까지 남아 있는 끈기 덕분에 양식붕어가 방류된 유료낚시터에서도 인기를 끌고 있고, 자연낚시터에서도 떡밥 하면 일부 댐낚시터를 제외하고는 글루텐떡밥을 떠올릴 정도로 먹이떡밥으로의 자리를 확고히 하고 있다.

글루텐떡밥의 특징

■제조사의 물 배합량을 지켜야
글루텐떡밥은 물 배합량에 따라 묽고 차진 반죽 정도, 점도(粘度)가 달라진다. 물론 어분떡밥이나 보리떡밥도 물 배합량에 따라 점도가 달라지긴 하지만 글루텐떡밥은 그 차이가 심하다. 따라서 떡밥 봉지에 적혀 있는 물 배합량을 꼭 지키고 이를 지키기 위해서는 계량컵도 꼭 필요하다. 제조사의 표준 물 배합량으로 만든 떡밥 상태를 기준으로 조금 더 손으로 주무르거나 손물을 더하는 등의 점도 조절을 해야 한다.
물을 부은 후엔 물이 스며들기까지 5~10분 기다려준다.

■집어낚시에선 뒤집기, 대물낚시에선 치대기
떡밥은 손으로 많이 주무르면 찰기가 생기고 부드러워진다. 글루텐떡밥도 마찬가지이지만 그 변화 정도가 심하다. 많이 주무르면 정말 껌처럼 변하게는 글루텐떡밥이다. 유료낚시터부터 자연낚시터까지 미끼떡밥으로 두루 사용하는 글루텐떡밥은 집어낚시와 대물낚시로 나눠 반죽방법을 살펴볼 수 있다.
유료낚시터에선 떡밥을 계속해서 투척하여 고기를 불러 모으는 집어낚시를 해야 한다. 향붕어를 대상으로 할 때엔 글루텐에 어분을 섞으므로, 미끼떡밥 역시 집어 역할을 한다고 볼 수 있다. 따라서 물속에서 어느 정도 풀어지고 바늘에 남은 잔분으로 입질을 유도해야 한다. 적절한 반죽방법은 집어떡밥과 마찬가지로 찰기가 강하게 생기지 않도록 떡밥 덩어리를 5~10회 뒤집는 것이다. 수심이 깊거나 비가 오는 등 찰기가 필요한 상황에선 손가락을 갈퀴 모양으로 만들어 15~20회 휘젓는 것으로 반죽 상태를 조정한다.
관리형낚시터나 자연형낚시터에서 수초낚시를 할 경우, 여러 대를 펴는 대물낚시를 할 때엔 집어낚시처럼 떡밥을 자주 갈아주지는 않는다. 먹이떡밥은 바늘에 오래 달려 있어야 하므로 이때는 찰기 있는 글루텐떡밥을 만들어야 한다. 물을 부은 후 위아래로 뒤집어 수분이 스며들게 한 후 20~30회 꾹꾹 누르고 치대는 식으로 찰기있게 만들어 준다.

■향붕어낚시에선 종 모양 형태로 단다
바늘에 달 때는 떡밥을 콩알만 하게 떼어낸 뒤 만두피를 만들 듯 납작하게 편 상태에서 바늘을 넣고 손가락으로 돌돌 말아, 종 모양 형태로 만든 뒤 바늘귀 쪽만 눌러준다. 이렇게 하면 물속에서 적당히 분말이 풀리면서 바닥층까지 간다.
반면, 댐이나 관리형낚시터 수초대처럼 집어보다는 기다리는 낚시를 해야 할 때는 검지 손톱 정도로 떼어낸 뒤 둥그렇게 말아 공 모양을 만들고 찔러 넣는 식으로 바늘에 단다.

물속에서 풀리고 있는 글루텐떡밥.

수초대낚시, 대물낚시에서 글루텐떡밥을 바늘에 다는 방법. 둥그렇게 공 모양으로 만든 뒤 바늘을 찔러 넣는다.

글루텐떡밥 뒤집기. 글루텐떡밥과 어분떡밥 분말을 섞은 뒤 물을 붓고 5~10분 방치 후 손가락으로 5~10회 뒤집어서 반죽을 하고 있다.

뒤집기 방법으로 반죽을 마친 글루텐어분혼합떡밥.

여러 성질의 떡밥 섞어 써야

유료낚시터에선 집어떡밥이든 글루텐떡밥이든 한 가지 제품만으로는 효과를 보기 어려운 곳이 많다. 최소 두 가지 다른 성질의 떡밥을 섞어 서로 부족하거나 필요한 성질을 더해 미끼 효과를 높여야 한다. 3합(3 合, 세 가지 떡밥), 5합(合, 다섯 가지 떡밥) 식으로 여러 제품을 섞어 쓰 며 유명 낚시인, 떡밥 제조사마다 추천하는 배합법이 있다. 이를 '블렌딩 (blending)'이라고 표현한다.

떡밥은 자주 사용하고 경험이 쌓일수록 자신만의 노하우가 생긴다. 여러 떡밥 블렌딩을 시도해보고 자신에 맞는 최적의 조합을 찾는 것도 낚시를 하는 재미 중 하나라 하겠다.

떡밥의 보관과 관리

떡밥은 구입 후 개봉하지 않았더라도 무기한 쓸 수 있는 것이 아니다. 음식처럼 유통기한이 있다. 제조업체에선 개봉하지 않은 제품의 경우, 보리떡밥은 3개월, 어분떡밥은 1년, 전층낚시용 떡밥은 3년을 유통기한으로 보고 있다.

개봉하고 오래된 떡밥은 특유의 향이 사라지고 물과 배합해도 잘 뭉쳐지지 않는다. 이렇게 떡밥이 변질되는 이유는 수분 때문이다. 공기 중의 수분을 빨아들여 축축해지면서 상한 것이다. 개봉한 떡밥의 올바른 관리 방법은 봉지 내의 공기를 빼주는 것이다. 분말이 없는 봉지 상단의 공기를 빼주고 지퍼를 닫은 다음 건조한 곳에 보관해야 오래 쓸 수 있다.

글루텐떡밥 치대기. 찰기 있게 만들어 바늘에 오래 달려 있게 만들고 싶을 땐 사진처럼 손으로 20~30회 눌러 치대기를 한다.

다양한 글루텐떡밥 제품들.

집어
입질 올 때까지 일정하게 반복 투척하는 것이 중요

떡밥낚시는 찌가 서는 한 곳에 정확하게 떡밥이 꾸준하게 들어가야 한다. 이렇듯 집어를 제대로 하기 위해서는 일정한 주기로 떡밥을 한 곳에 투여해야 한다. 향붕어가 떡밥이 투척된 지점에 모이게 하기 위해서는 일정한 사이클로 떡밥이 계속 투여되어야 하는 것이다. 두 대를 사용할 때 한 대를 넣어 찌가 서고 자리를 잡는 것을 확인하면 나머지 대를 거두어 떡밥을 달고 투척하고, 이러한 리듬으로 로봇처럼 떡밥을 넣을 수 있어야 한다. 이런 식으로 30분 정도 떡밥 투척을 반복하다 보면 찌가 움직이는 등 반응이 오기 시작한다.

찌 주변에 향붕어가 움직임이 보이면 고기를 모아서 낚을 때가 된 것이다. 이때부터 집어떡밥의 크기를 줄인다. 본신은 붕어의 활성도에 따라 찌올림이 다르다. 한겨울이 아니고 한낮이 아니라면, 활성도 높은 향붕어는 찌를 찌몸통까지 올려준다.

| PART 3 | 미끼 활용하기 4

경원F&B 떡밥 활용술 1
향붕어용 어분떡밥 만들기

박병귀 경원F&B 고문, 고양 제일낚시 대표

아쿠아 3합용 떡밥인 경원F&B 아쿠아텍2, 아쿠아블랙, 아쿠아김밥을 들어 보이고 있는 필자. 밑에 있는 떡밥은 집어·미끼 겸용 떡밥인 아쿠아블루.

반죽을 마친 아쿠아 3합(좌)과 아쿠아블루.

향붕어는 향어와 붕어의 교잡종으로 붕어보다는 향어의 습성이 강하다. 덩치에 비해 입질이 까다로운 것도 향어와 닮았고 특히 향어만큼 어분에 사족을 못 쓴다. 중국붕어는 집어떡밥과 먹이떡밥을 구분해 사용했으나, 향붕어는 집어떡밥이 먹이떡밥 역할을 80% 대신한다고 할 수 있다. 향붕어용 먹이떡밥에도 어분을 사용하기 때문이다.

아쿠아 3합 집어떡밥

아쿠아텍2, 아쿠아블랙, 아쿠아김밥 세 가지를 섞어서 사용한다. 이 세 종 모두 어분떡밥이긴 하지만 성분과 성질이 각각 다르다. 세 가지 특성이 조화를 이뤄 분명한 시너지 효과를 낸다. 아쿠아텍2는 적당한 비중과 냄새로, 아쿠아블랙은 갑각류와 오징어내장에 많이 함유된 조단백(지방분) 성분으로, 아쿠아김밥은 해조류 성분을 함유해 바늘에 오래 달려 있게 하는 효과가 있다. 배합 비율은 다음과 같다.

아쿠아텍2 100cc+아쿠아블랙 50cc+아쿠아김밥 50cc+물 150cc

위 세 가지 떡밥을 정해진 비율로 부어서 섞은 뒤 물을 부어 반죽한다. 이 정도면 3시간 정도 낚시하기에 알맞은 양인데 3시간 후에는 물성이 변화하므로 다시 개어서 쓰는 게 좋다. 집어떡밥을 바늘에 달 때는 토토리보다 작은 크기로 한다. 그래야 한 번에 먹기 좋기 때문이다.

먹이떡밥으로 아쿠아블루 추천

아쿠아블루는 경원F&B의 어분떡밥 중 가장 비중이 가벼워 바닥에 침전물이 많은 낚시터에서 특히 위력을 발휘한다. 즉 비중은 무겁지만 다양한 성분을 함유한 집어·미끼떡밥(아쿠아 3합), 그리고 비중이 극도로 가벼운 떡밥(아쿠아블루) 두 가지를 준비해 예상할 수 없는 낚시터 여건에 대응한다. 아쿠아블루는 향붕어 유료터에서 단품으로, 집어와 먹이 겸용으로 많이 쓰이고 있다. 아쿠아블루와 물의 배합 비율은 다음과 같다.

아쿠아 블루 200cc+물 150cc

개인 취향에 따라 물의 양은 약간씩 가감해도 된다. 그러나 붓는 횟수는 한 번이어야 한다. 아쿠아블루는 비중이 가볍기도 하지만 그만큼 물을 빠르게 흡수한다. 한 번에 물을 부어 반죽한 것과 두세 번에 나눠 부은 뒤 반죽한 것은 질감이 확실히 다르다.

경원F&B 떡밥 활용술 2
오래오글루텐의 특징과 활용

이준열 경원F&B 브랜드 마스터, 유튜브 마약붕어TV 진행자

오래오글루텐이 자연지와 유료터에서 인기를 얻고 있다. 오래오글루텐은 경원F&B 제품 중 가장 점성이 강한 제품으로 최초로 혈분 성분을 첨가됐다. 혈분이란 도축과 도계 작업 시 생산되는 동물의 혈액을 건조, 분쇄시킨 동물성 원료를 말한다. 단백질 함량이 약 80%에 달하여 많은 아미노산을 포함하고 있어, 붕어에게 좋은 먹이원이 된다. 제품 특징을 정리하자면 다음과 같다.

1. 강력한 유인효과를 자랑하는 오징어내장 성분의 펠릿 크럼블을 사용했다.
2. 크고 균일한 크럼블 입자는 물성에 도움을 주며 대물낚시에 효과적이다.
3. 거부감이 드는 어분 냄새를 최소화하기 위해 달콤한 쿠키&크림향을 첨가했다.
4. 단백질 함량이 높은 특수 글루텐을 사용하여 점성이 강하고 바늘 이탈률이 작다.
5. 어분에 혈분을 더한 제품으로 보다 더 빠른 입질을 유도한다.
6. 물속에서 감자성분이 모두 탈락된 뒤에도 글루텐 잔분이 남아 대상어 유인에 효과적이고 이물감을 최소화해 흡입을 용이하게 해준다.

자연지에서는 단품으로 제품 100cc에 물 50cc를 배합하여 사용하면 장시간 바늘에서 이탈되지 않으면서 강력한 유인효과를 발휘한다.
유료터에서는 오래오글루텐 25cc에 물 125cc를 넣고 어분류 150cc를 넣으면 유속이 있거나 깊은 수심에서도 바늘에서 이탈되지 않고 붙어 있으며 강력한 유인 효과까지 얻을 수 있다. 또한 혈분을 포함하고 있어 다른 식물성 글루텐과도 혼합하여 사용해도 좋은 효과를 볼 수 있다.
제품을 뜯어보면 어분 특유의 고약한 냄새가 아닌 고소한 향이 코를 자극하여 마치 과자 봉지를 뜯은 듯한 착각을 일으키게 한다.

오래오글루텐을 들어 보이고 있는 필자.

필자가 오래글루텐을 사용해 낚은 향붕어를 보여주고 있다.

오래오글루텐 활용법

동절기에는 열기로 떡밥을 숙성

겨울철 떡밥 활용술이다. 떡밥 분말 사이의 물 침투와 확산, 즉 숙성을 원활하게 하는 방법이다. 가스난로 위에 물 배합과 반죽을 마친 떡밥그릇을 놓고 그 위에 똑같은 그릇을 거꾸로 덮어 놓은 상태에서 사용하는 것이다. 떡밥은 기온이 높은 봄부터 가을까지는 자연 상태로 방치해도 숙성이 잘 된다. 그러나 겨울에는 입자가 덜 풀리고 숙성 속도도 늦다. 가스난로와 떡밥그릇을 이용해 덥혀 주면 숙성이 잘 되고 입자가 뽀송뽀송하게 살아나는 효과를 볼 수 있다.

가스난로 위에 열기를 전달할 떡밥그릇 크기의 금속 그릇을 놓고 그 위에 떡밥그릇을 얹었다.

| PART 3 | 미끼 활용하기 5

마루큐 떡밥 활용술
노리텐 활용과 와이삼 만들기

노성현 마루큐 필드스탭

노리텐

노리텐은 우리나라에서 유행하고 있는 여러 형태의 바닥낚시 기법을 가지고, 다양한 어종을 대상으로 테스트하여 상당히 높은 입질 빈도가 확인된 전천후 글루텐떡밥이다.
분홍색 포장지에 3개의 소포장 봉지가 삽입되어 있으며 유료낚시터나 자연낚시터에서 모두에서 사용할 수 있다. 그동안 낚시를 통해 확인한 노리텐의 특징은 다음과 같다.

▶바늘과의 일체감과 유지력이 매우 뛰어나 잡어가 많은 고수온기에 좋다.
▶저수온기 때 오래 기다리는 낚시에서도 바늘 결착력이 상당히 좋으며 붕어가 좋아하는 여러 가지 집어 성분이 배합돼 있어 입질이 깔끔하게 들어온다.
▶부드러운 질감을 유지하기 때문에 공 모양으로 쉽게 만들 수 있고 탄력 있는 형상을 가지고 있어

노리텐 활용방법

필자가 노리텐을 사용해 낚은 토종붕어 월척들.

붕어가 먹기 좋다.
▶ 손에 잘 묻지 않아서 사용하고 난 후에 떡밥 그릇을 닦아내기도 훨씬 편하다.
▶ 물속에서 부풀어 오를 때 흐느적거리는 형태를 보면 한 덩어리가 되어 흐느적거려 부서지지 않는다(떨어져 나가지 않는다). 즉, 붕어가 미끼를 흡입할 때 한쪽 귀퉁이만 흡입하더라도 자연스럽게 전체가 빨려 들어간다.

그간의 낚시 경험을 토대로 정리한 노리텐 배합 요령은 다음과 같다. 노지(댐, 강, 저수지 등)의 표준 배합 비율은

노리텐 소포 1포 + 물 100cc.

향붕어를 대상으로 하여 한 바늘에 달아 쓰는 용도로 블랜딩하는 집어·미끼 겸용 떡밥 표준 배합 비율은

천하무쌍 200cc+노리텐 소포 1포 + GTS 600cc + 물 300cc.

유료낚시터에서 향붕어를 대상으로 낚시할 때 초반에는 집어를 위해 바늘에 단 떡밥 본체를 주무르지 않고 공기를 머금게 해서 지속적으로 투척하도록 하고, 이후 입질 여부에 따라 새끼손톱(콩알) 크기로 하여 손가락으로 떡밥 본체를 주물러 공기를 최대한 빼준다.

와이삼

와다글루, 이모글루텐, 글루텐3을 혼합한 것을 말한다. 와다글루는 물속에서 잘 부풀어 오르며, 고구마 성분인 이모글루텐은 맛과 함께 바닥에 깔리는 역할을 담당한다. 점착력이 좋은 글루텐3은 부풀고 흘러내리는 두 제품을 안정적으로 뭉쳐주는 역할을 한다. 이 세 제품을 블랜딩해 놓으면 부드러우면서 찰기가 적당하고 손에도 잘 묻지 않는 좋은 느낌의 떡밥이 만들어진다.
와이삼을 쓰는 상황은 유속이 없는 곳, 수심이 1m 이상으로 깊어 투척 때 붕어들이 경계심을 일으키지 않는 곳, 활성도가 약한 저수온기 때다. 특히 꾸준한 집어로 집어군을 형성하고자 할 때 효과적이다. 와이삼 표준 배합 비율은

와다글루 50cc+이모글루텐 50cc+글루텐3 1포(약 100cc)+물 250cc.

분말을 혼합하고 물을 부은 후 5분 정도 방치한 뒤 10~20회 치대고 사용한다.

낚시 초반에 집어를 하는 상황에선 치대지 않고 그냥 사용한다. 물을 부어 5분간 숙성시킨 후 그대로 집어서 바늘에 달아 쓰는 것이다. 그래야만 글루텐이 물속에서 잘 부풀어 시각적 유인효과가 발생하기 때문이다. 이후 본격적인 입질이 들어올 때는 손으로 떡밥 본체를 치대어 공기를 빼고 바늘에 달아 쓴다. 다음은 필자가 활용하는 와이삼 배합 비율.

와다글루 75cc+이모글루텐 75cc+글루텐3 1포(약 100cc)+물 250cc.

향붕어낚시에서 노리텐과 함께 사용하면 좋은 미끼·집어 겸용 떡밥들. 좌로부터 마루큐 천하무쌍, 노리텐, GTS

마루큐 와이삼으로 대물 붕어를 낚은 필자.

마루큐 와이삼 떡밥들. 좌측부터 와다글루, 이모글루텐, 글루텐3.

치대지 않은 상태의 와이삼 떡밥(좌)과 치댄 상태의 와이삼 떡밥의 물속 풀림 상태.

경기 안성 월향낚시터

PART 4
낚시방법

| PART 4 | 낚시방법 ①

군계일학 성제현 대표가 향붕어낚시 도중 잉어를 걸어 뜰채에 담고 있다.

고수 **성제현** 따라하기
유료터에서 향붕어 한 마리 낚기까지

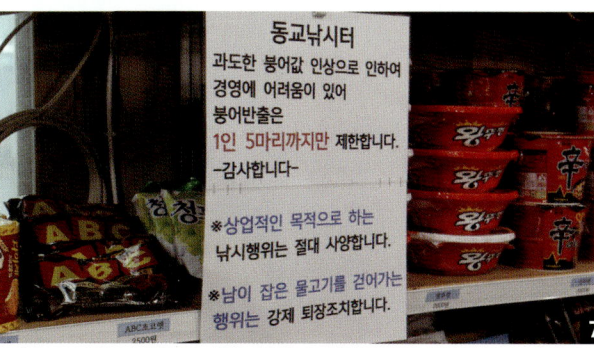

1 경기도 포천시 동교동에 있는 동교낚시터. 약 1만5천평 규모의 계곡지로 포인트에 따라 3~8m의 수심을 보이고 있으며 연안을 따라 좌대와 잔교가 설치되어 있다. 일찍부터 향붕어가 방류되어 왔다.
2 동교낚시터 관리실 옆의 동교산장식당. 유료낚시터는 식당을 함께 운영하는 곳들이 대부분이다. 식당을 겸해 관리실을 운영하는 곳이 많다.
3 성제현 씨가 정오에 낚시터에 도착해 동교산장식당에서 점심식사를 하고 있다. 낚시터 내에선 취사를 금지하는 곳이 대부분이므로 밤낚시 전에 미리 식당에서 저녁식사를 하곤 한다.
4 동교낚시터 관리실. 입어료를 내고 떡밥이나 소품 등을 구입할 수 있다.
5 성제현 씨가 관리실에서 동교낚시터 김영태(가운데) 대표 등과 함께 이야기를 나누고 있다. 관리실에서 최근 조황, 잘 듣는 떡밥 등 낚시 정보를 얻을 수 있다.

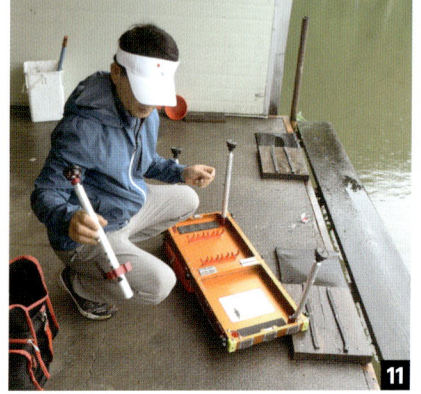

6 낚시터 이벤트 살펴보기. 유료낚시터마다 대어상, 행운상 등 이벤트를 하고 있다. 동교낚시터에선 월 이벤트로 최대어를 낚은 낚시인에게 낚싯대를 선물로 주는 이벤트를 하고 있다.

7 낚시터 이용 공지사항 확인하기. 잡이터이긴 하지만 가져갈 수 있는 마릿수를 5마리로 제한한다는 공지사항이 적혀 있다.

8 성제현 씨가 관리실 벽면에 걸려 있는 낚시용품들을 살펴보고 있다. 낚시터에서 잘 듣는 떡밥, 간단한 소품 등을 관리실에서 구입할 수 있다.

9 낚시가방과 받침틀 등 낚시짐을 들고 예약한 연안좌대로 향하고 있는 성제현 씨.

10 성제현 씨의 유료낚시터 낚시짐. 낚싯대, 찌, 뜰채 등이 수납된 낚시가방, 소형 낚시좌대(소좌), 받침틀, 뜰채망 등이 수납된 대형 보조가방, 떡밥, 떡밥그릇 등이 수납된 중형 보조가망을 들고 있다.

11 낚시 준비 1단계. 낚시좌대, 받침대, 낚싯대, 뜰채 등 낚시할 기본 장비 세팅을 한다. 이 과정에서 수심 체크를 통해 수심, 물흐름 등을 확인할 수 있다. 낚시 경험이 쌓이면 수심, 물흐름 정도를 떡밥 배합에 반영하여 반죽 정도를 조절할 수 있다.

12 살림망 펴기. 4단 이상을 준비한다. 40~50cm 향붕어나 잉어도 종종 만나므로 입구가 넓은 것이 좋다. 망 소재가 실리콘 등의 소재로 만들어 부드러워야 고기 지느러미가 잘 걸리지 않고 비늘이 상하지 않는다. 또 낚시터 시설에 따라서는 낚시 자리가 높은 곳도 있으므로 4단 정도는 돼야 살림망을 내려도 수면까지 길이가 모자라지 않는다.

13 앞받침대 펴기. 유료낚시터에서 가장 많이 사용하는 길이의 낚싯대인 3.2칸 대를 쓴다면 3절 받침대를 사용한다.

14 앞받침대 설치하기

15 낚싯대 펴기

16 낚싯대를 펴서 앞받침대에 얹고 수심 체크하기.

이 정도 휘어지는 게 적당!

17 수심 체크와 현장 찌맞춤. 수심을 체크하고 찌맞춤 상태를 확인할 낚싯대를 들어 뒤로 길게 빼낸 뒤 찌멈춤고무를 움직여 수심을 조절한다.

18 초릿대가 이 정도 휠 정도에서 찌멈춤고무를 움직일 수 있도록 낚싯대를 뒤로 뺀다. 초보자의 경우 무리하게 낚싯대를 휘어지게 해 부러트리기도 한다. 찌톱이 수면에 나오게 한 뒤 점점 그 폭을 줄여나가는 식으로 수심 맞추기를 한다.

19 찌맞춤 확인. 성제현 씨가 앉은 좌대의 3.2칸 대 수심은 5m가량 나왔다. 집에서 찌맞춤을 해온 채비에서 바늘채비를 뺀 상태로 목줄 길이 정도 모자라게 해서 던질 경우, 사진처럼 케미꽂이가 거의 잠긴 상태로 수면에 드러나면 찌맞춤이 맞은 것이다. 여기서 찌맞춤은 성제현 씨의 스위벨채비 찌맞춤으로 목줄의 스위벨(좁쌀봉돌)이 바닥에 닿고 본봉돌은 떠 있는 상태다.

20 뜰채 조립하기. 1.5~1.8m 길이 정도 되는 2단 조립 뜰채를 쓴다. 뜰채 길이는 1.5m 이상은 돼야 팔을 뻗어 고기를 처리하기가 쉽다. 또 뜰채망은 망 구멍 크기가 촘촘해야 고기의 등지느러미 등이 망 그물에 걸리지 않고 바늘을 빼기도 좋다.

21 개인용 낚시좌대에 거치한 뜰채.

22 앞받침대, 낚싯대, 살림망, 뜰채 등을 모두 거치한 낚시좌대. 낚시좌대는 여러 장비를 한 곳에 거치할 수 있어 좁은 공간에서 낚시가 이뤄지는 유료낚시터에서 사용하면 편리하다.

23 낚시장비 세팅이 끝나면 떡밥을 배합하는 게 순서다. 먼저 집어떡밥을 만든다. 성제현 씨가 사용하는 향붕어용 집어떡밥 배합용 떡밥 제품들. 어분떡밥인 경원F&B 아쿠아텍 엑스, 토코 토코텍 9(퍼플), 보리떡밥인 경원F&B 맛고소, 토코 토코맥스 옥수수보리다. 6시간 낚시 기준 어분떡밥과 보리떡밥의 비중은 300cc:200cc. 떡밥과 물의 배합 비율은 500cc:250cc다. 경원F&B 아쿠아텍 엑스 150cc, 토코 토코텍 9(퍼플)

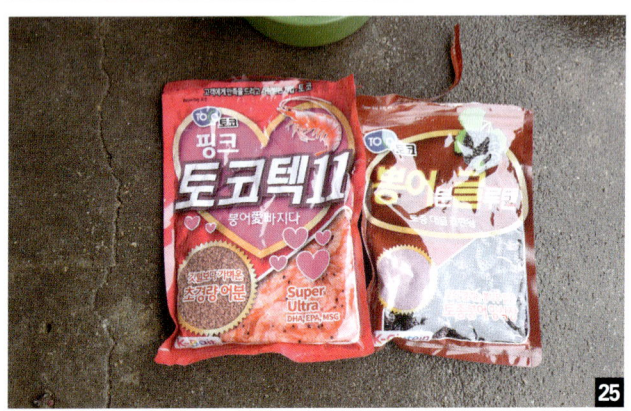

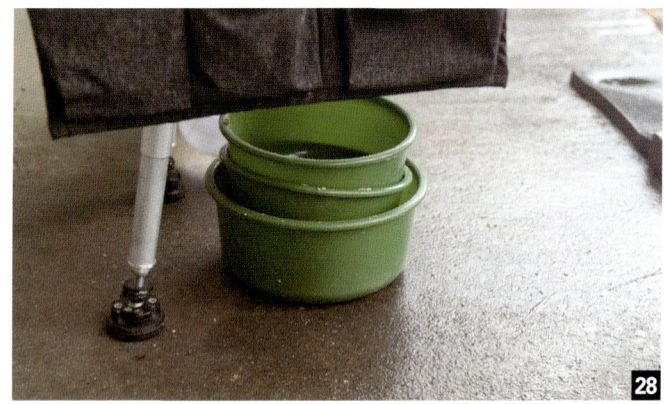

150cc, 경원F&B 맛고소 100cc, 토코 토코맥스 옥수수보리 100cc 비율로 섞은 뒤, 물 250cc를 넣어 섞어주어 반죽한 후 물이 잘 스며들도록 5~10분 기다려 준다.

24 먹이떡밥 만들기. 성제현 씨의 먹이떡밥용 떡밥 제품들. 경원F&B 딸기글루텐, 토코 어분글루텐, 경원F&B 농축포테이토 SP를 25cc:25cc:50cc 비율로 섞은 뒤 물 100cc를 붓고 반죽한다. 물이 골고루 스며들도록 5~10분 기다려준 뒤 사용.

25 성제현 씨가 초보자를 위해 추천하는 집어·먹이떡밥. 집어떡밥어과 먹이떡밥을 겸해 사용할 수 있는 배합 방법이다. 토코 핑크토코텍 11, 뽕어분 글루텐을 100cc:50cc 비율로 섞고 물 125cc를 부은 뒤 반죽한 후 물이 잘 스며들도록 5~10분 기다려준다.

26 완성된 집어떡밥과 먹이떡밥.

27 좌대에 놓고 사용할 떡밥그릇에 반 정도씩 덜어둔다. 3시간 정도 사용할 수 있는 양이다.

28 남은 떡밥은 좌대 밑에 놓아둔다. 덜어둔 떡밥을 다 사용하면 좌대 아래 놓아둔 떡밥을 사용한다. 아래 두 개는 떡밥을 담아놓은 떡밥그릇이고 위는 빈 떡밥그릇. 이렇게 해야 떡밥의 수분 증발을 줄여주어 다시 사용할 때도 처음 반죽한 상태를 유지할 수 있다.

29 30 낚시장비와 떡밥 배합을 모두 마친 뒤 낚시할 준비가 끝난 낚시좌대의 낚시용품 배치 모습. 우측에 물을 떠 놓은 떡밥그릇을 놓고 떡밥을 만지거나 고기를 만진 손을 수시로 씻을 수 있도록 한다.

31 좌대에 올려 놓은 떡밥그릇엔 수건을 덮어둔다. 이렇게 하면 떡밥 내 수분이 증발하는 정도를 줄일 수 있어 낚시하는 동안 처음 반죽한 상태를 유지할 수 있다.

유료낚시터 붕어낚시 | 83

32 바늘채비를 봉돌에 건다.
33 채비 투척 후 수심 체크하기. 채비 투척 후 사진처럼 낚싯대를 들어주면 초릿대에 달린 원줄을 눌러주어 채비 정렬을 빠르게 해주는 효과가 있다.
34 35 수심 맞추기 후 찌톱 내놓기. 바늘채비를 세팅한 채비를 투척하고 찌놀림을 보기 적당하게 찌톱을 내놓는다. 스위벨채비를 사용하는 성제현 씨는 찌톱을 2마디 내놓았다.
36 채비 투척. 떡밥낚시는 찌가 서는 한 곳에 정확하게 떡밥이 꾸준하게 들어가야 한다. 성제현 씨는 집어를 제대로 하기 위해서는 템포가 중요하다고 강조했다. 향붕어가 떡밥이 투척된 지점에 모이게 하기 위해서는 일정한 사이클로 떡밥이 계속 투여되어야 한다는 것이다. 두 대를 사용할 때 한 대를 넣어 찌가 서고 자리를 잡는 것을 확인하면 나머지 대를 거두어 떡밥을 달고 투척하고 이러한 리듬으로 로봇처럼 떡밥을 넣었다. 이런 식으로 30분 정도 떡밥 투척을 반복한다. 이렇듯 반복적인 투척을 하려면 떡밥 달기부터 채비투척에 이르기까지의 동작이 모두 좌대에 앉아서 이뤄져야 한다. 일어서서 투척을 할 경우 일정한 리듬을 유지하기 힘들다. 그러기 위해서는 좌대에 앉아서 앞치기 하는 동작이 몸에 익어야 한다. 앞치기 투척 동작은 위의 큐알코드 동영상을 확인하기를.
37 챔질 예비 동작. 낚싯대에 손을 얹고 입질이 들어왔을 때 손목만으로 낚싯대를 들어 입걸림시킨다.
38 39 챔질과 낚싯대 세우기. 챔질 후 물고기가 저항하는 힘과 맞서면서 낚싯대를 세울 수 있도록 한다. 향붕어, 중국붕어가 아니라 40~50cm 잉어가 걸렸다면 낚싯대 앞쪽이 물속으로 처박힐 정도로 강한 힘을 쓰게 되는데 그때도 역시 버티다가 힘이 빠질 때 대를 세우는 게 중요하다.

유료낚시터 붕어낚시 | 85

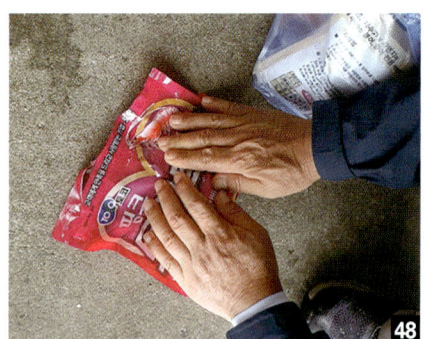

40 좌대, 방갈로 등은 지붕 처마가 있으므로 낚싯대가 강하게 부딪치지 않도록 주의한다.

41 뜰채에 담기. 낚싯대를 세운 채 버티면 힘이 빠진 향붕어는 점차 낚시인 쪽으로 가까이 온다. 한 손으로 낚싯대를 들고 한 손으로 뜰채를 들어 뜰채망을 반쯤 담가 놓은 상태에서 뜰채망 안으로 향붕어가 들어올 수 있도록 한다.

42 뜰채에 담긴 향붕어를 들어 보이고 있는 성제현 씨.

43 44 향붕어에 이어 잉어를 걸어낸 성제현 씨.

45 뜰채에 담긴 고기는 뜰채에 담아놓은 상태에서 바늘을 빼낸다.

46 살림망에 고기 집어넣기. 바늘을 뺀 후 뜰채망으로 고기를 쥐어 살림망에 떨어트린다.

47 철수 낚시짐 정리하기. 사용한 떡밥그릇 등을 깨끗이 씻는다.

48 철수 낚시짐 정리하기. 떡밥 봉지는 공기를 빼낸 후 상단의 지퍼를 닫아 포개서 보관한다.

49 철수

뜰채에 담긴 붕어. 두 바늘의 목줄 색상을 달리하면 어느 미끼를 먹었는지 알 수 있어 미끼 운용에 도움이 된다.

| PART 4 | 낚시방법 1

채비의 운용
유동채비 폭을 2cm만 주어라

요즘 붕어낚시에선 대다수 낚시인들이 멈춤고무로 수심을 조절하는 유동채비를 사용하고 있다. 종전 방식인 고정채비(고정식 찌고무에 날라리가 달린 찌를 꽂아서 쓰는)에 비해 유동채비는 상하 찌멈춤고무의 간격만큼 찌가 유동하므로 찌를 봉돌 가까이 내려 쓸 수 있다. 그 때문에 야간에 채비 잡기가 수월한 점, 캐스팅 때 채비 던지기가 수월한 점, 세게 채거나 격렬한 파이팅에도 찌고무가 밀려 찌수심이 변하는 일이 없다는 점 등의 장점이 있다.
그런데 낚시인 중에는 유동채비의 장점을 너무 과신한 나머지 유동 범위

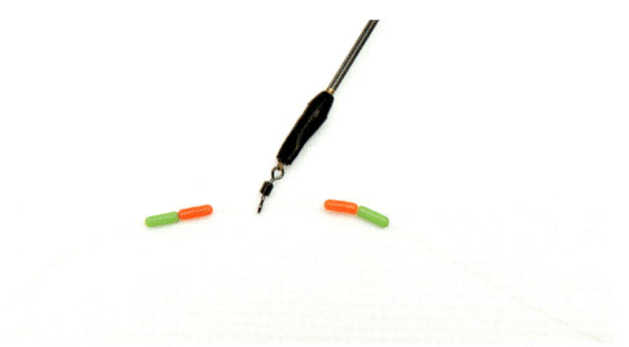

2cm로 벌린 찌멈춤고무.

찌멈춤고무의 간격을 조정하고 있는 군계일학 대표 성제현 씨.

를 너무 넓게 잡고 낚시하는 경우를 종종 볼 수 있는데, 떡밥낚시에선 불리한 측면이 있다.

떡밥 묽게 쓸 때 유동 폭 길면 불리하다

유동채비를 쓰면 투척 후 찌가 선 뒤 서서히 낚시인 쪽으로 이동해 오는 모습을 보인다. 따라서 떡밥을 묽게 달아 사용할 경우에는 찌가 앞으로 흔들거리며 끌려올 때의 미세한 떨림으로 인해 떡밥이 바닥에 닿기 전에 바늘에서 부슬부슬 떨어져나갈 위험이 매우 높다.

또한 확산성 강한 집어떡밥을 먹이떡밥과 함께 달아 바닥낚시로 양식붕어나 떡붕어를 노릴 경우, 가벼운 확산성 집어떡밥이 상층에서부터 천천히 확산되므로 집어 범위가 불필요하게 넓어지는 문제점이 생긴다. 이러면 붕어의 입질도 지저분해진다.

따라서 유동채비의 유동 폭, 즉 두 멈춤고무 사이 간격을 2cm로 아주 짧게 줄여서 사용하는 게 좋다. 그 경우 착수한 떡밥이 단시간에 깔끔하게 바닥까지 내려오므로 집어군이 정확히 형성된다. 다만 위아래 멈춤고무를 밀착시켜 고정채비처럼 쓰는 것은 좋지 않다.

찌멈춤고무를 밀착한 상태에서 강하게 챔질하면 몸통과 찌톱 연결 부위에 순간적인 충격이 가해지면서 금이 가기 때문이다. 오래된 찌들을 보면 찌톱과 몸통 연결 부위의 도장이 깨지거나 금이 간 것을 종종 볼 수 있는데 대부분이 이런 이유 때문이며 특히 평소 강한 챔질을 하는 낚시인의 찌에서 이런 현상이 자주 발생한다.

유동채비이지만 가급적 채비가 수직으로 떨어지는 것이 유리한 점이 많다. 이러한 채비 안착은 캐스팅을 통해 조정할 수 있는데, '반스윙(90페이지 중국붕어 최강 집어 테크닉 반스윙 참조)'을 구사하면 수직입수의 효과를 거둘 수 있다.

반스윙은 캐스팅 후 팔을 쭉 뻗어 최대한 멀리 보내기만 하는 게 아니라 가장 멀리 날아갔을 즈음 살짝 낚싯대를 들어 찌와 봉돌이 같은 지점에 떨어지도록 만드는 것이다. 이러면 깊고 좁은 수초구멍에도 채비를 수직으로 입수시킬 수 있어 유리하다. 이를 두고 대물낚시인들은 '끊어치기'라고 표현하고 전층낚시인들은 '그네 태우기' 또는 '점 던지기' 등으로 표현하기도 한다(찌와 봉돌이 엉키지 않도록 찌 길이만큼 서로의 간격을 벌려 사용하므로 실제로는 봉돌이 찌보다 약간 멀리 떨어진다).

유동채비와 고정채비의 착지 거리 차이는 미미

흔히 유동채비를 쓰면 고정채비보다 좁은 수초구멍에 넣기 유리하다고도 말하지만 수초구멍 속의 수심이 너무 깊으면 이 역시 무용지물이다. 또 유동채비의 여러 장점 중 최고 장점으로 꼽는 게 찌와 봉돌의 수직 상태 유지인데 이것도 고정채비와 큰 차이를 보이는 것은 아니다.

고정채비는 봉돌이 찌보다 멀리 떨어진 후 사선을 그리며 가라앉으므로 미끼가 찌보다 더 나아가 착지하는 반면 유동채비는 착수와 동시에 채비가 수직으로 내려가므로 찌와 미끼가 수직으로 선다는 게 일반적인 주장인데, 실험 결과 두 채비 간 미끼의 착지 거리는 거의 차이가 없는 것으로 밝혀졌다.

2001년경 군계일학 대표 성제현 씨는 채비의 착지 거리 비교 실험을 한 적 있는데(실험 장소는 한국체육대학교 수영장이었고 떡밥 대신 작게 자

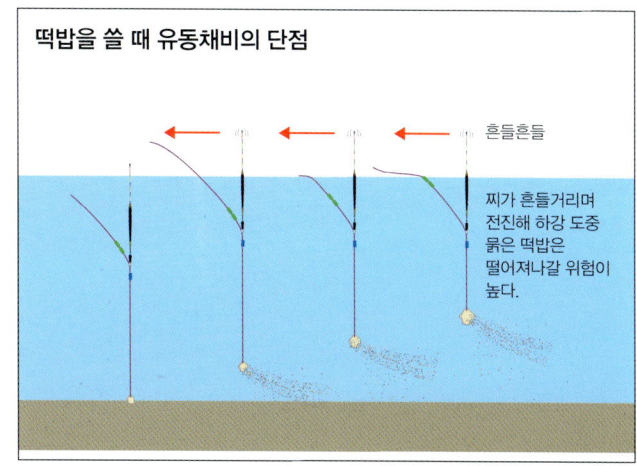

떡밥을 쓸 때 유동채비의 단점

찌가 흔들거리며 전진해 하강 도중 묽은 떡밥은 떨어져나갈 위험이 높다.

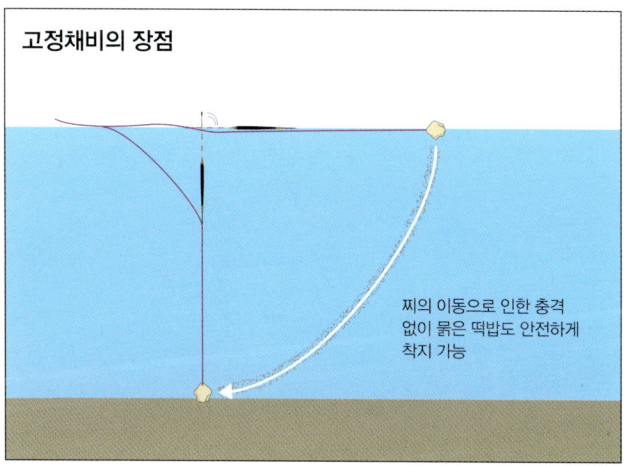

고정채비의 장점

찌의 이동으로 인한 충격 없이 묽은 떡밥도 안전하게 착지 가능

른 지우개를 사용했다) 고정채비와 유동채비를 모두 던져본 결과 봉돌 착지 거리에는 차이가 없었다. 다만 실험이 이루어진 수영장의 수심이 2m여서 찌 길이 50cm, 좁쌀봉돌채비 길이 30cm를 감안해 실제로 준 찌밑수심은 1m20cm였다는 점이 변수가 될 수 있을 것이다. 그러나 자연지나 양어장 모두 붕어 포인트로 알려진 곳의 수심은 깊어야 2m라는 점을 감안하면 수영장 실험 결과와는 크게 다르지는 않을 것이다.

찌가 이유 없이 삐딱하게 선다면?
찌멈춤고무 간격을 약간 벌리면 해결돼

평소 아무 이상 없던 찌가 갑자기 삐딱하게 서는 경우가 있다. 찌고무에 찌를 잘못 끼운 것으로 생각해 다시 꽂아도 상태는 동일한 경우가 많다. 이 경우는 찌멈춤고무를 너무 꽉 밀착하면서 찌고무의 형태가 약간 변형됐기 때문이다. 따라서 찌멈춤고무 간격을 약간만 벌려주면 찌가 다시 똑바로 서게 된다. 부력이 약한 저부력찌를 썼을 때 이런 현상이 자주 나타난다.

중국붕어 집어 최강 테크닉
반스윙

반스윙은 떡밥 투여량이 곧 조과에 직결되는 중국붕어를 대상으로 한 기법이다. 한 곳에 정확하게 떡밥이 투여될 수 있도록 채비의 낙하지점을 조정하는 것이다. 향붕어는 반스윙 기법으로 떡밥을 투척하면 고기가 중상층으로 뜰 수 있어 맞지 않으므로 중국붕어를 낚고자 할 때만 활용하기 바란다.

중국붕어 노릴 때 위력 발휘

반스윙은 채비를 최대한 멀리 보내는 풀스윙과는 약간 다른 개념이다. 풀스윙이 팔을 주욱 뻗어 미끼-찌 순으로 떨어뜨린다면, 반스윙은 풀스윙보다 약간만 덜 뻗어 미끼와 찌를 한 지점에 떨어뜨리는 방식이다.
우선, 반스윙이 위력을 발휘하는 경우는 집어떡밥의 효과가 뛰어난 상황이다. 먹이를 쫓아 집단으로 몰려다니는 중국붕어를 상대할 때 효과적이다. 반스윙을 하면 집어떡밥과 먹이떡밥이 근접거리에 떨어지는 만큼 입질을 받을 확률도 높아진다. 유료터에서 쌍포를 많이 쓰고 두 찌의 간격을 30cm 이내로 좁히는 것도 그런 목적에서다. 어떤 낚시인은 "풀스윙을 해도 어차피 집어제와 미끼의 착지 지점은 동일하다. 따라서 굳이 번거롭게 반스윙을 할 필요는 없다"고 말하기도 한다.
단순히 착지 지점만을 논한다면 틀린 말은 아니다. 그러나 '집어 범위'를 놓고 말한다면 풀스윙과 반스윙의 차이는 크다.
〈그림 1〉에서 보듯 풀스윙을 하면 집어떡밥이 수직과 수평 방향에 걸쳐 넓은 범위에 확산된다. 그러나 반스윙을 하면 〈그림 2〉처럼 거의 수직 방향으로만 집어떡밥이 좁게 확산되는 게 차이점이다.
물론, 반스윙을 해도 채비가 내려가는 상층~중층 사이에 집어떡밥이 확

반스윙 기법으로 떡밥을 투척하고 있는 낚시인.

〈그림 1〉풀스윙 때 집어 범위

〈그림 2〉반스윙 때 집어 범위

산된다. 그러나 풀스윙 때처럼 확산 범위가 넓지 않고, 찌와 미끼가 떨어진 간격만큼만 좁게, 수직으로 확산되게 된다. 구체적인 방법은 다음과 같다.

〈그림 3〉처럼 최초 집어 때는 집어떡밥을 크고 각이 지게 달아 착수 과정에 모서리가 깨져나가도록 만든다. 그래야 수중 확산이 잘 돼 빨리 집어가 된다. 이후 입질은 오는데 헛챔질이 잦거나 붕어 몸통에 바늘이 자주 걸려 나오면 어군이 '수직 집어 기둥' 안으로 몰려왔다고 가정하고, 그때부터는 집어떡밥을 둥글고 작게 달아주는 것이다.

이렇게 하면 집어떡밥이 깨짐 없이 원형 그대로 착수해 바닥층에 집어띠를 형성하게 된다. 자연스럽게 중국붕어도 바닥으로 가라앉게 되므로 시원스런 입질이 나타나게 된다.

그렇다면 처음부터 집어떡밥을 둥글고 작게 달아도 되지 않을까? 그 경우엔 확실히 집어가 늦어진다. 일단 집어떡밥이 잘 확산되게 만들어 고기들을 많이 불러 모은 뒤 가라앉히는 방법이 훨씬 집어가 빠르고 입질도 오래간다.

먼저 던진 찌보다 30cm만 더 멀리 던져라

지금껏 풀스윙만 해왔던 낚시인이라면 반스윙이 어려울 수 있다. 쉽게

〈그림 3〉집어떡밥 운용방법

집어 초기엔 크고 각이 지게 달아 확산성을 높인다

집어가 된 후엔 작고 둥글게 단다. 중국붕어가 하강 도중 부서진 떡밥 입자를 먹는다.

시도할 수 있는 반스윙 요령은 다음과 같다.

일단 동일 길이 낚싯대 중 한 대를 스윙해 찌를 세운다. 그런 다음 나머지 한 대의 채비를 투척할 때는 먼저 던진 찌가 서 있는 곳보다 약 30cm만 더 멀리 떡밥이 떨어지도록 한다.

이때 그 상태로 놔두면 먼저 던진 찌의 안쪽에 나중에 던진 찌가 설 것이다. 따라서 미끼가 수면에 떨어질 때 즈음 초릿대를 약간 튕겨 찌를 떡밥이 떨어진 곳으로 보내거나, 아예 찌와 같은 지점에 떨어지도록 노력을 해야 먼저 떨어진 찌와 비슷한 지점에 찌가 서게 된다.

마치 대물낚시에서 좁은 수초구멍에 찌와 미끼를 함께 떨어뜨리는 요령과 비슷하다고 보면 되는데 잘 되지 않는다면 꾸준히 연습하는 수밖에 없다. 그 다음 캐스팅 때도 먼저 수면에 서 있는 찌를 기준으로 같은 요령으로 반스윙을 하면 된다.

수심 얕은 곳에선 효과 적어

한편, 이론상 반스윙은 늘 유리할 것 같지만 실제로는 그렇지 않다. 1m 내외로 수심이 얕은 곳에서는 집어떡밥의 확산되는 범위가 좁아 반스윙은 큰 의미가 없다. 따라서 반스윙은 수심이 깊은 곳에서 유리한 기법이다. 찌와 봉돌과의 거리가 멀수록(수심이 깊을수록) 집어떡밥이 확산되는 범위도 넓어지므로 반스윙으로 집어떡밥의 확산 범위를 줄일 필요가 있다.

초기 집어의 집어떡밥 크기. 크고 각지게 단다.   집어된 후의 집어떡밥 크기. 도토리 크기로 단다.

토종붕어 유료터낚시
집어낚시와 길목낚시를 병행하라

토종붕어낚시와 양식붕어낚시의 가장 큰 차이는 집어 가능성의 유무다. 사료를 먹고 자란 양식붕어는 낚시터 방류 후에도 왕성한 먹이활동을 하므로 집어만 잘하면 모아 놓고 무더기로 낚을 수 있다. 반면 토종붕어는 자연지에서의 습성이 남아있어 회유 길목을 노리는 방식이 유리하다. 하지만, 낚시터 규모와 특성에 영향을 많이 받으므로 그에 맞는 대처술이 필요하다.

양식붕어 유료터

■ **동일 길이 두 대 사용한 쌍포 공략이 유리**

낚시터의 규모와 관계없이 양식붕어가 많이 방류된 곳이라면 쌍포낚시가 가장 효과적인 공략법이다. 양식붕어는 주로 연안 가까운 곳에서 회유하므로 3칸 안팎(2.8칸~3.2칸) 2대만 펼쳐 찌 사이 간격이 50cm가 넘지 않도록 미끼를 떨어뜨리는 게 좋다. 그래야 미끼가 한 곳에 집중적으로 쌓여 집어 범위가 좁아진다. 찌 간격을 50cm라고 한 것은 착수 때 채비끼리 엉키는 것을 방지하기 위한 목적일 뿐 실제로는 이보다 더 가까워도 상관은 없다.

토종붕어가 담긴 살림망.

간혹 양식붕어 유료터에서 5대 이상의 다대편성을 하는 경우가 있는데 득보다 실이 많은 대편성이다. 많은 대를 펴면 입질이 잦을 때 입질 파악이 어렵기도 하지만, 양식붕어는 한 곳에 모아두면 쉽게, 꾸준하게 낚아낼 수 있으므로 다대편성은 불리한 공략법이다.

토종붕어 유료터

■ **최소 5대 펼쳐 회유 길목을 차단하라**

토종붕어는 양식붕어에 비해 집어가 어렵고 입질 시간도 짧은 고기다. 따라서 집어낚시보다는 많은 낚싯대를 펴 다양한 포인트를 노리는 다대편성이 유리하다. 그러나 이 점은 자연지에서의 경우이고, 유료터라면 낚시터 규모나 과거 양식붕어 방류 유무에 따라 토종붕어도 입질 패턴이 달라질 수 있다.

만약 낚시터 규모가 2천~3천평 이하로 작으면서 토종붕어 방류 이전에 양식붕어낚시가 활발하게 이루어진 곳이라면 쌍포낚시가 유리하다. 낚시터 규모가 작으면 토종붕어의 회유 범위도 좁고, 양식붕어 방류 시절 토종붕어도 함께 어울려 먹이활동 하던 습성이 남아있기 때문이다. 2년 전까지 양식붕어를 주로 방류했던 안성의 상지낚시터, 규모가 작은 음성의 상곡낚시터 같은 곳이 토종붕어가 주종임에도 쌍포낚시가 잘 먹히는 곳들이다.

반대로 낚시터 규모가 크고 원래부터 토종붕어 위주로 방류해온 곳이라면 다대편성으로 회유로의 길목을 차단하는 낚시가 유리하다. 이런 곳에서는 토종붕어 본래의 습성이 그대로 남아있기 때문에 붕어들이 수초, 수몰 잡목, 수중 골자리 등을 은신처 삼아 회유하므로 5대 이상 10대까지도 낚싯대를 펴 볼 필요가 있다. 대표적인 곳이 안성의 칠곡낚시터, 당진의 신동지 같은 곳이다. 두 곳 모두 규모가 3만평 이상 되고 수초가 잘 발달해 있어 일반 자연지를 공략할 때와 낚시법이 동일하다고 보면 된다.

한편 토종붕어를 방류한 유료터라도 계곡지보다 평지의 입질이 꾸준한 게 특징이다. 반면 수심 깊은 계곡지의 경우 어떤 날은 4~5m의 깊은 곳에서만 입질하다가 또 어떤 날은 얕은 상류에서만 입질하는 등 수심대별, 자리별 입질 기복이 심하다.

토종붕어가 방류된 유료낚시터에서 입질을 노리고 있는 낚시인들. 사진은 안성 칠곡낚시터.

■ 처음 간 곳이라면 절충형 양공작전을!

한편 처음 가본 낚시터의 경우 외형만 보고선 토종붕어의 입질 특성을 발견해내기 어려울 때가 있다. 토종붕어가 날씨, 기온, 바람, 수량 등에 따라 입질 패턴이 변화무쌍한 것도 문제다. 따라서 처음 가본 낚시터에서는 절충형 양공작전을 쓰는 것이 좋다.

절충형 양공작전이란 총 5대의 낚싯대를 펴되, 2대는 동일 길이를 사용해 중국붕어를 노리듯 쌍포로 낚시하고 나머지 3대는 긴 대를 펴 다양한 거리의 길목을 노리는 방식이다. 만약 쌍포에 입질이 잦다면 쌍포로만 계속 낚시하고, 길목을 노린 긴 대에 입질이 잦다면 다대편성으로 전환하는 것이다.

미끼와 채비의 선택

■ 떡밥이 대세, 새우와 옥수수는 덜 먹혀

토종붕어 유료터를 처음 찾은 낚시인들이 종종 당황하는 부분이 미끼다. 월척은 물론 40cm가 넘는 토종붕어를 대량 방류했다는 소문을 듣고 '큰 놈만 골라 낚겠다'는 생각에 새우 미끼를 들고 가보지만 의외로 '새우빨'이 약하기 때문이다.

토종붕어 유료터에서 가장 입질이 빠른 미끼는 떡밥(글루텐)이며, 대물 미끼로 알려진 새우, 옥수수, 콩 등은 효과가 떨어진다는 게 정설이다. 안성 칠곡낚시터 대표 이영주씨는 "자연지에 있던 토종붕어가 유료터에 들어오면 활성이 약간 떨어지는 게 사실이다. 사람도 물을 갈아 마시면 배탈이 나는 경우가 있지 않은가. 토종붕어도 마찬가지라고 보면 된다"라고 말한다.

■ 성제현 "활성 떨어지면 미끼에 가장 민감하게 반응"

성제현 씨 역시 붕어의 활성이 떨어졌을 때 가장 민감하게 반응하는 게 미끼라고 말한다.

"제 아무리 유료터 규모가 커도 자연지에서 유입된 토종붕어에게는 낯선 환경임에 분명합니다. 붕어는 토종이지만 점차 유료터 붕어화하는 것이죠. 따라서 낚시법 역시 유료터 방식을 따르는 게 최선인데 가장 신경 쓸 부분이 미끼입니다."

성제현씨는 유료터에 글루텐 미끼가 인기를 끌기 시작한 2000년대 중반 이전에는 집어떡밥+지렁이 미끼에 토종붕어 입질이 활발했다고 한다. 한쪽 바늘에는 곡물떡밥과 어분을 섞은 집어떡밥을 달고 한쪽 바늘에는 지렁이를 다는 짝밥 방식이다. 그러나 글루텐이 등장한 이후에는 토종붕어 유료터에서 가장 잘 먹히는 미끼가 글루텐으로 바뀌었다. 유료터 토종붕어라도 정상 컨디션 상황에서는 찌몸통까지 올릴 정도로 입질이 시원하다. 그러나 활성이 낮을 때는 다음의 대처법들을 익혀 두면 도움이 될 것이다.

정도에 개인 차가 있을 수 있는데, 대체로 앞치기로 던져 넣었을 때 착수 때까지도 떡밥이 아슬아슬 달려있을 정도면 알맞다. 이런 '죽떡밥'의 장점은 붕어가 먹기 좋은 장점도 있지만 입질도 확실히 빨리 들어온다는 사실이다.

일본 전층낚시인들이 실험한 결과에 의하면, 떡밥을 보통 묽기로 반죽했을 때와 무르게 반죽했을 때 붕어가 미끼를 내뱉는 속도를 비교한 결과 무르게 반죽한 떡밥을 훨씬 오랫동안 입에 물고 있었다는 결과가 있다. 그리고 떡밥이 딱딱할수록 빨리 뱉어냈다고 한다. 떡밥만 무르게 써도 한 마디 올리다 말 찌올림이 서너 마디 이상 올라올 수 있다는 점을 기억하자.

양식붕어와 토종붕어가 섞여 있는 곳에서는 한쪽 바늘에는 집어떡밥, 한쪽 바늘에는 글루텐을 다는 짝밥 형태로 낚시하다가 본격적으로 집어가 되면 글루텐만 달아 쓰는 방식이 유리하다. 반면 토종붕어만 방류하는 곳에서는 집어 효과가 많이 떨어져 글루텐만 달아 써도 큰 상관은 없다.

■바늘, 새우를 자연지보다 작게 써라

토종붕어 유료터에서도 새우는 먹힌다. 다만 자연지보다 입질이 뜸한 게 단점이다. 만약 중치급까지는 걸러내고 월척 이상으로만 낚고 싶거나, 자연지 새우 대물낚시의 기분을 만끽하고 싶다면 새우를 써보는 것도 좋은 방법이다.

단, 약간의 변화가 필요하다. 우선 바늘의 크기를 줄이고 새우도 작은 것만 골라 쓰는 게 좋다. 자연지에서 감성돔바늘 5호를 썼다면 토종붕어 유료터에서는 감성돔 3호 정도로 작게 쓰고 새우도 바늘 크기에 맞춰 주는 게 좋다. 그래도 입질이 뜸하거나 약하다면 머리를 떼어내고 껍질도 벗겨준다.

새우를 쓴다고 해서 항상 월척 이상만 낚이는 건 아니지만 유료터 토종붕어는 자연지 토종붕어에 비해 입질이 다소 약해 확실히 큰 미끼에는 중치급 붕어가 덜 달려드는 면은 있다.

■새물 유입, 물색 흐린 날에 지렁이 잘 먹혀

지렁이는 낚시터 환경에 갑작스런 변화가 왔을 때 효과를 발휘한다. 비가 내리는 날, 물색이 탁해진 날, 장마 때처럼 많은 양의 새물이 유입되는 날에 특히 잘 먹히며 환절기인 초봄과 초겨울에도 써볼만하다. 또 별다른 이유 없이 입질이 뜸하거나 떡밥에 반응을 덜할 때도 지렁이를 써보면 의외로 잦은 입질이 들어올 때가 많다. 따라서 지렁이 한 통 정도는 예비 미끼로 지참해보는 것이 좋다.

토종붕어 유료터에서는 옥수수의 미끼 효과가 크게 떨어진다. 토종붕어들이 떡밥에 익숙해져 입맛이 변한 것이 원인으로 지목된다.

채비의 운용

■자연지보다 목줄 약간 짧게 쓰는 게 유리

토종붕어 유료터에서는 내림낚시를 허용하지 않는 경우가 많으므로 대부분 정통 바닥낚시 채비 위주로 낚시하게 된다. 이때 채비에 약간의 변화를 주는 게 유리하다. 입질이 예민하다고 하면 목줄을 길게 써서 이물감을 줄이려고 노력하는데, 토종붕어 유료터에서는 오히려 길이를 줄여

토종붕어 유료터의 길목낚시. 개인용 소형 낚시좌대에 5단 받침틀을 설치했다.

집어떡밥과 글루텐떡밥을 함께 단 쌍바늘채비.

미끼 활용술

■떡밥을 쓸 경우 최대한 무르게 반죽하라

붕어 활성이 정상이라면 말랑말랑한 상태로만 반죽해도 상관없으나 저활성 상황이라면 최대한 무르게 반죽하는 게 좋다. '최대한 무르게'라는

주는 게 유리하다.
우선 목줄의 경우, 일반적 외봉돌 두바늘 채비의 목줄 길이가 7~8cm라면 토종붕어 유료터에서는 5~7cm로 약간 짧게 쓰는 게 좋다. 흔히 말하는 입질 사각지대를 줄여주기 위해서인데, 활성이 약할 때의 토종붕어는 찌톱을 반 마디가량 올렸다가 마는 등의 미약한 입질을 보일 때가 있기 때문이다. 따라서 목줄이 짧을수록 찌올림 폭은 커지게 된다.
분할봉돌채비도 마찬가지다. 본봉돌 밑의 아랫봉돌(스위벨)과 바늘 사이의 간격은 자연지에서는 길게 써도 상관없지만 토종붕어 유료터에서는 4~5cm가 적당하다.
분할봉돌채비 마니아 중에는 양식붕어를 노릴 때 목줄 길이를 2.5cm로 극단적으로 짧게 쓰는 경우도 있다. 2.5cm면 붕어가 몸을 숙여 떡밥을 입에 넣은 후 약간만 수평을 되찾아도 찌가 높이 솟기 때문이라고 한다. 붕어가 미끼를 뱉는 시간은 미끼와 바늘의 크기, 무게에 따라 달라지는 문제이므로 일단 목줄 폭을 줄여 찌올림 폭을 크게 만드는 게 유리하다는 것이다.

■ **자연지보다 작고 가벼운 바늘이 좋다**
바늘은 작고 가벼울수록 유리한데 붕어바늘로 쓰이는 망상어바늘 6호면 적합하다. 5호는 평균 씨알이 굵은 유료터 토종붕어에 비해 작은 감이 있고 7호는 약간 크다.
만약 찌톱을 반 마디만 올리고 마는 입질이 자주 나타난다면? 그때는 바늘 하나를 잘라버리고 외바늘로 쓰는 게 좋다. 활성이 떨어진 붕어가 나머지 한쪽 바늘에 달린 떡밥 무게를 들지 못하는 상황일 수가 있다. 실제로 이런 변화만 줘도 찌가 한두 마디 더 솟는 경우가 많다.
군계일학 성제현 대표는 바늘의 크기도 중요하지만 무게가 더 큰 영향을 미친다고 말한다. 어차피 바늘은 떡밥에 감싸진 상태로 붕어 입에 들어가기 때문에 약간의 차이는 별 문제가 안 된다고. 그보다는 입 속에 들어가 떡밥과 분리됐을 때 붕어에게 미치는 무게감이 더 영향을 미친다는 것이다.
성제현 대표는 유료터 붕어를 낚을 때는 미늘 없는 바늘 5호나 6호를 쓰는데 6호의 무게가 미늘 있는 바늘 4호와 비슷하다고 한다. 이 차이는 단순히 미늘 무게가 아니라 바늘 전체의 무게 차이인데 무비늘보다 유미늘 바늘이 훨씬 굵게 만들어지기 때문이다. 같은 6호 바늘이라도 무미늘 바늘이 두 호수가량 가벼운 셈이니 이물감 감소에 다소나마 도움이 될 것으로 보인다.

다대편성을 하고 토종붕어 입질을 기다리고 있는 낚시인.

| PART 4 | 낚시방법 1

겨울 물대포낚시
밤에 입질 활발, 미끼는 작고 부드럽게

물대포낚시터는 수면이 얼지 않도록 펌프를 돌려 물대포를 쏘는 낚시터를 말한다. 물대포낚시터를 처음 찾는 낚시인들이 가장 난해하게 여기는 것 중 하나가 낚시 시간대다. 겨울에는 낮에도 입질이 활발하다는 속설과 달리 철저하게 밤낚시 위주로 낚시가 이루어지기 때문이다. 실제로 일부 손맛터를 제외하면 낮에는 거의 입질 받기가 어렵다.

그 이유는 무엇일까? 유력한 원인은 맑은 물빛과 수온이다. 겨울이 돼 수온이 내려가면 물빛은 급격하게 맑아진다. 플랑크톤 활성이 크게 떨어지는 것도 주요 원인일 것이다.

그래서 사위가 밝은 낮 시간의 붕어들은 중앙부 얼음 아래에 은신하는 경우가 많다. 얼음 밑이 어둡고 수심도 깊기 때문이다. 이처럼 낮에는 얼음 밑에서 꼼짝 않던 붕어들이 어두워지면 연안으로 나와 낚시에 걸려드는데, 이런 특징은 얕고 물색 탁한 평지지보다 깊고 물색 맑은 계곡지에서 두드러진다. 밤새 입질하던 붕어들은 날이 새면 거짓말처럼 얼음 밑으로 사라져 입질이 뚝 끊길 때가 많다.

얼음 밑이 연안보다 수온이 안정됐기 때문이라는 의견도 있다. 군계일학 대표 성제현 씨는 "언뜻 생각하면 얼음 밑은 매우 추울 것 같고 물대포로 녹인 얕은 연안은 햇살을 받아 수온이 금방 오를 것 같지만 사실은 그 반대입니다. 얼음 밑은 수심이 깊다보니 수온 변화가 적습니다. 반면 차갑

물대포낚시터에서 겨울낚시를 즐기고 있는 낚시인들. 사진은 음성 제수리낚시터.

겨울엔 낮에 붕어가 바닥에서 뜬다?

겨울철 낮낚시 부진의 또 하나의 이유로 붕어가 바닥에서 떠있다는 주장도 있다. 한겨울이 되면 수온보다 저수지 땅바닥의 온도가 더 낮기 때문이라는 설이다. 붕어들이 떠서 돌아다니다 보니 아예 입질이 없거나 미약한 입질로 표현된다는 얘기다.

성제현 씨도 같은 방송 촬영 경험담을 통해 같은 입장을 피력했다.
"촬영 당일은 손맛터에서 낚시가 진행됐습니다. 붕어 개체수가 엄청나게 많은 곳이죠. 그런데 낮에 채비를 던져보면 하강 도중 찌를 건드리는 입질이 자주 나타났습니다. 어떤 경우는 내려가는 도중 받아먹는 경우도 잦았죠. 오히려 바닥에 안착된 후로는 입질이 없는 경우가 많았습니다. 그러다가 밤이 되자 채비 안착과 동시에 시원하게 찌를 올리는 입질이 이어졌습니다."

그렇다면 낮에 지저분했던 입질이 밤에 시원하게 나타나는 이유는 또 무엇일까? 여러 가지 설이 있지만 명확한 해답은 아직 없는 상황이다. 차가운 바닥 수온이 부담돼 떠올랐다던 붕어들이 왜 밤에는 바닥에서 활발히 먹이활동을 하는지도 미스터리다. 아무튼 낮에 붕어가 약간 떠 있다는 주장에는 많은 낚시인들이 공감을 표하고 있다. 따라서 낮에는 가지바늘채비를 사용해보거나 한 바늘은 닿고 한 바늘은 확실하게 띄우는 방법(슬로프낚시)을 시도해보는 것도 좋은 방법일 것이다.

낮에는 글루텐, 밤에는 어분이 특효

미끼를 여러 가지를 써보면서 가장 입질이 잘 오는 미끼를 찾아나가는 게 중요하다.

여기서 주의할 점은 향붕어 전용터로 출조했을 때다. 향붕어는 잘 떠오르는 습성을 갖고 있기 때문에 처음부터 집어떡밥을 사용하면 불리해진다. 하강 도중 풀어지는 집어떡밥을 따라 향붕어가 떠오르고 그만큼 입질이 지저분해지기 때문이다.

군계일학 대표 성제현 씨는 향붕어 전용터에서는 한 대는 글루텐+어분콩알, 또 한 대에는 어분콩알만 달아 낚시를 한다(어분콩알용 떡밥은 경원F&D의 아쿠아블루 200cc+토코의 토코텍7 100cc+물 200cc를 섞어 만든다). 어떤 미끼에 반응이 많이 오는지를 살핀 후 주력 미끼를 결정한다고 한다.

어분콩알만 달 때도 요령이 있다. 두 바늘에 똑같은 크기로 다는 게 아니라 하나는 크게, 하나는 작게 단다. 향붕어가 집어떡밥 역할을 하는 큰 미끼를 먹는지, 입질이 예민해서 작은 미끼를 먹는지를 살피는 것이다. 목줄에 단차를 약간 두면 어떤 미끼를 먹었는지를 쉽게 구별할 수 있다.

만약 위의 방법으로 낚시했는데도 전혀 입질이 없다면? 그때는 극약처방으로 집어떡밥(보리+어분)를 달아보는 것도 방법이다. 앞서 언급한 것처럼 향붕어가 떠올라 입질이 지저분해질 수는 있지만 일단 움직임 없는 향붕어를 내 포인트로 불러들이는 게 급선무이기 때문이다. 지저분해지는 입질에 대한 대처는 그 후의 고민이다.

물대포낚시에서 사용하는 다양한 성분, 크기의 떡밥들. 어느 떡밥에 반응하는지 파악하는 게 중요하다.

겨울에 유료낚시터에서 많이 사용하는 미끼인 대하. 껍질을 떼어낸 뒤 살을 잘라 미끼로 쓴다.

같은 낚시터라도 낮, 밤에 따라 잘 먹는 미끼 달라져

같은 낚시터에서 낚시해도 낮과 밤에 잘 먹히는 미끼는 달라진다. 낮에는 100% 글루텐에만 낚이던 것이 밤이 되면 글루텐과 어분콩알에 반반씩 고루 먹고 나오는 것이다. .

향붕어만 있는 곳에서도 차이가 난다. 낮에는 7대3 비율로 글루텐에 입질이 잦지만 밤이 되면 9대1로 어분에 입질하는 비율이 현저히 높아진다. 따라서 겨울에 유료터를 찾을 때는 해당 낚시터에 어떤 붕어를 방류했는지를 먼저 살피는 것이 중요하며 미끼 역시 다양하게 준비해 가야 한다.

> **대하살 미끼 사용법**
> ### 흐물흐물하게 만들어 바늘 끝에 작게 달아야
>
> 지렁이와 더불어 겨울에 많이 쓰이는 미끼는 대하살이다. 대하살은 바늘 끝만 가릴 정도로 작게 다는 게 중요하지만 더 중요한 것은 먹기 좋게, 부드럽게 다는 것이다. 칼로 작게 토막 낸 대하살을 손으로 살짝 눌러 흐물흐물하게 만들어 바늘에 살짝 걸쳐 꿰는 게 중요하다. 그냥 딱딱한 상태로 달면 입만 대는 경우가 허다하다.

박병귀의 하우스낚시 성공전략
헛챔질 잦아지면 동일 부력이라도 긴 찌 써라

고양 제일낚시 대표인 박병귀 씨는 경원F&B 고문으로 유료터 주요 낚시기법 중 하나인 편대낚시의 고수로 통한다. 하우스낚시터에 향붕어가 집중적으로 방류되면서 기존 중국붕어낚시 때와는 공략 패턴이 달라졌다. 박병귀 씨가 제안하는 실전 대응술은 미세한 차이지만 실전에서는 효과가 크게 나는 필살기라 할 수 있다.

찌 부력의 선택

■ 무조건 가볍게 쓴다고 해서 해결 안 돼

보통 하우스붕어낚시용 찌는 3g대 봉돌 무게에 해당하는 찌를 많이 쓴다. 초겨울인 12월 정도까지에 해당하는 사항이다. 이후 1월을 넘겨 수온이 더 하강하고 입질이 예민해지면 2g대 초중반까지 봉돌 무게를 내려 쓰게 돼 있다.

그런데 하우스낚시터에 향붕어가 집중적으로 방류되면서 채비를 무조건 가볍게만 써서는 해결되지 않는 문제가 생겼다. 바로 너무 잦아진 헛챔질이다. 취이 패턴이 토종붕어와 거의 유사한 중국붕어는 입질이 깔끔하고 중후한 찌올림도 닮았다. 그러나 향붕어는 다르다. 입질이 짧고 향어 특성대로 살짝 빨아 당기기도 하는 등 시원스런 찌올림을 맛보기 어렵다. 이것은 하절기 물낚시 때도 마찬가지인데 추운 겨울 하우스낚시터에서는 더욱 낚시를 어렵게 만든다. 따라서 찌가 너무 까분다(입질이 지저분하다)는 느낌이 들 때는 과감히 찌를 교체해 볼 필요가 있다.

방법은 같은 3g대 부력의 찌라도, 평소 쓰던 찌 길이가 45cm라면 50cm짜리로 교체해보는 것이다. 이렇게 하면 찌의 전체적 체적이 커져 찌의 움직임이 다소 둔해지게 된다. 즉 둔해진 정도만큼 불필요한 잔 입질을 걸러줌으로써 약간이라도 정직한(정확한) 찌올림을 표현해줄 수 있다. 자연지를 주로 다니는 대물낚시인들이 표준찌맞춤보다 다소 무거운 찌맞춤으로 확실한 챔질타이밍을 잡으려는 노력과 같은 맥락이다. 따라서 이런 경우에 대비해 앞서 언급한 동일 무게 봉돌에 맞는 다른 길이의 찌를 여벌로 준비하면 도움이 된다.

떡밥 활용법

■ 어분을 쓰되 비중 가벼운 제품을 골라라

향붕어는 철저하게 어분을 먹고 자란 고기이므로 미끼도 어분이 잘 먹힌다. 글루텐에도 반응하지만 요즘 하우스낚시터에서는 글루텐은 물론 보리가루 같은 확산성 미끼와 집어떡밥 사용을 금하는 곳이 많다. 향붕어가 바닥에서 떠오르는 것을 막기 위한 목적인 동시에 떡밥 잔해가 바닥에 쌓이는 것을 막는 목적도 크다. 어떤 어분을 쓸 것인가는 개인 취향이지만 가급적이면 비중이 가벼운 제품을 권한다.

향붕어가 미약하게 흡입할 때 조금이라도 입 안 깊숙이 빨려들도록 만들기 위해서다. 비중 가벼운 어분을 찾아내는 것은 어렵지 않다. 동일 양의 어분을 동일 계량컵에 담은 뒤 전자저울로 각각 측정하면 간단하게 무게 차이를 확인할 수 있다.

내가 즐겨 쓰는 저비중 제품은 경원F&B의 아쿠아블루 어분이다. 여기에 최근 향어 전용으로 출시한 아쿠아텍 엑스를 혼합해 쓰고 있다. 아쿠아텍 엑스는 향붕어를 겨냥해 만든 최신 떡밥으로, 풍부한 아미노산을 함유해 집어력을 높인 제품이다(단품만 써도 입질이 활발하다면 아쿠아텍 엑스만 써도 무방하다).

포인트 선정 요령

■ 주변보다 약간 솟은 곳에 찌를 세워라

붕어낚시 포인트 찾기의 기본은 주변보다 조금이라도 깊은 곳을 찾는 것이다. 일명 골자리 공략법인데, 하우스낚시터에서는 그 반대 패턴을 활용하는 게 좋다. 즉 채비를 던져본 후 착수지점 앞뒤 30cm, 좌우 30cm 지점에 다시 던져 어디가 가장 얕은지를 찾는다. 그런 후 가장 불쑥 솟은 곳(얕은 곳)에 찌를 세우는 게 좋다.

필자의 편대채비. 향붕어낚시에는 어분떡밥을 미끼로 쓴다.

수면적 300평 규모의 대형 하우스낚시터. 사진은 용인 묵리하우스낚시터.

보리떡밥 사용금지를 알리는 하우스낚시터 안내 플래카드.

하우스낚시터 가림막과 물펌프. 향붕어의 활성도를 높이기 위해 물펌프를 가동한다.

겨울에 유료낚시터에서 낚은 향붕어를 들어 보이고 있는 필자.

조명을 밝힌 하우스낚시터에서 밤낚시를 하고 있는 낚시인들. 사진은 용인 묵리하우스낚시터.

필자가 제작한 귀작찌.

그 이유는 겨우내 물갈이를 않는 하우스낚시터의 특성 때문이다. 아무래도 떡밥 잔해와 찌꺼기 그리고 각종 노폐물은 주변 보다 깊은 곳에 쌓이게 된다. 반대로 불쑥 솟은 곳은 깨끗하며, 그런 곳에서 입질이 들어오면 찌올림도 좋다. 개인적으로는 낚시터 중간의 가림막 밑을 노리는 것보다 불쑥 솟은 바닥을 노릴 때 더 잦은 입질을 받았다.

출조 시간의 선택

■ 수온 내려간 아침 개장 때를 노려라

하우스낚시터에서 가장 입질이 활발한 시간은 아침 개장 때다. 그맘때 수온이 가장 '안정적이기' 때문이다. 개장 때는 아직 난방도 제대로 되지 않아 실내가 썰렁하고 수온도 낮을 상황인데 왜 안정적이라는 표현을 썼는지 의아해 할 낚시인이 많을 것이다.

앞서 언급했듯이 향붕어는 습성상 바닥에서 잘 떠오르는 고기다. 그리고 바닥층의 수온이 낮으면 따뜻한 중층 이상으로 잘 떠오른다. 따라서 난방 시설이 가동되면 낚시터 내부 공기는 데워지고, 그 영향이 낚시터 물에까지 영향을 미쳐 상층 수온을 올리게 된다. 그 결과로 향붕어가 떠오르는 것이다. 여기에 낮이 되어 햇살까지 강해지면 낚시터 내부 온도는 더욱 상승하게 되고 상층과 하층의 수온 변화는 갈수록 벌어지게 된다. 이것이 바로 하우스낚시터의 낮 시간 조황이 가장 떨어지는 1차적 원인이다.

다시 오후가 되면 해가 지고 폐장을 앞둔 터라 난방은 약해지게 된다. 그에 따라 상하층 수온 격차가 줄어들게 되고 바닥에서 떠 있던 붕어도 점차 바닥으로 내려가게 된다. 폐장 후 밤새 난방을 끄게 되면 낚시터 내부의 기온은 최저가 되고 낚시터 물의 상층과 하층 수온도 큰 차이가 없게 된다. 그 결과 아침 일찍 하우스붕어낚시터를 찾은 낚시인들은 바닥까지 내려와 있는 붕어를 상대하므로 낚시가 쉽고 조황도 좋을 수 밖에 없다. 결론은, 자연지낚시뿐 아니라 하우스붕어낚시도 남보다 일찍 출조하는 사람이 훨씬 많은 손맛을 볼 수 있다는 얘기다.

일반 찌와 전자찌의 선택

■ 가급적이면 예민성 앞서는 일반 찌 권장

하우스낚시터에서 유행하는 찌가 전자찌다. 5점등, 7점등 등등 각양각색 제품들이 선을 보이고 있다. 그러나 전자찌는 화려하고 어두운 실내에서 잘 보여도 예민한 입질 파악 능력은 떨어지는 게 사실이다. 그래서 가급적이면 카본 찌톱을 탑재한 일반 찌를 권장한다. 찌톱이 가늘면 물과의 마찰 저항도 작기 때문에 찌올림도 부드럽고 저항 없이 솟는다. 시인성이 문제라면 작은 크기의 낮케미를 달아주는 것도 좋은 방법이다. 나는 특별 주문한 귀작케미라는 제품을 사용 중이다. 무게는 0.06, 0.08, 0.10g 3종으로 시중 낚시점에서도 판매 중이다.

사용 팁을 알려주자면 다음과 같다. 만약 입질이 깔끔하고 찌올림도 좋은 상황이라면 가장 가벼운 낮케미를 달아 쓰면 된다. 그러다가 갈수록 입질이 지저분해지고 헛챔질이 나오면 한 단계 무거운 낮케미로 교채해 준다.

즉 0.06g짜리를 썼다면 0.08g을, 0.08g을 썼다면 0.1g짜리로 바꿔 쓰는 것이다. 이러면 찌톱 두 마디 정도를 눌러주는 효과가 발생해 지저분한 찌놀림이 안정되어 챔질타이밍을 잡기가 수월해진다.

바늘 선택 요령

■ 허리와 턱은 짧고 폭은 넓은 제품이 잘 걸린다

낚싯바늘 선호도는 개인 취향에 따라 다르다. 나의 경우 허리와 턱이 짧고 침 끝이 수직으로 선 바늘을 선호한다. 그래야 일종의 갈고리 효과가 있어 잘 걸리기 때문이다. 보통은 바늘 끝이 안쪽으로 약간 오므라진 형태라야 끌어내는 도중 잘 빠지지 않는다고 말하는데 실제로는 그렇지도 않다. 오히려 바늘 끝이 안쪽으로 오므라진 형태는 구조상 박힘 확률은 낮아지게 되며, 입 안쪽보다는 끌려나오는 도중 턱이 진 입술에 박힐 확률이 높다. 아울러 바늘 끝이 짧으면 붕어가 약간만 바늘을 삼켜도 바늘 끝이 입에 박힐 확률이 높아 유리하다. 주로 내림낚시 또는 중층낚시용 바늘 중에 이런 형태의 바늘이 많으니 사용해보길 바란다.

필자가 하우스낚시터에서 애용하고 있는 떡밥을 들어 보이고 있다. 좌측이 비중이 가벼운 경원F&B 아쿠아블루, 우측이 향붕어 전용 어분떡밥인 아쿠아텍 엑스다.

하우스낚시 Q & A
오전 10시 무렵까지, 오후 4시 이후가 입질 활발

Q 낚시 도중 분명 찌가 한두 마디 확실하게 솟는 과정에 챔질했는데도 헛챔질일 때가 많습니다. 이유가 무엇인가요?

A 두 가지 이유가 있습니다. 하우스낚시터는 손맛터가 대부분이라 입질 상태가 좋지 않은 붕어가 많습니다. 대표적인 사례가 윗입술이 아예 없거나 헐어있는 경우죠. 이런 경우는 챔질 시 바늘이 걸리지 않고 입밖으로 그냥 나올 수 있습니다. 하지만 그보다 더 실질적인 이유는 챔질이 늦었기 때문입니다. 손맛터 특히 겨울 하우스붕어는 입질이 약하고 짧습니다. 찌톱이 한두 마디 솟았다해도 그 과정은 관성에 의한 올림일 수 있습니다. 원래는 반 마디 또는 3분의 1마디 솟았을 때 채야 걸림이 될 상황인 것이죠. 그래서 겨울철 하우스낚시터에서는 짧은 입질에 대응할 순발력이 요구됩니다.

Q 바늘은 어느 정도로 작게 쓰면 좋을까요?

A 무미늘바늘 4호면 충분합니다. 어종으로 따진다면 망상어(우미 다나고) 4호면 적당합니다. 그 이하로 쓰는 것은 자신의 기량에 달렸지만 5호 이상은 겨울낚시에서는 큰 편입니다.

Q 낚시인들이 수면 가운데 경계벽에 채비를 바짝 붙이던데 특별한 이유가 있나요?

A 낚시터에 따라 다르지만 일반적으로는 그 자체가 붕어들의 은신처가 됩니다. 일단 양쪽 연안에는 낚시인이 앉아있고 혼잡도도 높습니다. 그런 혼잡을 피해 붕어가 중심부로 몰리는 것이죠. 또한 경계벽은 수면 위에 설치되지만 이 벽을 지탱하는 파이프는 물속으로 내려와 있습니다. 그 파이프가 붕어에게 심리적 은신처 역할을 하게 됩니다. 어떤 낚시터는 땅바닥에 온수 순환관을 깔아 수온을 높이는 곳도 있습니다. 그런 곳은 순환관 주변을 중점적으로 노려야겠지요. 경우에 따라서는 발 앞의 경사면이 바닥과 만나는 지점에서도 입질이 활발합니다. 따라서 중앙부 경계벽을 노리는 긴 대, 발 앞을 노릴 수 있는 짧은 대를 고루 써봐야 합니다

붕어는 본능적으로 연안을 회유하게 돼 있습니다. 그중 양쪽 사이드는 반드시 거치는 코너인 셈이죠. 또 양쪽 사이드는 수심이 얕습니다. 붕어는 깊은 곳에만 있는 게 아니라 어느 시점에는 얕은 곳으로 올라붙는 습성이 있습니다. 그런 점에서 수심이 일정하게 깊은 중앙보다는 유리한 점이 많습니다

Q 하루 중 입질이 가장 좋은 때는 언제일까요?

A 최고는 개장 직후부터 오전 10시 무렵 그 이후로는 오후 4시 이후로 볼 수 있습니다. 가장 안 좋은 시간이 오전 10시 이후부터 오후 3시 정도까지의 낮시간대입니다. 얼핏 기온이 오르는 한낮 조황이 좋을 듯 싶지만 실제로는 정반대입니다. 아울러 간혹 낮에 낚시가 안 되면 밤에 잘 된다는 얘기가 있는데 그 속설 역시 정확한 것은 아닙니다

Q 하우스낚시터도 외부 날씨 영향을 강하게 받나요?

A 노지낚시보다도 강하게 받습니다. 아이러니컬하게도 하우스낚시가 가장 잘 되는 상황은 가장 추운 날입니다. 영하 10도의 강추위가 몰아치는 날 특히 조황이 좋습니다. 반대로 날씨가 풀려 따뜻한 날은 조황이 크게 떨어집니다. 가장 큰 이유 중 하나는 기압 변화입니다. 겨울에 날씨가 춥다면 차가운 고기압이 영향을 미치는 것이고, 반대로 따뜻하다면 눈 또는 비가 오는 저기압 상황입니다. 가뜩이나 활성이 약한 겨울인데 기압까지 낮다면 붕어들은 입을 닫고 맙니다.

| PART 4 | 낚시방법 3

수상좌대낚시 1
출조 전 챙겨야 할 기본수칙 5

'좌대낚시는 관리인 놀음'이다. 포인트를 관리인이 골라주기 때문이다. 따라서 관리인으로부터 낚시정보를 되도록 많이 얻는 게 중요하다. 낚시터에 도착해서 급하게 좌대로 가지 말고 1시간 정도는 관리실에 머물면서 관리인과 대화를 나눠보자.

우선 좌대 예약하기. 봄이나 여름처럼 낚시인들이 좌대를 많이 찾는 시기에는 적어도 일주일 전에는 예약을 해야 한다. 주말을 이용한다면 2주 전에는 현지에 전화를 걸어 좌대를 예약한다. 여름철 많이 찾는 충주호의 경우 유명 낚시터의 좌대는 3주 전에 예약해두는 게 좋다.

그러나 최고의 좌대를 예약하기란 맘대로 되는 게 아니다. 그건 하늘, 아니 관리인 마음이니 전화만 걸어서 어떻게 할 수 없는 일. 대신 2주일 정도 충분히 여유를 두고 예약하면 적어도 '손님들에게 다 나가고 남은 떨거지 좌대를 넘겨받는 일'은 없을 것이다. 4인용 좌대는 2~3명이 낚시하기에 적당하다.

1
관리실에서 최대한의 정보를 수집하라

관리인으로부터 챙겨야 할 정보는 무엇일까? 붕어를 방류하는 유료터라면 떡밥과 찌맞춤에 관한 정보가 필요하다. 유료터는 특별히 어느 한 가지 떡밥이 유독 잘 먹히는 예가 많다. 어떤 떡밥을 쓰는지 최근엔 어떤 미끼가 잘 들었는지를 물어본다. 관리인이 추천하는 떡밥이 있다면 꼭 구입한다.

자연지나 댐낚시터라면 바닥지형과 포인트, 입질 시간대 등을 물어보는 게 좋다. 유료터가 집어를 통해 붕어를 불러 모으는 집어낚시라면 댐낚시는 붕어의 회유로를 노리는 길목낚시라 할 수 있다. 관리인은 붕어가 올라붙는 회유로에 좌대를 갖다 놓는다. 이런 곳에선 일정시간대에 바닥지형을 타고 들어오는 붕어를 노려야 한다. 관리인이 찍어 주는 포인트에서만 붕어가 나오는 경우가 많다.

좌대는 대부분 사각형인데 방문이 있는 쪽이 포인트라고 보면 맞다. 관리인은 좌대를 옮겨 놓을 때 문이 있는 쪽을 포인트로 향하게 해서 놓기 때문이다. 그래서 서로 다른 방향을 보고 낚시하는 것보다 되도록이면 넓은 쪽에 나란히 앉아서 낚시하는 게 좋다.

2
많아야 2명, 적을수록 좋다

수상좌대에 오를 때는 많아야 2명 정도가 적당하며 3명 이상 올라가면 조과가 급격히 떨어진다. 충주호 좌대 관리인의 말에 의하면 제 아무리 실력 좋은 낚시인끼리 좌대를 탔어도 4명이 탄 좌대와 1명이 탄 좌대의 조과를 비교해 보면 1명이 올라탄 좌대의 조과가 훨씬 좋을 때가 많다고 한다. 낚싯대 투척도 가급적 앉은 채로 하는 것이 좋은데 일어설 때마다 발생하는 소음과 진동이 붕어들에게 경계심을 발생시킬 수 있다.

좌대의 낚시인에게 식사를 전달하고 있는 낚시터 관리인. 사진은 충주호.

좌대를 보면 바닥지형 알 수 있다

좌대를 보면 네 개의 모서리에 4~5m 길이의 폴대가 있는데 폴대를 보면 바닥지형을 알 수 있다. 폴대가 높이 솟아있다면 수심이 얕은 곳이고 반대로 폴대가 많이 남아 있지 않다면 수심이 깊은 곳이다. 굳이 찌를 던져보지 않아도 상하좌우 폴대의 높이만 보고 대략의 바닥 지형을 파악할 수 있는 것이다.

폴대마다 나사식의 잠금장치가 있고 주로 풀려 있는데 수위 변동에 따라 좌대가 자연스럽게 오르내리게 하기 위해서다. 수상좌대에서 간혹 울렁거림을 줄이겠다고 폴대 잠금장치를 잠그는 이들이 있는데 그렇게 하면 위험하다. 잠금장치를 잠가 버리면 수위가 불어날 때 폴대가 들려 빠져 버리기 때문이다.

수몰나무 앞의 좌대. 사진은 충주 모점낚시터.

3
3칸대 위주로 써라

좌대에 올라 자리를 잡았으면 이제 대를 펼 차례. 너무 긴 대를 펴겠다고 욕심을 부릴 필요 없다. 좌대는 그 자체가 '긴 대 효과'가 있기 때문이다. 관리인은 보통 3칸대 정도의 거리에 포인트가 놓이도록 좌대를 옮겨 놓는다. 3칸대가 가장 많이 쓰는 낚싯대이기 때문이다.
3칸대의 장점은 많다. 먼저 밑밥효과. 남들도 3칸대를 주로 썼을 것이므로 밑밥이 많이 쌓여 있을 것이다. 옮긴 지 얼마 되지 않은 좌대라면 밑밥이 꾸준히 들어간 자리와 그렇지 못한 자리의 조과 차가 크다.
좌대 앞이 맨바닥이 아닌 수초가 있으면 수초대 거리에 맞게 대를 편다. 마음에 드는 수초가 있으면 3.5칸 이상의 긴 대를 펴도 좋다.

4
최대의 적은 소음

연안낚시에서 붕어가 가장 경계심을 가지는 요소가 바로 낚시인이 발생시키는 소음이다. 수심이 얕은 연안에서의 움직임과 소음은 붕어들을 쫓기 때문에 최대한 정숙하는 게 좋다. 그런데 좌대낚시에서는 정숙은 물론 진동을 최대한 줄이는 게 급선무다. 사람의 목소리는 물 표면에서 반사되기 때문에 수심이 깊은 좌대에서는 물속까지 전달되는 정도가 약하다. 그러나 좌대 위에서 발생하는 진동들, 발걸음과 의자에서 발생하는 삐그덕 소리, 물건을 떨어뜨리는 둔탁한 진동은 고스란히 물속 파장으로 이어져 붕어들을 움츠리게 만든다. 실제로 스쿠버들이 갯바위 근처에서

연안의 포인트를 따라 늘어선 좌대. 사진은 포천 중리낚시터.

수상좌대에서 입질을 기다리고 있는 낚시인. 문 앞이 포인트가 되도록 좌대를 배치한다. 사진은 안성 덕산낚시터.

폴대를 바닥에 박아 고정한 수상좌대. 폴대를 보면 수심과 바닥지형을 알 수 있다.

어둠이 내려앉은 좌대촌. 사진은 예산 예당지.

잠수해보면 물 밖의 고함소리는 잘 들리지 않지만 갯바위 위를 걸어가는 사람 발자국소리는 마치 중장비가 지나가는 것처럼 크게 들린다고 한다. 이런 이유로 일부 수상좌대낚시 마니아들 사이에서는 좌대에 오르자마자 신발과 양말을 벗고 낚시하거나 슬리퍼로 갈아 신는 낚시인들이 많다. 또 삐걱거리는 낚시의자 대신 무거운 소파를 선호하기도 한다.

5
낚시인 많이 탈수록 낚싯대 길어져야

수상좌대는 연안에서 멀리 떨어져 있으므로 짧은 대로도 충분할 것 같지만 경우에 따라선 긴 대를 사용해야 될 상황도 많다. 가장 큰 요인은 역시 소음과 진동. 혼자 올라타서 조용히 낚시한다면 낚싯대 길이는 입질에 별 영향을 미치지 않지만 2명 이상이 올라탄다면 3칸 대 이상의 낚싯대를 펴주는 게 유리하다. 또 좌대낚시는 대부분 좌대의 한 면에서만 입질이 올 때가 많기 때문에 2명이 나란히 앉아서 낚시할 때는 낚싯대도 동일한 길이를 써주는 게 유리하다. 그래야만 어군을 비슷한 범위 내에 집어시킬 수 있기 때문이다.

편한 수상좌대낚시를 위한 준비물들

■**받침틀** 수상좌대의 바닥은 널빤지나 시멘트 바닥에 받침대를 꽂을 수 있도록 고무바를 설치해 놓은 곳이 대부분이다. 이 고무바에 앞받침대를 그냥 꽂으면 바람에 쉽게 돌아가는 단점이 있다. 따라서 수상좌대로 출조할 때는 반드시 받침틀을 준비해야 한다. 좌대용으로는 5단 정도면 충분하다.

■**의자** 개인 낚시의자를 고집하는 낚시인도 있지만 만약 좌대에 전용 소파가 비치돼 있다면 소파를 이용하는 게 좋다. 편안함은 낚시의자가 앞서지만 소음은 소파가 덜하기 때문이다.

■**개인텐트, 파라솔** 바람을 막아주는 옆칸막이나 또는 햇빛차단용 처마를 만들어 놓은 좌대도 있으나 바람이 많이 불거나 비가 오는 경우를 대비해 낚시텐트나 파라솔을 준비하는 게 좋다. 특히 밤과 새벽 기온이 급격히 내려가는 봄, 가을에는 소형 낚시텐트나 파라솔을 준비해 건강을 돌볼 필요가 있다.

■**침구류** 대부분 좌대에는 침구류가 비치돼 있지만 여러 사람이 공용으로 쓰다 보니 청결 상태가 좋지 못한 경우가 많다. 특히 가족과 함께 가는 경우라면 간단한 침구나 침낭을 준비해가는 것도 좋은 방법이다.

■**음식** 주간에 식사를 주문하면 좌대까지 배달해주지만 보통 밤 8시 이후에는 운행하지 않는다. 영업이 끝난 이유도 있지만 이 시간대부터 본격적인 밤낚시가 시작되기 때문이다. 따라서 야간에 필요한 야식이나 커피 같은 간식거리는 미리 준비해 가는 것이 좋다.

댐 수상좌대낚시
유료터식 집어, 댐에서 백발백중

떡밥낚시를 하다 보면 저수지에서는 집어에 많은 노력을 하면서 댐에서는 집어에 큰 신경을 쓰지 않는 낚시인들이 많다. 그 이유를 물으면 "댐은 입질이 많지 않고 짧은 시간에 입질이 끝나기 때문에 굳이 열심히 집어할 필요가 없다"고 얘기한다. 집어에 애를 쓰기보다는 짧은 입질 타이밍에 집중하겠다는 얘기다.

하지만 오히려 입질이 많지 않고 입질 시간도 짧을수록 집어를 통해 붕어를 최대한 오래 포인트 주변에 붙들어 놓는 것이 맞다. 그리고 밑밥에 의한 집어 효과는 저수지보다 댐에서 더 뚜렷하게 나타난다. 아마도 댐붕어가 저수지 붕어보다 더 많이 회유하고 군집성을 띠기 때문이 아닐까.

댐낚시를 할 때 유료터식 낚시 패턴을 활용하면 좋다. 댐낚시 경험이 풍부한 성제현 씨의 밑밥용 집어떡밥의 배합과 운용술을 살펴보면 다음과 같다.

떡밥의 운용

신장떡밥 300cc, 보리 100cc, 어분 100cc, 여기에 물 200cc를 섞는다. 신장떡밥과 보리는 댐에서 잘 먹히는 성분이며 냄새가 강한 동물성 어분은 어류의 후각을 강하게 자극하기 위해 약간만 섞는다. 미끼는 말랑하고 붕어가 한 번에 흡입하기 좋은 글루텐(마루큐 와이삼 배합 또는 다이와 삼합)을 사용하고 있다.

만약 오후 3시 무렵 대편성이 끝났다면 해 지기 전에 500cc 양의 집어떡밥을 넣어준다. 500cc는 일반적인 밑밥그릇 크기의 양이다. 이때 미끼용 글루텐도 함께 달아준다. 집어떡밥의 크기는 검지손가락 한 마디 정도면 충분하다. 간혹 붕어가 글루텐보다 집어떡밥에 더 반응할 때도 있으므로 미끼 역할을 병행할 수 있도록 너무 크게 달지는 않는다.

대편성

대편성도 집어낚시 형태로 구성할 필요가 있다. 만약 10대의 낚싯대를 폈다면 같은 길이의 낚싯대를 두 대씩 모아 낚시한다. 예를 들어 왼쪽의 32, 36대를 양어장에서 낚시하듯 조밀하게 두 대씩 붙여 편성해 집어낚시에 집중하고 나머지 6대의 낚싯대는 일반적인 기다리는 낚시 패턴으로 활용한다(포인트를 잘 알거나 집어낚시가 잘 먹혔던 곳이라면 10대의 낚싯대를 모두 2대씩 묶어 낚시하기도 한다).

미끼를 갈아 넣는 타이밍도 다르다. 기다리는 낚싯대들은 30분~1시간 간격으로 교체하고, 집어하는 낚싯대들은 10분 간격으로 미끼를 교체하는 것이다. 지금까지의 경험으로 보았을 때 집어낚싯대에 입질이 들어왔을 때는 늘 남들보다 두세 배 이상 많은 붕어를 낚을 수 있었는데 그만큼 밑밥 주변에 많은 붕어를 묶어 놓았기에 가능한 일이었다. 반대로 기다리는 용도로 배치한 낚싯대에 입질이 오면 단발성으로 그칠 때가 많았다.

댐 수상좌대에서 떡밥을 개고 있는 낚시인.

| PART 4 | 낚시방법 3

수상좌대낚시 2
봄 갈대 + 버드나무 공략법

갈대는 사철 물가에 자라지만 붕어 포인트로 가장 빛을 발하는 시기는 봄, 그 중에서도 산란이 피크를 맞는 시기이다. 구체적으로는, 얕은 수초 밭에서 낚아낸 붕어를 손에 쥐었을 때 알이 줄줄 흘러나오는 상황이라고 할 수 있다.
그런데 지금 설명하는 상황은 어디까지나 토종붕어를 대상으로 했을 때의 얘기이다. 떡붕어는 토종붕어와 달리 산란 시기뿐 아니라 산란 하는 곳에도 차이가 있다.

두 어종의 산란 시기를 구분해보자면(중부권을 기준으로 할 경우) 토종붕어는 3월 25일~4월 20일 사이, 떡붕어는 4월 5일~25일에 산란 피크를 맞는다. 산란이 끝나는 시기는 약간 겹치지만 시작하는 시기는 토종붕어가 떡붕어보다 확연하게 빠르다. 특히 산란터의 경우 토종붕어는 주로 갈대에, 떡붕어는 버드나무에 산란을 한다. 만약 갈대와 버드나무가 혼재한 포인트에서 토종붕어를 노린다면 버드나무보다는 갈대 쪽에 채비를 붙이는 게 훨씬 유리하다.

봄철 수몰나무 앞 수상좌대에서 산란 붕어를 노리고 있는 낚시인. 사진은 용인 송전지.

언저리 배회 때는 갈대와 버드나무 안 가려

갈대에 채비를 붙이는 거리도 달라진다. 토종붕어가 알자리를 잡기 위해 수초를 활발하게 돌아다니는 시기라면 갈대와 버드나무 상관없이 약간 떨어뜨려 언저리를 노리는 게 효과적이다. 그때는 산란 욕구가 적어 갈대와 수초를 단순히 회유 기점으로 삼아 돌아다니기 때문이다. 회유 수심도 1~2m로 깊으며 의외로 밤낚시도 잘 된다.

버드나무 근처에서도 잘 낚인다. 이때 역시 산란장이 아니라 단순히 엄폐물 역할을 한다고 볼 수 있다. 시기적으로는 2월 중순~3월 말로 볼 수 있다.

그러나 3월 중순을 넘겨 토종붕어가 산란 욕구를 느끼게 되면 가급적 장애물 가까이 붙일수록 입질은 활발해진다. 아울러 '토종붕어'라면 버드나무보다는 갈대 부근을 노리는 게 입질 받을 확률이 훨씬 높다.

산란 피크 때, 왜 토종붕어가 버드나무보다 갈대 부근에서 잘 낚이는지에 대해선 의견이 분분하지만 대체적인 견해는 비슷하다. 딱딱한 버드나무보다는 부드럽고 탄성 있는 갈대가 알을 붙이기에 좋다는 얘기이다(갈대가 아닌 삭은 연 줄기나 부들이 있다면 그곳에 알을 붙일 것이다).

대규모 버드나무 군락 사이에 갈대는 몇 포기만 있는데도 유독 그곳에서 입질이 잦은 이유는 일종의 희소성으로 해석하면 된다. 갈대 군락이 어마어마하게 넓게 퍼져 있다면 그만큼 붕어의 회유 범위가 넓어 포인트를 특정하기 어렵다. 반면 몇 포기 안 되는 갈대는 마치 사막 속의 오아시스 역할을 하므로 그만큼 붕어를 쉽게 만날 수 있는 것이다.

토종붕어와 떡붕어는 산란터 달라

그렇다면 떡붕어는 어디에 산란하는 것인가. 아직까지 확실하게 밝혀진 사실은 아니지만 버드나무의 가늘고 고운, 옥수수염처럼 생긴 잔뿌리에 산란한다는 설이 있다. 이것은 전층낚시 전문가인 유시철 씨의 이론으로 그의 경험담은 다음과 같다.

수몰된 버드나무 앞까지 들어가 좌대를 설치하고 수중전을 즐겼던 유시철 씨는 농번기가 돼 배수가 되면 자신이 공략했던 버드나무 포인트로 가본다고 한다. 그래서 채비가 떨어졌던 지점을 살펴보면 옥수수염처럼 드러난 버드나무의 잔 뿌리가 외부로 노출돼 있다는 것이다. 낚시인들이 알고 있는 유명 떡붕어터 대부분이 상류에 버드나무가 우거진 곳이 많다는 점에서 유시철 씨의 이론이 어느 정도 들어맞는 것으로 보인다.

그렇다면 토종붕어의 산란이 막을 내리면 그 이후 갈대의 비중은 어떻게 달라질 것인가. 아쉽게도 포인트로서의 효과는 크게 반감이 된다. 대체로 갈대가 있는 곳은 수심이 얕기 때문에 산란을 마친 붕어들이 깊은 수심으로 이동하기 때문이다. 그래서 산란이 끝난 갈대 주변에는 주로 잔챙이가 머물게 된다(갈대에 따라서는 1m 이상 되는 깊은 수심에 자라는 것들도 있는데 그런 곳은 여전히 포인트로서 가치가 있다). 갈대가 포인트로서 피크를 맞는 시기는 4월 한 달로 보면 될 것이다.

떡붕어가 뒤집는다면 토종붕어 산란 피크는 종료

중부권을 기준할 경우 토종붕어의 산란은 3월 20일~4월 20일까지를 피크로 볼 수 있다. 떡붕어는 4월 5일~4월 25일까지로 보며 잉어는 4월 말

수몰나무 사이를 지나 수상좌대로 향하고 있는 낚싯배.

수상좌대에서 수몰나무 사이를 노려 다대편성을 했다.

~5월 15일 무렵(아카시아가 필 무렵과 일치한다)에 산란 피크를 맞는다. 산란 행태도 약간씩 다르다. 얕은 수초가에서 몸을 뒤집고 물소리를 내는 것은 다 비슷하다. 그러나 토종붕어는 연안에서 약간 먼 곳에서, 낚시인의 손길(?)이 미치지 않는 거리에서 몸을 푸는 반면 떡붕어는 연안에서 가까운 거리에서도 뒤집는다. 그러다보니 뜰채로도 잘 떠지고 스스로 수초 위로 올라와 자빠지는 경우도 흔하다. 그만큼 토종붕어보다 떡붕어의 산란이 격렬하고 힘이 든 게 아닌가 싶다.

실제로 떡붕어는 산란기 때 10~20%는 죽어나간다. 산란을 못했기 때문이다. 반면 토종붕어는 거의 죽지 않으며 봄에 산란 못해도 여름 장마철 같은 때로 시기를 미루는 능력을 갖고 있다. 따라서 이런 시기적 차이를 잘 파악한다면 산란이 한창인 시기에 낚시를 할 것인가 말 것인가를 쉽게 결정할 수 있다.

즉 3월 중순~3월 말경 낚시터를 찾았는데 산란 여파로 수초가 들썩인다면 토종붕어일 확률이 높다. 이때 낚시를 하면 폭발적인 조과를 거둘 수 있다. 반면 4월 중순을 넘겨 찾았을 때 수초가 들썩인다면 떡붕어 산란기다. 이때는 이미 토종붕어는 산란을 끝내고 깊은 곳으로 이동한 터라 토종붕어 조과는 거두기 어렵다.

4월 말에 찾았더니 시끄러울 정도로 물소리가 크게 난다면? 잉어 산란기로 볼 수 있다. 이때는 토종붕어와 떡붕어 모두 호황을 맛보기 어렵고 소란 때문이라도 낚시가 덜 된다.

내림낚시 1
입질 파악 능력 뛰어난 고감도 채비의 낚시

내림낚시는 입질이 전달된 찌의 움직임이 수면 아래로 내려가는 식으로 표현된다는 뜻에서 붙여진 이름이다. 내림낚시가 국내에 도입돼 한층 붐이 일던 2000년대 초 월간낚시 장창락 기자가, 본신의 움직임을 토대로 수면 위로 올라가는 찌놀림의 전통붕어낚시를 올림낚시, 수면 아래로 내려가는 찌놀림의 이 기법을 내림낚시로 구분해 정리한 것이 지금 통용되고 있다.

내림낚시는 30~35cm의 긴 목줄을 사용하고 부력이 약한 고감도 찌를 사용하는 낚시방법이다. 케미꽂이가 있는 전통붕어낚시의 찌와 달리 케미꽂이가 없고 찌톱이 가는 것이 특징이다.

일본의 떡붕어 전층낚시에서 출발

내림낚시는 일본의 떡붕어 낚시방법인 전층낚시에서 출발했다. 전층낚시는 전 수심층을 오가며 먹이활동을 하는 떡붕어를 낚기 위한 낚시방법이다. 수심층별로 상층, 중층, 바닥층낚시 등으로 기법이 나뉘는데 바닥층낚시, 일본 말로 '소코츠리'가 대만으로 건너가 중국붕어를 대상으로 하는 바닥층낚시로 정착했고 그것이 우리나라로 들어왔다. 90년 대 말 우리나라에 이 기법이 들어올 때는 외대속공낚시, 속공낚시 등으로 불렸으나 내림낚시란 이름으로 정착됐다.

기본적인 운용법이나 사용하는 낚시장비만 본다면 전층낚시 바닥층낚시와 내림낚시는 큰 차이가 없다. 다만 떡붕어와 유료터 방류 붕어는 취이습성이 조금 다르기 때문에 이에 대한 대응방법에서 차이가 난다. 그래서 내림낚시 하면 자연지 토종붕어, 유료터 양식붕어를 낚는 낚시방법으로 이해하면 되겠다.

내림낚시의 장점은 탁월한 입질 파악 능력이다. 5~7cm 길이로 운용하는 바닥낚시 목줄채비와 비교할 때 내림낚시에서 사용하는 목줄 길이는 30~35cm로 길다. 이렇게 긴 목줄은 붕어가 먹이를 취할 때 무게감을 덜 주는 것은 물론, 찌에 나타나는 움직임이 부드럽고 그 시간도 길다(반대로 목줄이 짧으면 움직임이 짧고 명확하다). 붕어의 입질이 약할 때 바닥낚시에 나타나지 않는 입질이 내림낚시에서 표현되곤 한다.

케미꽂이 없는 가는 찌톱이 고감도 안테나 기능 수행

내림낚시용 찌의 특징은 케미꽂이가 없는 가는 찌톱에 저부력이란 것이다. 바닥낚시는 케미꽂이가 있는 찌를 수면 또는 수면에 일부 내놓고 낚시를 한다. 내림낚시용 찌에 비해 찌톱도 굵다. 붕어가 미끼를 물고 봉돌을 들어 올리는 본신이 나타나기 전 (내림입질까지)크고 작은 찌놀림은 굵은 찌톱과 케미꽂이가 일부 걸러주는 역할을 한다. 케미꽂이를 수면에 일치시켰다면 표면장력에 의해 작은 폭의 내림 입질 정도는 표현되지 않는다. 이와 비교해 내림낚시용 찌는 작은 움직임까지 표현할 수 있도록 최적화되어 있다. 저부력을 사용하기 때문에 붕어가 먹이를 먹을 때 무게감이 일단 작다. 찌톱이 매우 가늘고 케미꽂이가 없기 때문에 미끼를 빨아들이기 전 동작이 그대로 표현된다.

내림낚시는 큰 폭의 내림 입질에 챔질한다. 봉돌이 떠 있고 바늘만 바닥에 닿아 있는 상태에서 붕어가 한 쪽 바늘의 미끼를 빨아들일 때 찌톱이 큰 폭으로 내려가는데 이게 본신인 것이다. 그렇다면 내림낚시는 내림입질만 나타날까? 그렇지는 않다. 만약 붕어가 바늘을 뱉지 않고 떠올라 봉돌마저 상승하는 경우라면 찌가 솟고 벌러덩 누울 때도 있다. 하지만 이런 경우는 드물다.

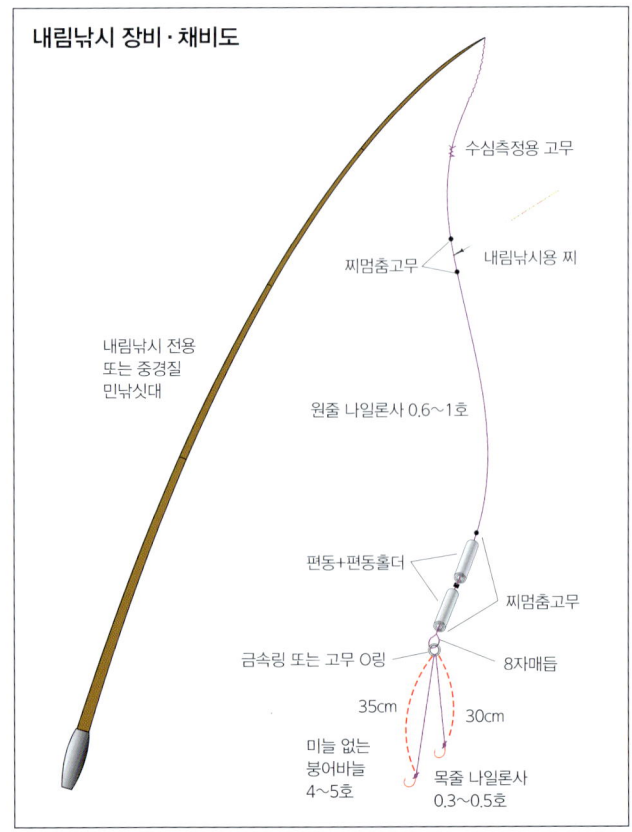

유료낚시터에서 내림낚시 기법으로 낚시대회를 치르고 있는 낚시인들. 사진은 공주 자연농원낚시터.

장비와 채비

■낚싯대

손잡이가 뭉툭한 전층낚시용 낚싯대를 내림낚시용 낚싯대로 사용한다. 뭉툭한 손잡이는 손으로 감싸 쥐기 쉽고 손목을 이용해 재빠르게 챔질하기 편하다. 내림 전용 낚싯대가 아니더라도 낭창거리지 않는 중경질 민낚싯대라면 어느 것을 사용해도 상관없다.

여러 대를 펴는 바닥낚시에 비해 내림낚시는 한 대만을 펴는 것이 정석이다. 여러 대를 펴고 하기엔 내림낚시의 찌놀림 정보가 너무 많기 때문이다. 찌 하나만 보고 있기도 벅차다는 얘기다.

기존의 붕어낚시 장비 외에 개인용 낚시좌대를 장만하면 내림낚시를 하기가 더 편하다. 낚시좌대엔 방석 외에 낚싯대, 앞받침대, 뜰채, 떡밥그릇 등을 함께 수납 설치할 수 있도록 설계되어 있어 낚시하기 편하다.

앞에서 내림낚시는 일본의 떡붕어 전층낚시에서 출발했다고 설명했는데, 전용 낚싯대는 길이에 대한 표기법도 다르다. 1칸 1.8m를 기준으로 1.5칸(2.7m), 2칸(3.6m), 3칸(5.4m) …대신 척(尺), 즉 30.3cm를 기준으로 6척(약 1.8m), 9척(약 2.7m), 12척(약 3.6m), 15척(약 4.5m), 18척(약 5.4m)…으로 길이를 구분하고 제품도 출시되고 있다. 내림낚시에서 가장 많이 쓰이는 길이는 바닥낚시와 마찬가지로 15척과 18척이다.

■채비

매우 가벼운 채비와 섬세한 찌맞춤이 필요하므로 낚싯줄의 굵기나 소재가 찌맞춤이나 입질에 영향을 줄 수 있다. 물에 가라앉는 카본사 대신 비중이 가벼운 나일론사를 쓰고 원줄은 0.6~1호, 목줄은 0.3호~0.5호 정도로 가늘게 쓴다. 원줄의 1/2 굵기를 목줄로 사용한다고 보면 맞다. 활성도가 높을 때는 0.8~1호 원줄에 0.5~0.4호 목줄을 사용하고 입질이 약한 겨울엔 0.6호 원줄에 0.3호 정도의 목줄을 쓴다.

바늘채비는 양바늘 목줄의 길이를 차이 나게 하는 단차채비가 기본이다. 목줄 길이는 30~35cm, 단차는 2~6cm로 운영한다. 입질이 없으면 목줄 길이를 달리하거나 단차를 주는 식으로 조정한다. 겨울과 같은 저수온기에선 단차를 15cm 가까이 주기도 한다. 바늘은 4~5호를 주로 사용하고 6호는 넘지 않는 게 보통이다.

■소품

편동과 편동홀더, 찌고무, 유동찌고무, 편동 절개용 가위, 수심측정용 고무 등이 필요하다. 찌고무와 유동찌고무는 S, M, L 등의 크기가 있는데 낚싯줄의 굵기에 맞지 않는 큰 것을 고를 경우 정작 낚시할 때 낭패를 본다. 원줄 1.5호라면 S~M 크기를 골라야 맞다.

■찌

내림낚시용 찌 중 2, 3호 찌를 장만하면 되겠다. 찌는 속이 비고 부력이 있는 튜브톱과 속이 차있고 부력이 별로 없는 솔리드톱 찌로 나뉘는 데 튜브톱 찌가 떡밥이 풀리는 과정이 명확하게 표현되는 게 장점이다. 솔리드톱 찌는 입질이 약한 상황에서 많이 쓰인다.

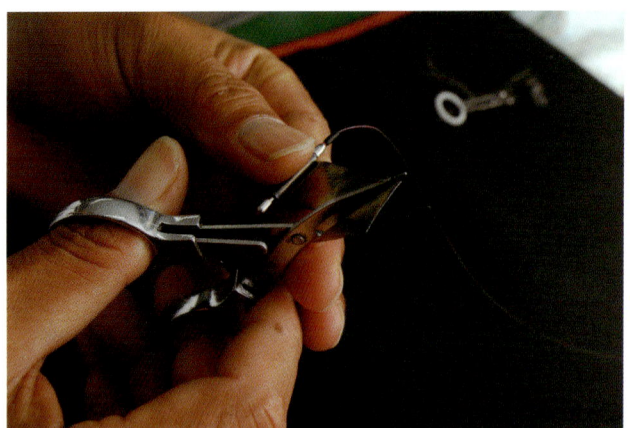

소형 가위로 편동을 자르고 있다. 내림낚시에선 무게를 쉽게 빼고 더할 수 있는 편동을 사용한다.

다양한 내림낚시용 찌.

한편, 무크톱 찌는 솔리드톱의 다른 표현으로 속이 꽉 차있다는 뜻이다. 솔리드톱의 재료가 유리섬유이면 글라스 무크, 카본이면 카본 무크, 폴리카보네이트(PC)이면 PC 무크가 되는 것이다.

수심 맞추기와 찌맞춤

내림낚시에서 수심맞추기와 찌맞춤은 정확히 해야 한다. 올림낚시는 미리 수조에서 찌맞춤을 해서 가져가지만, 한 대만을 사용하는 내림낚시에선 현장에서 바로 찌맞춤을 하는 것이 더 편하고 또 정확하게 낚시할 수 있어 좋다.

내림낚시용 찌는 보통 찌톱이 11눈금으로 만들어졌다. 튜브톱의 경우 11눈금 중 7눈금을 내놓고 찌맞춤을 하는 게 기본이고 솔리드톱은 9눈금에 맞춘다.

찌맞춤을 할 때는 바늘채비를 달지 않은 상태에서 찌톱 7눈금이 수면에 나오도록 편동을 가감해 조정한다. 7눈금에 맞췄다면 이번엔 바늘채비를 달고 다시 찌맞춤해서 7눈금이 나오도록 한다.

찌맞춤까지 모두 마쳤다면 작은 지우개나 수심측정용 고무에 바늘을 꽂고 수심을 잰다. 찌톱이 수면에 나올락 말락 할 때까지 찌를 초릿대 쪽으로 올린다. 찌톱 끝이 수면에 일치하면 낚싯대를 앞으로 밀어본다. 찌톱 1~2눈금이 수면으로 더 솟는다면 바늘채비는 찌 밑보다 좀 더 앞쪽에 떨어진 것이다. 채비를 회수해서 다시 수면으로 나온 찌톱 눈금만큼 수심을 조정해서 다시 수심맞추기를 한다. 찌톱 끝이 수면에 일치한 상태에서 낚싯대를 앞으로 밀었을 때 수면으로 드러난 찌톱에 아무런 변화가 나타나지 않으면 제대로 수심을 맞춘 것이다. 찌맞춤한 7눈금을 수면에 내놓고 낚시를 시작한다.

낚시방법

떡밥은 바닥(올림)낚시에서 쓰던 것을 그대로 사용하면 된다. 그런데 떡밥을 달려고 보니 바닥낚시와 다른 것이 있다. 한 바늘 목줄은 길고 한 바늘 목줄은 짧은, 목줄 길이가 차이가 난다. 그 이유는 이 낚시기법의 출발이 떡붕어 전층낚시이고 또 전층낚시의 바닥층낚시에서 내림낚시가 출발했기 때문이다.

떡붕어 전층낚시는 쌍바늘채비에서 목줄 하나는 길게, 목줄 하나는 짧게

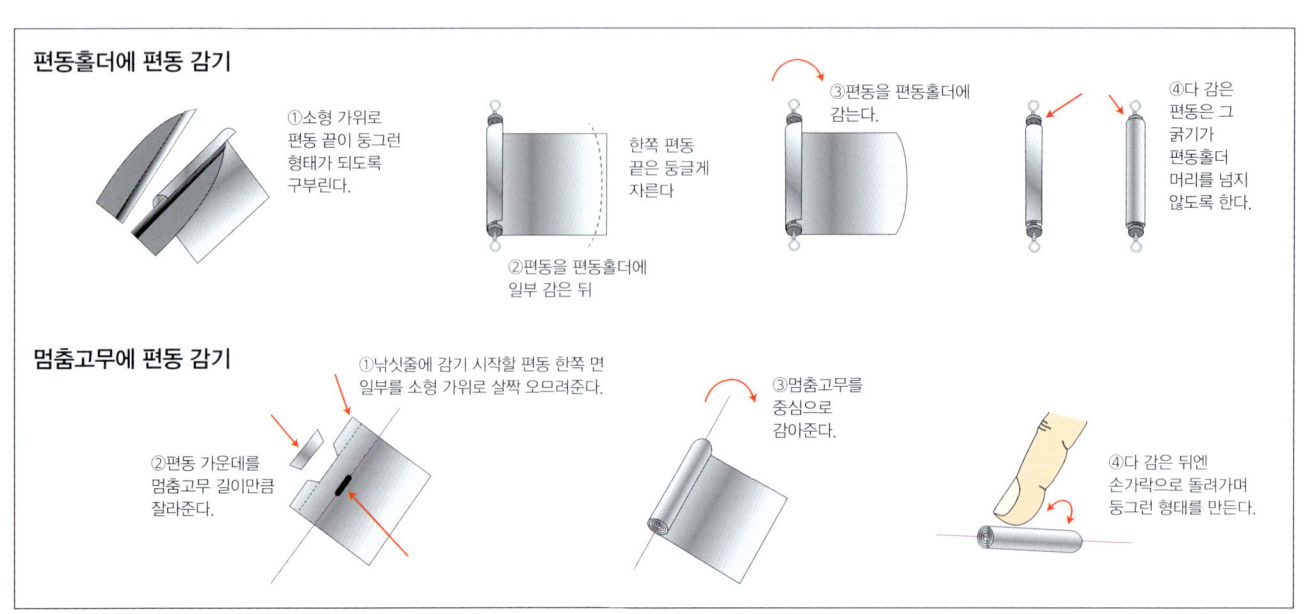

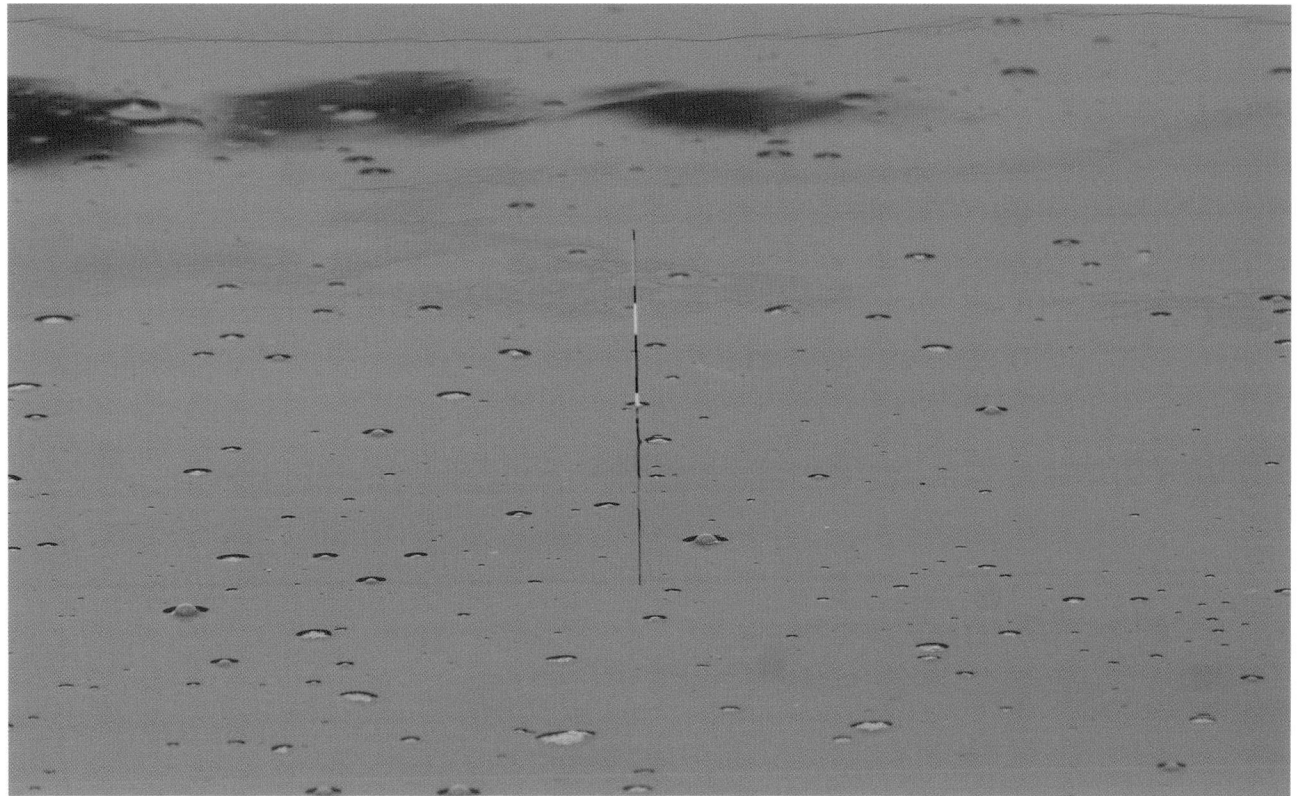
수면의 내림찌

매는데 이 목줄 간격을 이것을 '단차(段差)'라고 부른다. 떡붕어 전층낚시에서 봉돌을 띄워 중층에서 떡붕어를 노릴 때 윗바늘엔 집어떡밥을 달아 흘러내리게 하고 아랫바늘에 먹이떡밥을 달아 입질을 유도하는데, 내림낚시에서도 마찬가지로 짧은 목줄의 바늘엔 집어떡밥, 긴 목줄의 바늘엔 먹이떡밥을 달면 되겠다.

떡밥을 달고 채비를 던지면 떡밥의 무게로 인해 바닥에 안착된 상태에서 찌는 수면에서 안 보이거나 찌맞춤 눈금(7눈금) 아래로 가라앉은 상태가 된다. 떡밥이 풀리면 찌는 서서히 솟아오르게 되어 있는데, 찌맞춤한 7눈금까지 솟아오르기 전이나 7눈금을 유지하고 있는 상태에서 입질이 들어온다.

붕어가 떡밥 주변을 배회하거나 떡밥 입자를 주워 먹는 등 채비에 영향을 미치면 이 과정이 찌에 나타나는데 이 과정에선 낚싯대를 손에 쥐고 챔질할 준비만을 한 채 찌를 계속 주시하고 있어야 한다.

주요 테크닉은 슬로프(slope) 즉, 목줄 경사도의 조정이다. 채비의 감도를 조정하는 과정으로, 감도가 낮다고 판단되면 목줄을 세우고 감도가 높다고 판단되면 눕힌다. 가령, 찌톱 11눈금 중 7눈금에 찌맞춤을 하고 수면에 7눈금이 나오게 수심맞추기를 했는데 찌에 반응이 없거나 건드림만 약하게 나타난다면 채비의 감도가 둔한 것이다. 이때는 찌를 바늘 채비 쪽으로 1~2눈금 정도 내린다. 찌맞춤한 7눈금보다 더 물속에 잠긴 찌톱 부위는 부력으로 작용하기 때문에 목줄이 좀 더 수직에 가깝게 서게 된다.

반대로 떡밥이 풀리는 과정에서 잦은 건드림이 나타나서 정작 입질을 분간하지 못할 때엔 채비의 감도가 너무 높은 상태인 것이다. 이때는 찌를 초릿대 쪽으로 1~2눈금 올린다. 이렇게 하면 찌톱은 찌맞춤한 7눈금보다 1~2눈금 수면 밖으로 나오게 되는데 수면으로 드러난 찌톱 눈금이 무게로 작용해 목줄이 눕게 된다.

본신은 절도 있게 탁 끊어서 내려가는 식으로 나타난다. 이게 입질이구나 하고 알 정도로 명확하게 나타나므로 이때 챔질해야 한다.

바닥낚시 VS 내림낚시

바닥낚시 채비에는 안 나타나는 입질이 내림낚시에는 나타나는 일이 많다. 왜일까? 채비 구성과 조합에서 내림낚시 채비가 바닥낚시 채비보다 더 섬세하고 예민하기 때문이다.

내림낚시 채비는 원줄이나 목줄에 있어 바닥낚시 채비보다 절반 가까이 가는 것을 쓴다. 이 말은 곧 바닥채비를 썼을 때 찌를 반 마디 올린다면 내림낚시 채비에는 한 마디 이상 찌를 올린다(실제로는 내림 입질로 나타나지만)는 얘기가 된다.

또 다른 이유는 챔질타이밍 차이를 꼽을 수 있다. 바닥낚시는 떡밥을 입에 넣은 붕어가 고개를 치켜들거나 약간 떠오를 때 발생하는 찌올림으로 챔질 타이밍을 잡는 반면 내림낚시나 전층낚시는 떡밥을 입에 문 붕어가 약간이라도 고개를 돌릴 때 나타나는 순간적인 찌내림 동작에 챔질하므로 바닥낚시보다 훨씬 빠르고 정확한 챔질이 가능하다.

전층낚시용 잔교에서 떡붕어를 끌어내고 있는 낚시인. 사진은 아산 냉정낚시터.

내림낚시 2
최강 테크닉 세미단차낚시

양식붕어나 떡붕어를 노릴 때 활용하는 내림낚시는 두바늘채비를 쓴다. 그때 집어떡밥이 달리는 윗목줄과 먹이떡밥이 달리는 아랫목줄의 길이를 상황에 맞게 잘 조절하면 더 좋은 조과로 이어진다. 윗목줄과 아랫목줄의 길이 차이가 많이 날수록 '단차가 크다'고 표현한다.

일반 내림낚시는 단차가 작고, 일명 슬로프낚시는 단차가 크다(단차를 크게 준 떡붕어 전층낚시의 바닥낚시 형태를 슬로프낚시라고 부른다). 두 낚시 패턴의 혼합형으로, 단차가 작지도 크지도 않은 채비를 활용하면 효과를 볼 수 있다. 두 기법의 '절반'이라는 개념에서 '세미(semi)단차낚시'라고 불린다.

세미단차낚시는 속공 능력은 떨어지지만 예민성만큼은 최고여서 겨울철 저수온기 하우스낚시터 또는 유료낚시터에서 위력을 발휘하고 있다.

목줄 단차에 따른 내림낚시의 3가지 형태

■내림낚시
두 목줄 간 단차를 2~6cm로 주고 두 바늘 모두 바닥에 닿게 만든다. 계절, 장소, 어종에 관계없이 가장 보편적으로 활용되는 형태다.

■단차슬로프낚시
윗 목줄은 5~15cm, 아랫 목줄은 50~70cm, 즉 두 목줄 간 단차를 30~50cm로 크게 주어 긴 목줄의 바늘(먹이떡밥)은 바닥에 닿고 짧은 목줄의 바늘(집어떡밥)은 중층에 띄우는 형태다. 이 형태는 미끼의 위쪽에서 집어떡밥이 부슬부슬 내려오기 때문에 수직적 집어의 장점이 있다. 저수온기 떡붕어 중층낚시에 많이 사용하는 기법이다.

■세미단차낚시
단차를 내림낚시와 슬로프낚시의 중간 수준인 7~15cm를 준다. 집어떡밥이 완전히 풀리기 전까지는 윗바늘이 바닥에 닿아 있어 일반 내림낚시 때와 비슷하지만, 집어제가 풀리면 윗바늘이 뜨므로 단차 슬로프낚시와 비슷한 채비가 된다.

목줄 단차를 내림낚시와 슬로프낚시와 중간 수준으로 유지

위의 세 형태 중 단차슬로프낚시는 주로 튜브톱 전층찌를 주로 사용하는 '떡붕어 전층낚시' 기법이기 때문에 유료낚시터에서는 내림낚시와 세미단차낚시가 더 적합한 기법이라고 할 수 있다.

특히 세미단차낚시는 윗바늘에도 미끼를 달아 쓸 때가 많은 일반 내림낚시와 달리 윗바늘엔 거의 집어떡밥을 달아 쓰는데, 떡붕어보다도 집어떡밥에 더 적극적으로 반응하는 붕어를 노리는 데 적합하다. 아울러 윗바늘은 바닥에서 뜨고 아랫바늘만 바닥에 닿게 돼 예민한 외바늘 효과를 동시에 노릴 수 있어 입질이 예민한 저수온기에는 그 효과가 대단하다. 하지만 활성이 좋을 때는 그냥 일반 내림낚시를 하는 게 훨씬 유리하다. 외바늘 효과가 강력하기는 하지만 일단 무거운 집어떡밥이 완전히 풀어질 때까지 기다려야 되는 단점이 있기 때문이다.

세미단차낚시. 7~15cm 단차를 준 상태에서 윗목줄엔 집어떡밥, 아랫목줄엔 낚시미끼용 우동을 달았다.

채비와 소품

■ 원줄-봄부터 가을까지 초심자는 0.8~1호, 경력자는 0.6~0.8호. 한겨울 저수온기에는 초심자는 0.8호, 경험자는 0.5~0.6호를 사용.

■ 목줄-원줄의 1/2 호수를 기준으로 한다. 즉 0.8호 원줄이라면 목줄은 0.4호를 사용.

■ 바늘-고수온기에는 무미늘 바늘 중 낚시인들 사이에서 가장 인지도가 높은 오너사의 '바라사' 기준 5호나 6호. 저수온기에는 3호나 4호를 쓴다.

■ 단차-긴 목줄 40cm를 기준으로 7~15cm에서 단차를 결정한다.

■ 찌-세미 단차낚시는 집어떡밥이 풀리면 찌가 빨리 복원되어야(솟구쳐야) 하므로 가는 튜브톱 내림찌를 주로 사용한다. 솔리드톱이 달린 내림찌를 쓴다면 일반적인 내림낚시 때보다 부력이 1호수 높은 찌를 사용하는데, 13척 이하는 2.5~3푼 찌, 14척 이상은 3~3.5푼 부력의 찌가 적당하다.

찌맞춤과 수심 측정하기

세미단차낚시를 할 때는 집어떡밥이 풀린 윗바늘이 잘 떠오를 수 있도록 내림낚시 때보다 잔존부력을 세게 맞춰 쓰는 낚시인도 있지만, 자체 부력이 센 찌를 사용해 내림낚시 때와 동일하게 찌맞춤하는 것이 편하다.

예를 들어 총 9눈금인 가는 튜브톱 내림찌는 6눈금 노출로, 총 11~13눈금인 솔리드톱 내림찌는 7눈금 노출로 찌맞춤을 한다(미끼를 달지 않고 채비만 달아 수중에 띄워 1차 찌맞춤할 때).

1차 찌맞춤이 끝났으면 이제 정확한 수심 측정을 한다. 두 바늘이 항상 바닥에 닿는 내림낚시는 보통 윗바늘을 기준으로 수심을 재므로 수심 측정고무에 두 바늘을 모두(윗바늘만 꽂아도 되지만 그냥 던지면 나머지 긴 목줄이 채비에 엉킬 수 있어 함께 꽂는다) 꽂고, 단차 슬로프낚시는 윗바늘은 높이 띄우고 아랫바늘만 닿게 만드므로 수심 측정고무에 아랫바늘만 꽂는다.

세미단차낚시는 둘의 중간 정도이므로 어느 바늘을 기준해 수심을 측정해도 집어떡밥과 먹이떡밥 위치를 대충 감을 잡을 수는 있다. 그러나 집어떡밥이 달린 바늘을 나중에 띄우는 게 우선 목표인 만큼 윗바늘을 수심 측정고무에 끼워 수심을 재는 방법이 편하다.

그리고 찌톱 높이는 수면 위로 찌톱 상단이 1눈금만 나오게끔 조절한 뒤 수심측정용 고무는 내림낚시와 마찬가지로 찌톱 상단 1눈금과 2눈금의 경계선에 일치시키면 된다(과거엔 찌톱을 수면에 일치시켰으나 최근엔 1눈금 정도를 내놓고 맞추는 추세다).

목줄 경사(슬로프) 주기

내림낚시 때는 수심을 표시한 눈표 위로 찌를 올려 일반적인 맞춤눈금(7눈금) 또는 여유 있게 9눈금에 눈표를 일치시켜 낚시를 시작한다. 이처럼 찌톱을 많이 노출시키는 이유는 떡밥을 달아 던지면 무게와 사선입수로 인한 착지오차로 2~3눈금은 더 가라앉기 때문이다.

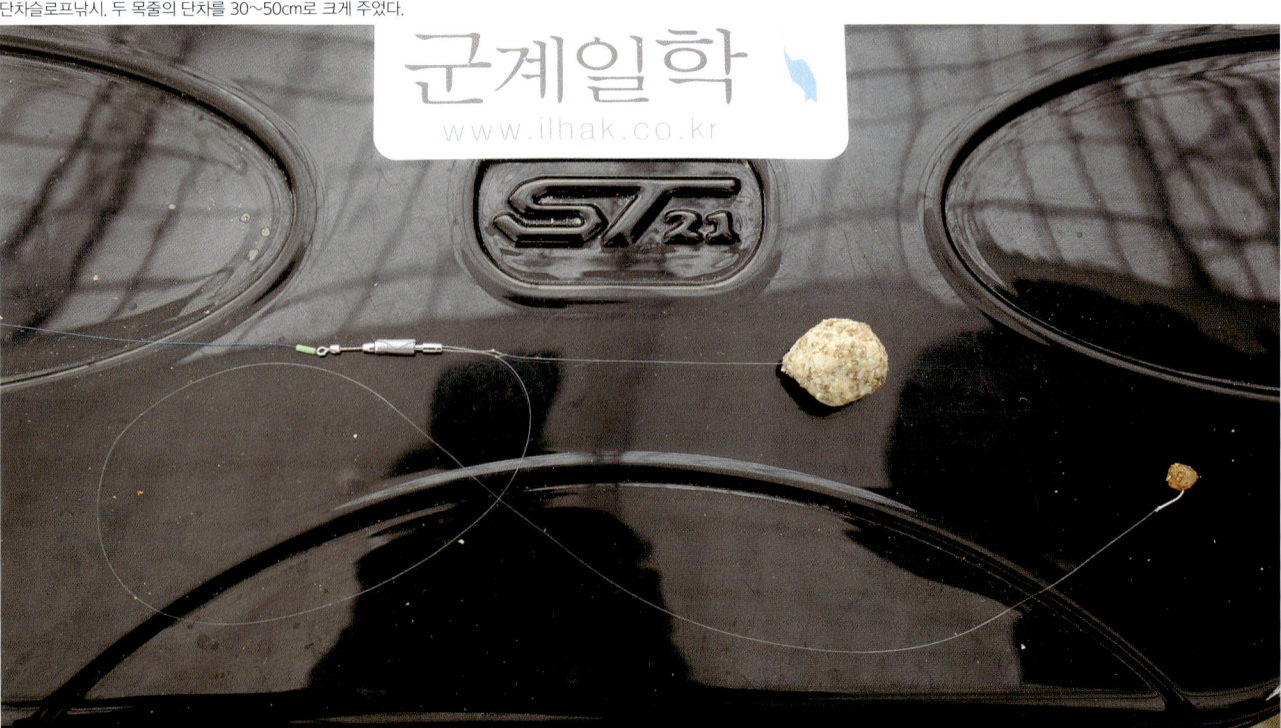

단차슬로프낚시. 두 목줄의 단차를 30~50cm로 크게 주었다.

겨울 하우스낚시터. 붕어 활성도가 극도로 약해 입질 감도가 높은 세미단차낚시를 활용하면 효과를 볼 수 있다.

반면 세미단차낚시는 찌맞춤 눈금(7눈금이나 9눈금)으로 이동시키지 않고 수심 측정 때의 높이 즉, 1눈금 노출 상태에서 바로 미끼를 달아 낚시를 시작하는 게 차이점이다.

이 상태로 투척하면 먹이떡밥이 달린 긴 목줄은 약간 눕고 짧은 목줄에 달린 집어떡밥은 바닥에 살짝 닿은 상태가 된다. 그리고 집어떡밥이 풀리면 찌가 상승하면서 자연스럽게 짧은 목줄에 달린 윗바늘은 떠오르고 긴 목줄에 달린 아랫바늘만 바닥에 닿아있게 된다. 이렇게 되면 일종의 예민한 외바늘 효과를 볼 수 있다.

하지만 이 경우에도 집어떡밥이 무겁거나 채비가 사선 입수가 되면 찌톱이 물속에 잠겨버릴 수도 있다. 그래서 이 기법을 처음 접하는 낚시인은, 찌가 가라앉을 것에 대비해 안전하게 애초 수심 측정 때 2눈금을 더 올려서, 즉 3눈금을 수심측정용 고무에 일치시킨 상태에서 낚시를 시작하는 게 좋다.

이 상태(7눈금 찌맞춤에 3눈금을 수심측정용 고무에 일치시킨 상태)에서 윗바늘에 집어떡밥, 아랫바늘에 먹이떡밥을 달아 던지면 대체로 2~3눈금이 수면에 노출되고(풀스윙을 하면 채비가 사선을 그리며 가라앉아 찌톱이 모두 잠길 위험이 있지만 착수 지점에서 살짝 끊어 수직입수시키면 많이 잠기지 않는다), 약 30초 뒤엔 윗바늘에 단 집어떡밥이 풀리면서 5~6눈금까지도 복원된다. 이 상태에서 한두 번 정도 고패질을 해주면 7눈금(찌맞춤눈금)까지 복원이 된다.

참고로 헛챔질이 많이 나올 때는 찌를 좀 더 올려 붕어가 흡입하기 편하도록 목줄을 더 눕혀주고(슬로프를 더 주고), 몸통 걸림이 많은 경우에는 찌를 내려서 목줄을 팽팽하게(슬로프를 적게 주고) 만들어 주는 게 기본 요령이다. 그러므로 일반적 상황에서는 기본 맞춤눈금을 기준으로 낚시를 시작하되, 상황에 따라 목줄 경사를 적절히 조절하면서 '붕어가 흡입하기 편하면서도 목줄이 휘어지지 않아 입질 사각지대가 가장 적은 '기울기'를 찾아가는 노력이 필요하다.

챔질타이밍 잡기

챔질타이밍은 찌톱이 내려가는 도중 또는 먹이떡밥 안착 직후 찌톱이 채 복원되지 않은 2~3눈금 상태에서도 강한 내림 입질이 들어올 때는 채야 한다. 그러나 찌의 잔존부력이 셀 경우에는 입질이 약하게 전달될 때가 많고, 그래서 헛챔질을 자주 하다 보면 미처 풀리지 않은 집어떡밥이 위쪽으로 끌려왔다 풀어지기 때문에 자칫 붕어들을 띄울 수도 있다.

그래서 세미단차낚시에서는 가급적 4눈금 이상 복원된 상태(집어떡밥이 완전히 풀려 윗바늘이 떠오른 상태)에서 1눈금 정도가 '절도 있게' 떨어지는 입질에 챔질하는 것이 가장 좋은데 그 이전에 들어오는 입질은 대부분 집어떡밥을 건드는 과정이기 때문에 '혹시 먹이떡밥을 먼저 건드린 것은 아닐까' 하는 걱정은 접어둬도 된다. 먹성이 좋을 때엔 덩어리가 큰 집어떡밥 먼저 게걸스럽게 달려들었다가 더 이상 먹을 것이 없을 때에 비로소 먹이떡밥에 달려들기 때문이다.

6눈금까지 복원된 상태에서도 입질이 없을 때는 한 번 정도 낚싯대를 들어 뒤로 당겨 고패질을 해주고(유인동작이면서 목줄 경사에도 변화를 주는 동작), 고패질 후 30초 내에 입질이 없을 때는 다시 채비를 회수해 투척하는 3분 단위 템포를 유지하는 게 유리하다.

입질용 미끼는 글루텐, 어분콩알, 토로로, 역옥, 우동류 미끼가 사용된다. 집어떡밥은 어분떡밥과 보리떡밥을 1:1 또는 2:1(겨울철) 비율로 반죽해 빨리 풀리게 달아준다. 손맛터에서 확산성 집어제(바라케)를 사용하면 한 번 떠오른 향붕어가 가라앉지 않으므로 가급적 쓰지 않는 게 좋다.

떡붕어 중층, 제등낚시
수심 깊은 잔교에서 즐기는 손맛 화끈

떡붕어는 1970년 식용을 목적으로 우리나라에 도입됐고 지금은 전국 대부분 수계에 퍼져 있다. 떡붕어는 식물성 플랑크톤을 주 먹이로 삼으며 수온과 용존산소량에 민감하다. 적정 수온은 18~25도다. 용존산소량은 수중식물과 식물성 플랑크톤의 광합성에 의해 좌우되는데 해가 많이 날수록 산소량이 풍부해진다. 그래서 떡붕어낚시는 흐린 날보다 맑은 날 잘 되고, 아침보다 햇빛이 어느 정도 퍼지는 오후에 잘 된다.

여름이 최고 호황기

떡붕어는 수온과 용존산소량에 따라 전 수심층을 오가고 낚시 역시 전 수심층을 노릴 수 있어야 한다. 그래서 '전층(全層)'낚시라고 부르는 것이다. 떡붕어가 머무는 수심층에 따라 상층, 중층, 바닥층낚시로 낚시방법이 나뉘며 일정한 수심층을 노리는 제등낚시를 두고 찌맛과 손맛을 모두 만끽할 수 있는 최고의 낚시방법으로 인정한다. 이 책에서는 떡붕어가 가장 잘 낚이는 늦봄부터 초가을까지 성행하는 상층낚시와 제등낚시만을 배워보기로 한다. 떡붕어가 잘 낚이는 유료낚시터는 상층낚시와 제등낚시를 구사할 수 있도록 낚시시설을 갖춰 놓고 있다. 잔교나 넓은 면적의 수상좌대가 그런 곳으로, 여기서 낚시를 하면 되겠다.

떡붕어 전층낚시의 최고 호황기는 여름이다. 높은 수온 덕에 활성도가 높다. 장마 등 우기가 끝나고 무더위가 시작되는 8월엔 수온이 높은 상층에 떡붕어가 머무는 경우가 많으며 마릿수 호황이 이어지는 경우도 빈번하다.

가을은 일교차가 심해지면서, 온도가 빨리 내려가는 상층과 상대적으로 따뜻한 수온을 유지하는 하층의 물이 서로 뒤바뀌어 대류가 일어나는 시기다. 떡붕어는 조금이라도 변화가 적은 수온층을 찾기 위해 수시로 다양한 수심층을 오가게 되는데 떡붕어가 머무는 유영층을 어떻게 빨리 찾느냐가 조황의 관건이 된다.

장비와 채비

처음부터 떡붕어낚시 전용의 비싼 낚싯대를 구입할 필요는 없다. 일반 붕어낚싯대를 써도 상관없다. 다만 낚시장소가 잔교이므로 낚싯대와 받침대를 설치할 수 있는 바이스(클램프) 같은 소품을 장만해야 한다. 이곳에서는 의자보다는 바닥에 깔고 앉는 방석을 주로 사용한다. 주저앉아서 낚시하는 게 처음엔 어색하지만 익숙해지면 눈높이와 수면이 가까워 찌를 보기 훨씬 더 편하다는 걸 알 수 있다

채비 중 찌는 붕어낚시를 했던 낚시인들이 가장 선택하기 어려워하는 소품이다. 미끼를 쪼아 먹다 흡입하는 떡붕어의 약한 입질 과정을 파악하기 위해선 고부력찌보다 저부력찌가 알맞다. 떡붕어낚시용 찌는 보통 1호부터 7호까지 세트로 판매한다. 호수가 높을수록 부력이 많이 나가는데 이 중 가장 많이 사용하는 호수는 2호와 3호다.

찌는 다시 바닥층낚시용, 제등낚시용, 중상층낚시용으로 나뉘는데 제등낚시를 포함한 중상층낚시용 찌는 2, 3호를 장만하면 되겠다.

떡붕어낚시는 매우 가벼운 채비와 섬세한 찌맞춤이 필요하므로 낚싯줄의 굵기나 소재가 찌맞춤이나 입질에 영향을 줄 수 있다. 물에 가라앉는 카본사 대신 비중이 가벼운 나일론사를 쓰고 원줄은 1.2~0.8, 목줄은 0.4~0.6호 정도로 가늘게 쓴다. 원줄의 1/2 굵기를 목줄로 사용한다고

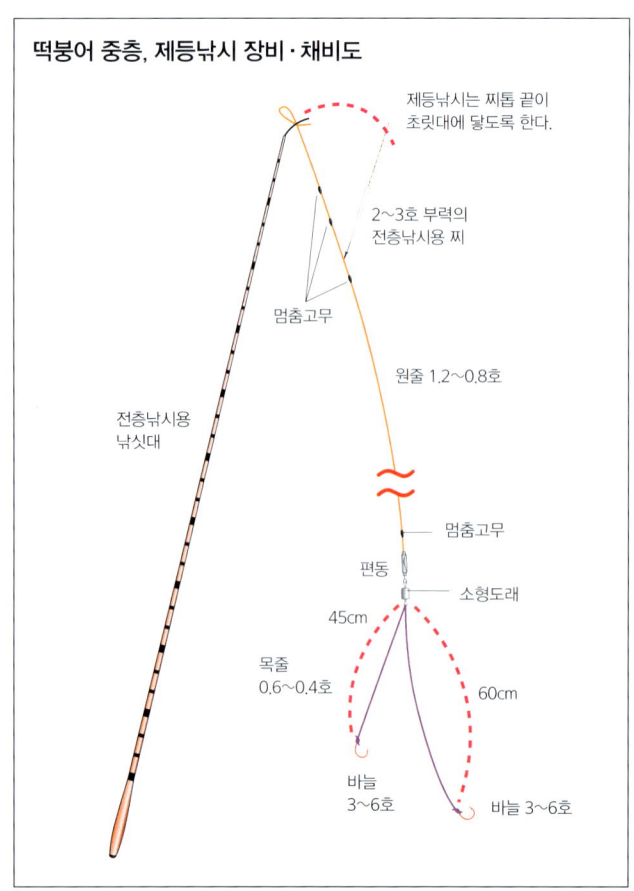

제등낚시로 낚은 굵은 씨알의 떡붕어를 들어 보이고 있는 청주 팔도낚시 대표이자 마루큐 필드스탭 김재욱 씨.

떡붕어낚시용 잔교가 놓인 유료낚시터. 사진은 안성 두메낚시터.

떡붕어낚시용 떡밥 반죽. 양콩알용 떡밥을 반죽하고 있다.

떡붕어 전층낚시용 장비들

다양한 떡붕어낚시용 떡밥들. 사진은 마루큐 떡밥 제품들이다.

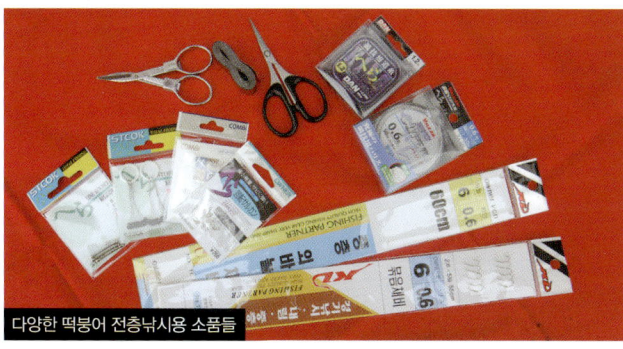
다양한 떡붕어 전층낚시용 소품들

뜰채에 담기고 있는 떡붕어.

제등낚시의 강력한 입질! 우리나라를 찾은 일본 떡붕어낚시 명인 고야마 게이조 씨가 떡붕어를 걸었다.

보면 맞다.
떡붕어용 바늘은 메이커에 따라 종류가 다양하지만 3~6호를 주로 사용하고 7호는 넘지않는 게 보통이다. 떡붕어 전용 유료터는 대부분 낚은 고기를 방류하도록 되어 있다. 놓아주기 편한 미늘이 없는 무미늘바늘을 사용한다.
그밖에 필요한 소품으로 편동과 편동홀더, 찌고무, 유동찌고무, 편동절개용 가위, 수심측정용 고무 등이 있다.

떡밥 배합 요령

떡붕어용 떡밥의 종류는 실로 다양하지만 아래 몇 가지만 있어도 낚시를 하는 데 지장은 없다. 3~4가지 떡밥에 자신이 붙으면 다른 떡밥으로 점차 사용 범위를 넓혀나간다.

■ 글루텐떡밥
미끼용으로 개발된 떡밥으로서 물속에 들어가면 부풀어 올라 바늘에 오래 남아 있다. 글루텐떡밥은 감자가루나 곡물류를 주성분으로 물에 잘 녹지 않는 글루텐 섬유질을 첨가해 만들었다. 가장 알려진 제품은 마루큐 글루텐5이며 글루텐3, 이모글루텐, 노즈리글루텐 등이 있다.

■ 감자 계열 떡밥
매시드포테이토, 즉 으깬 감자를 재료로 만든 떡밥이다. 감자 계열 떡밥은 비중이 가벼우면서도 확산성이 강해 집어떡밥으로 많이 사용한다. 요즘은 몇 가지 성분을 섞어 미끼와 집어 겸용으로 쓸 수 있도록 단품 떡밥이 인기다. 마루큐 맛슈당고 등이 있다.

■ 집어떡밥
'후' 또는 '부' 떡밥이라 부르는 떡밥이다. 후(麩, 한자로는 밀기울 부로 후는 일본식 발음)는 밀기울 추출물을 말한다. 대부분의 떡붕어용 떡밥에 첨가되어 있는 성분으로 확산성이 강해 떡붕어 집어 기능이 뛰어나다. 번데기 가루, 감자, 곡물류 등의 배합 성분에 따라 여러 종류의 떡밥이 있다. 집어뿐만 아니라 콩알 크기로 떼어내 양 바늘에 다는 양콩알낚시로도 활용할 수 있는 전천후 제품을 많이 쓴다. 마루큐 GTS 등이 콩알낚시용 전천후 떡밥이다.

떡밥 배합 방법

제품마다 조금씩 차이가 있겠지만 먹이떡밥인 글루텐떡밥, 감자 계열 떡밥, 후떡밥의 물 배합비율은 일정한 편이다. 글루텐떡밥은 1:1, 후떡밥은 6:1, 감자 계열 떡밥은 2:1 비율이라고 보면 대충 맞다. 떡밥에 물을 부은 뒤엔 어느 정도 물이 스며들기를 기다려야 한다. 글루텐떡밥과 감자 계열 떡밥은 3분 정도, 후떡밥은 이보다 긴 5분 정도를 기다려줘야 한다. 물의 배합 비율은 떡밥의 총량을 계산해서 맞춘다. 즉 물 3컵에 글루텐 1컵+후 6컵+감자 2컵을 부으면 되는 것이다.
떡밥을 기준으로 해서 활용하고 있는 기법은 대략 세 가지다. 윗바늘에 집어떡밥을 달고 아랫바늘에 먹이떡밥을 다는 세트낚시와, 양바늘에 집어 겸 먹이떡밥을 다는 양콩알낚시, 그리고 양바늘에 먹이떡밥인 글루텐떡밥을 다는 양글루텐낚시다. 집어떡밥은 후떡밥과 감자떡밥을 혼합해서 사용한다.

떡붕어는 어느 수심층에 있을까?

떡붕어가 어느 수심층에 있는지 어떻게 알고 낚시를 할까? 방법은 쉽다. 주변 낚시인들의 조황을 물어보고 공략 수심층을 정하는 경우가 많으므로 선택에 있어 어려울 것은 없다. 가령 A저수지에서 떡붕어가 잘 낚인다는 조황 소식을 들었다면 주변 낚시점주 또는 조황을 전해준 낚시인을 통해 "3m 수심인데 1m 수심층에서 입질을 봤고 1.5m 수심부터 입질층을 체크했다" "목줄은 단차를 40/50cm를 줬는데 아랫바늘엔 글루텐, 윗바늘엔 감자떡밥을 썼다" "입질이 약해서 글루텐 크기를 줄였더니 입질이 금방 살아나더라"는 정보를 알고 간다면 훨씬 쉽고 편하게 낚시할 수 있다.
떡밥 활용 기법은 어려워 보여도 다음 두 가지를 벗어나지 않는다. 낚시 초반엔 집어를 해야 하므로 집어떡밥과 먹이떡밥을 함께 다는 '세트낚시'로 시작해서 떡붕어 입질이 붙었다면 모두 먹이떡밥만 다는 '양콩알낚시' 혹은 '양글루텐낚시'로 전환하는 게 기본 운용법이다.
여기서 주의할 점은 '리듬'이다. 음악도 아닌 낚시에 웬 리듬이냐 할지도 모르지만 떡붕어는 떡밥이 지속적으로 들어가지 않으면 흥미를 잃고 주변의 다른 떡밥 쪽으로 가기 쉽다. 그래서 떡밥을 회수하고 던지는 템포를 빠르게 했는데 입질이 없으면 느리게 하고, 또 느리게 했는데 반응

찌맞춤 요령

찌만 달고 찌맞춤한 뒤 바늘채비를 달아 마무리한다. 떡붕어 전층낚시용 찌의 찌톱은 대개 11눈금으로 이루어져 있다. 바늘채비를 달지 않은 상태에서 채비를 던져, 튜브톱 재질 찌톱은 11눈금 중 7눈금, 솔리드톱 재질 찌톱은 11눈금 중 9눈금이 수면과 일치하도록 편동을 가감해 조정한다. 이후 바늘채비를 달고 채비를 던져 찌톱 7눈금(튜브톱) 또는 9눈금(솔리드톱)에 수면이 일치하도록 찌맞춤한다.

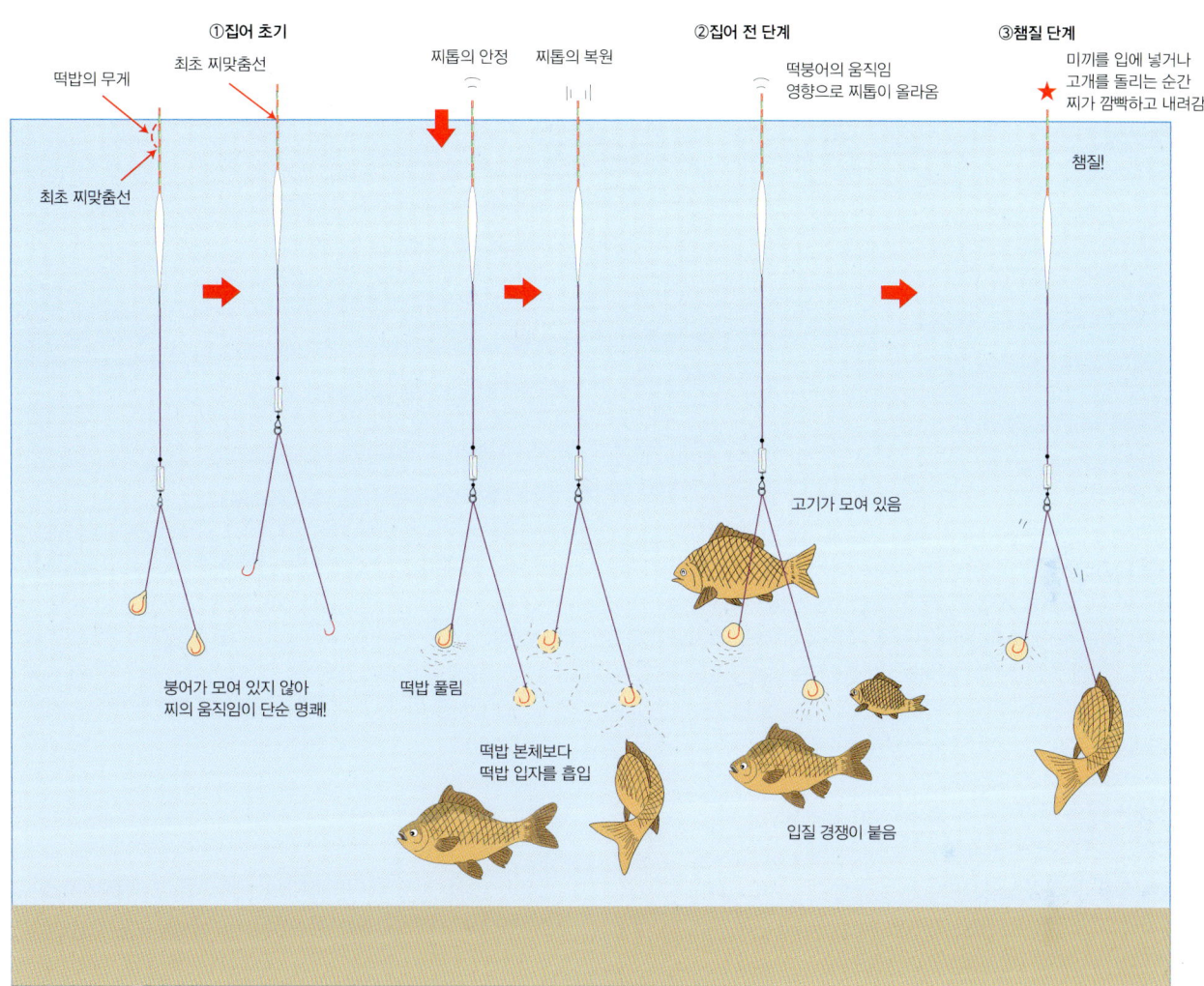

이 없으면 빠르게 하되 일정 템포를 유지하면서 투척할 수 있도록 노력하다 보면 어느새 찌에 반응이 나타나기 시작한다.

찌의 움직임을 보고 대처할 수 있어야

찌에 반응이 나타나고 입질이 들어오는 움직임은 대개 비슷한 패턴을 갖는다. 떡밥을 단 채 투척한 채비는 떡밥 무게 때문에 찌톱이 수면 아래로 가라앉는다. 이때 찌맞춤한 찌톱 눈금을 기억하자. 떡밥을 단 채비는 떡밥의 무게로 인해 처음엔 찌톱이 거의 물속에 잠겼다가 떡밥이 풀리면서 서서히 솟아오르다 찌맞춤한 눈금에서 멈춘다. 이렇게 떡밥의 무게 때문에 찌톱이 가라앉는 과정을 '찌톱의 안정' 또는 '목내림'이라 부르고, 떡밥이 풀리면서 찌톱이 솟는 과정을 '찌톱의 복원'이라고 부른다.

떡붕어가 떡밥 주변에 모였다면 찌톱이 복원되는 과정 중 찌톱에 살짝 움직임이 나타나고 한 눈금 혹은 두 눈금이 강하게 '쏙' 내려간다. 이때 챔질을 해야 한다. 챔질할 때는 낚싯대를 앞으로 밀면서 강하게 들어 올리거나 손목을 살짝 옆으로 꺾는다.

중층 수심부터 30cm씩 얕은 수심 탐색

중층낚시와 제등낚시는 바닥층을 벗어나 중층부터 상층 수심을 노리는 낚시다. 늦봄부터 가을까지 붕어의 활성도가 높을 때 시도하며 집어만 제대로 되면 시원한 입질을 볼 수 있다. 깊은 수심층부터 점차 얕은 수심층으로 채비를 띄워가며 낚시하는 게 순서인데 30cm씩 상층을 탐색한다.

중층낚시의 주요 테크닉은 목줄 길이와 떡밥의 조정이다. 입질이 짧게 들어오는데 헛챔질이 많다면 목줄 길이를 늘이고 먹이떡밥은 부드럽게 조정한다. 반면 찌놀림에 건드림이 너무 많이 나타나고 몸통 걸림도 많이 발생한다면 떡밥 주변에 고기가 많다는 증거다. 목줄 길이를 줄이고 양바늘에 글루텐만 달거나 떡밥을 작고 단단하게 쓴다.

제등낚시는 초릿대 가까이 찌를 올려 낚시하는 방법이다. 낚시하는 모습이 등을 들고 있는 것과 비슷하다고 해서 '제등(提燈)'낚시란 이름이 붙었다. 찌를 초릿대 가까이 올리는 만큼 낚싯대 길이가 곧 낚시하는 수심이라고 할 수 있다.

| PART 4 | 낚시방법 6

경기낚시의 세계
공정한 규정 아래 기량을 겨룬다

경기낚시는 유료터낚시를 즐기는 또 다른 방법이다. 축구나 야구를 하듯 경기 규정을 정하고 낚시를 해서 그 결과로 순위를 가리는 것이다. 경기낚시는 즐기는 낚시와는 또 다른 매력이 있다. 타인과의 승부 속에서 목이 바짝바짝 타들어가는 긴장감, 짧은 시간 동안 같은 동작을 반복하게 됨에 따라 수반되는 체력 저하, 꼭 낚아야 한다는 스트레스 등이 낚시인을 괴롭히지만, 기록을 통해 자신의 기량이 좀 더 발전했음을 확인하는 순간 모든 어려움은 한 방에 날아간다. 또 최상위 클래스라 할 수 있는 입상 단상에 올랐을 때의 카타르시스는 큰 물고기를 잡는 것과는 다른 희열을 안겨준다.

유료낚시터는 경기낚시를 치르는 경기장으로 활용되어 왔다. 우리나라 경기낚시 역사는 20년이 넘는다. 2023 PFC 판야컵 낚시대회 운영규정을 통해 치열한 경기낚시의 세계를 살펴보도록 하자.

2023 PFC 판야컵 낚시대회 운영규정

■장비
- 개인의자 사용불가/경기장에 세팅된 장비만 허용
- 세팅장비: 선수용 의자 1, 받침틀 1, 받침대 1, 물컵 1, 선반 1, 뜰채 거치대 1, 떡밥그릇 세트
※ 필수지참: 낚시가방 1대. 낚싯대 1~2대, 채비 1~3개, 찌 1~2개, 뜰채 1대, 허용된 채비소품

영예의 단상! 사진은 공주 자연농원경기장에서 열린 2023 PFC 판야컵 낚시대회.

■준비물
- 채비 소품: 원줄, 목줄 바늘, 스냅링, 오링, 가위, 찌고무, 계량컵, 라이터 (매듭 필요 시)
- 대회장 입장 시 2~5단 낚시가방 1개만 휴대 가능(낚시가방에 수납할 수 있는 채비함)

■낚싯대
※ 낚싯대는 총 2대까지 허용(기본 낚싯대 1대 + 예비 낚싯대 1대)
- 2.9칸 대만 허용(지정 칸 수 외 사용금지/초릿대 개조분에 의한 장절은 제외 대상)

■채비
※총 3개까지 허용(기본 채비 1개 + 예비 채비 2개)
- 원봉돌 : 최종 봉돌에서 목줄 10cm 이내(최종 봉돌 유동 불가)
- 스위벨 : 기둥줄 25cm 이내, 목줄 최종 봉돌에서 10cm 이내 (최종 봉돌 유동 불가)
- 편대 : 기둥줄 25cm 이내, 목줄 최종 봉돌에서 10cm 이내(최종 봉돌 유동 불가)→반중력 허용 안 됨

■낚싯줄/최종봉돌
- 낚싯줄의 최종 봉돌 범위는 낚싯대 편 길이 기준 0~-25cm
※ 예:2.9칸대 편 길이일 때(5m22cm→5m22cm~4m97cm)

■찌맞춤
※ 찌는 총 2개까지 허용(기본 찌 1개 + 예비 찌 2개)
- 45~75cm 이내의 케미가 부착된 찌(케미고무가 있는 전자찌도 허용)
- 케미 고무가 없는 찌 사용불가, 자립찌 사용 불가
- 마이너스 찌맞춤 불가

■바늘
무미늘 2본 이하(호수 관계 없음)

■미끼
- 경기 당일 경기장에서 지급되는 떡밥만 허용

■ 계측
- 크기 상관없이 붕어, 떡붕어, 잉붕어, 향어, 향붕어, 잉어 6개 어종에 대하여 허용

■ 득점 방식
- 채비 바닥 안착 후 챔질(받아치기, 채비 안착 전 챔질 득점 불허)
- 입안 정흡 확인 후 뜰채 인정

■ 순위 결정
※ 예선(1전~4전)
- 1, 2, 3, 4라운드:45분 경기/15분 휴식(6칸 자리 이동, 포트별 올림 조점제로 결정)
- 합산 기준 동점자 발생 시 결승 진출자→후 라운드 마릿수 기준
- 합산 기준 동점자 발생 시 1, 2, 3 등→ 1.서든 룰(SUDDEN RULE 5분) 2.후 라운드 마릿수 기준
※ 결승전
- 1, 2, 3, 4라운드:45분 경기/15분 휴식(12칸 자리 이동, 전체 올림 조점제로 결정)
- 합산 기준 동점자 발생 시 1, 2, 3 등→ 1.서든 룰(SUDDEN RULE 5분) 2.후 라운드 마릿수 기준

■ 입상 조건
- 5, 6, 7, 9월 각 예선 대회 포트별(1~3등) 총 12명→ 결승 참가 자격 부여

■ 특이사항
- 본인의 장비, 채비, 미끼 외 사용금지
- 대회장 입장 전 신분증 지참 및 본인 확인(스티커 부착으로 개인 정보 가리고 얼굴과 이름만 확인)
- 복장 기준
- 대회 규정 준수 서약서/개인 정보 동의서 자필 서명 확인 필수
- 대회 운영시간(집결시~시상식) 대회장 내 음주 및 흡연 금지

■ 세부 규정
제1조 낚싯대는 1대로 하고, 2.9칸 대만 허용한다(초릿대 개조분에 의한 장절은 제외 대상).
제2조 대상 어종은 붕어, 떡붕어, 잉붕어, 잉어, 향어, 향붕어, 크기 상관없이 채점한다.
제3조 낚싯줄의 길이는 최종 봉돌 기준으로 낚싯대 편 길이의 0cm~-25cm 범위 내로 한다.
제4조 낚싯대 설치는 전방 12시 방향(장애물이 있는 경우 감독관의 승인 후 방향 전환 가능).
제5조 검측 대상 어종 수거 시 반드시 뜰채 사용을 의무화 한다.
제6조 수건으로 싸거나 집게로 집거나 땅바닥에 놓은 붕어는 검측에서 제외한다.
제7조 입안 정흡 확인 후 뜰채에 들어간 고기를 점수로 인정한다.
제8조 경기 중 상대편 채비를 감은 경우(원줄 엉킴) 옆 선수의 이의가 없

경기낚시대회에서 감독관이 참가 선수가 경기 규정에 맞춰 낚시를 하고 있는지 지켜보고 있다.

어도 점수에서 제외한다(이때 상대편 채비를 감아서 경기에 지장을 초래한 본 선수는 실격 및 퇴장 처리된다).
제9조 떡밥은 당일 지급하는 떡밥만 사용 가능하다.
제10조 경기 시작 전 밑밥 투척 및 바늘에 달지 않은 미끼 투척은 금지(1차 경고, 2차 실격).
제11조 선수는 지정된 좌석 외에서는 낚시를 할 수 없다.
제12조 경기 종료와 동시에 낚은 고기는 검측 대상으로 인정한다.
제13조 경기장 입, 퇴장은 전원이 동시에 하며 임의로 경기장을 들어가거나 나갈 수 없다.
제14조 경기 중 타인의 도움을 받을 수 없다(사정상 감독관이 인정한 경우에는 예외).
제15조 낚시의 기법은 원봉돌, 스위벨, 편대채비(반중력채비 제외) 허용하고 훑치기는 금한다(의도적 훑치기는 1차 경고, 2차 실격).
제16조 라운드가 종료 된 후에는 점수를 번복할 수 없다.
제17조 대회 운영 시간(집결시~시상식)중 대회장 내에서 음주 및 흡연은 금한다.
제18조 선수의 복장은 발목까지 기장된 바지(반바지 및 7부 바지 안 됨) 및 반팔 이상 상의(민소매 및 속옷 안 됨)를 착용한다(대회장에서 진행에 지장을 초래하는 복장은 입장 불가 조치될 수 있다).

PART 5
낚시터

1 강원 춘천 강촌낚시터
2 강원 춘천 하늘낚시공원
3 강원 횡성 안흥낚시공원
4 경기 가평 도장골낚시터

9 경기 안성 고삼지
10 경기 안성 덕산낚시터
11 경기 안성 도곡낚시터
12 경기 안성 두메낚시터

17 경기 안성 월향낚시터
18 경기 안성 장광낚시터
19 경기 안성 칠곡낚시터
20 경기 양주 연곡낚시터

경기 안성 칠곡낚시터

수도권과 충청권의 유료낚시터 48곳을 모아 소개한다. 소개하는 낚시터들은 월간 낚시춘추에 2018년부터 2023년까지 본지 필자인 박일, 김병조, 손태성 씨가 기고하고 취재기자들이 취재한 유료낚시터 기사들을 정리한 것으로, 사진상의 낚시터 여건은 현재와 다를 수 있음을 미리 밝히며 독자의 이해를 돕기 위해 각 낚시터마다 기사가 실린 해당 월호를 함께 게재한다. 낚시터 게재는 소재지, 낚시터 명 가나다 순.

25 경기 포천 가산낚시터
26 경기 포천 동교낚시터
27 경기 포천 용담대물낚시터
28 경기 화성 고진낚시터
29 경기 화성 노진낚시터
30 경기 화성 동방낚시터
31 경기 화성 어천낚시터
32 경기 강화 항포낚시터

33 충남 공주 자연농원낚시터
34 충남 당진 안국지
35 충남 당진 전대리지낚시터
36 충남 부여 캠피그라운드
37 충남 서산 덕송낚시터
38 충남 아산 냉정낚시터
39 충남 아산 봉재낚시터
40 충남 아산 영인낚시터

41 충남 아산 죽산낚시터
42 충남 예산 예당지
43 충북 괴산 문광낚시터
44 충북 괴산 신흥낚시터
45 충북 음성 사계지낚시터
46 충북 청주 호암낚시공원
47 충북 충주 모점낚시터
48 충북 충주호

| PART 5 | 낚시터 1

홍천강 자연산 토종붕어 방류
강원 춘천 강촌낚시터

낚시터 기본 정보
- 소재지:강원 춘천시 남면 박암리
- 수면적:2만여 평
- 낚시터 형태/운영 방법:관리형·자연형/잡이터
- 방류·서식 어종:토종붕어, 잉어 등
- 입어료/시설 이용료(2023년 현재):3만원/방갈로 6만~14만원
- 내비 주소:남면 박암리 514
- 문의:010-5092-8686

하류 잔교

홍천강과 맞닿아 있던 작은 둠벙을 낚시터로 만든 곳으로 마을 주민이 낚시터를 관리하고 있다. 주 어종은 토종붕어. 어업권을 갖고 있는 마을 주민이 홍천강에서 잡아들인 붕어가 방류되고 있다.
하류는 잔교를 설치해 양어장 형태로 운영되고 있으며 상류는 자연 그대로의 낚시터를 유지하고 있다. 수심은 1~3m로 낚시하기에 적당하며 하류권은 평일에는 4칸 이하 낚싯대를 5대까지 편성할 수 있고 주말에는 3대까지만 펼 수 있다. 잔교가 없는 상류권은 낚싯대 길이와 편성 대 수에 제한 없다. 붕어의 씨알은 7치부터 4짜급까지이며 월척을 포함한 대물붕어가 종종 낚인다.
주 포인트인 하류 중간중간 붕어가 은신처로 삼을 만한 수초 군락으로, 낮밤 가리지 않고 입질이 들어온다. 그러나 하절기로 갈수록 수초대의 위력은 감소하며 오히려 맨바닥에서 꾸준히 집어를 하면 마릿수 대박을 만날 수 있는 곳이다. 배스와 블루길이 있기 때문에 글루텐이나 옥수수가 주로 사용된다. 다만 밤에는 지렁이에 대물붕어가 곧잘 낚인다는 점도 참고하기를. 수상좌대는 없으며 방갈로가 육상에 있다. 〈낚시춘추 2019년 6월호, 2021년 10월호〉

춘천 강촌낚시터 방류용 토종붕어들

연안을 따라 펜션형 방갈로가 늘어선 춘천 하늘낚시공원.

별과 붕어를 헤는 밤
강원 춘천 하늘낚시공원

낚시터 기본 정보
- 소재지 : 강원 춘천시 서면 당림리
- 수면적 : 800여 평
- 낚시터 형태/운영 방법 : 양어장형/잡이터(10마리 제한)
- 방류·서식 어종 : 향붕어, 중국붕어, 향어 등
- 입어료/시설 이용료(2023년 현재) : 3만원/방갈로 16만~20만원
- 내비 주소 : 서면 당림리 414-8번지
- 문의 : 010-2782-6999

방갈로 내부

방갈로의 낚시인

춘천 하늘낚시공원의 밤

테마공원을 목표로 만들어진 낚시터다. 북한강을 끼고 있는 강촌유원지가 인근에 있다. 개인 사유지에 조성한 낚시터이기 때문에 배수 걱정이 없고, 16동의 펜션형 방갈로만 운영하고 있다. 펜션형 방갈로답게 밥솥을 비롯, 각종 주방도구와 그릇, 수저까지 준비돼 있다. 여기에 전기온돌과 에어컨, TV는 기본이며 실내의 빛이 낚시터로 향하지 않게끔 방갈로를 설계했다.
향붕어, 중국붕어 외 일부 향어가 있으며 어종 불문 10마리까지 가져갈 수 있다. 낚싯대 길이는 자리에 따라 3.2칸과 3.6칸 이내 길이로 한정해 운영하고 있다. 수심은 평균 2.5~3m이며 하류 쪽(관리실 반대 방향)이 약간 깊은 편이다. 특별한 포인트는 없고 주말처럼 혼잡할 때에는 아무래도 집어를 꾸준하게 하는 것이 유리하다. 청정지역에 위치한 까닭에 밤 하늘의 별을 보며 낚시하는 운치가 그만이다. 좁은 낚시터에서 서로 마주보고 낚시하므로 밤 시간에 라이트를 켤 때는 주의가 필요하다. 〈낚시춘추 2019년 8월호〉

넓은 주차장과 방갈로펜션이 들어선 횡성 안흥낚시공원.

귀촌부부가 가꾼 가족형 펜션낚시터
강원 횡성 안흥낚시공원

낚시터 기본 정보
- ■소재지:강원 횡성군 안흥면 지도리
- ■수면적:1천여 평
- ■낚시터 형태/운영 방법:양어장형/집어터
- ■방류·서식 어종:토종붕어, 향붕어, 잉어, 메기, 쏘가리 등
- ■입어료/시설 이용료(2023년 현재):입어료 포함 방갈로 15만~25만원
- ■내비 주소:안흥면 강변로지구1길 78
- ■문의:010-4967-8768

산을 마주보고 연안을 따라 들어선 방갈로펜션.

복층 구조의 방갈로펜션 내부

주천강변 숲속에 잘 꾸며 놓은 낚시터다. 덕어산 줄기를 따라 이어진 골짜기에 있고 계곡에서 내려오는 계곡수가 유입될 뿐 아니라 낚시터 바닥에서 샘이 솟아나 가뭄에도 물 걱정이 없는 곳이다. 낚시터 김철목 대표는 아내와 함께 수년 전 귀촌을 결정하고 전국을 물색하던 중 이곳을 발견하고 구입 후 농사를 지으려다가 후배의 제안으로 낚시터를 만들게 되었다고 한다. 낚시터 영업 시작 전부터 밑고기로 강붕어를 많이 이식시켜 놓은 덕에 운 좋으면 4짜 토종붕어도 낚을 수 있다.

좌대는 모두 연안에 배치되어 있어 바로 뒤에 주차 후 걸어서 진입할 수 있다. 좌대는 복층 구조의 펜션 형태다. 실내에는 TV, 냉장고, 에어컨, 전자레인지, 커피포트 등이 있다. 주방에는 식기와 인덕션도 있어 다양한 요리를 해먹을 수 있다. 넓은 욕실에는 수세식 화장실이 있으며 여름에도 온수가 나온다. 좌대는 나란히 일렬로 배치되어 있다. 맞은편이 산이라 고즈넉하게 밤낚시를 즐길 수 있다. 3.2칸 두 대까지만 펼 수 있다. 낚시터에는 간이 풀장과 트램폴린이 있어 어린 자녀들과 함께 찾으면 더 좋다. 〈낚시춘추 2022년 8월호〉

횡성 안흥낚시공원의 조과

향어 대물터로 유명한 가평 도장골낚시터.

1kg급 향어부터 8kg급 물돼지까지 우글우글
경기 가평 도장골낚시터

낚시터 기본 정보
- 소재지:경기 가평군 조종면 대보리
- 수면적:1천여 평
- 낚시터 형태/운영 방법:양어장형/잡이터
- 방류·서식 어종:향어, 향붕어
- 입어료/시설 이용료(2023년 현재):3만원/방갈로 6만~18만원
- 내비 주소:조종면 대보간선로 399번길 63-9
- 문의:031-581-1455

상류로 유입되는 맑은 계곡수

육상 방갈로

상류에 오염원이 없고 인접한 도로가 없어 조용한 분위기를 자랑한다. 수심은 전역이 2.9m 내외이며 주 어종은 향어다. 1kg급부터 8kg 이상급까지 다양한 씨알이 있으며 가끔씩 씨알 좋은 향붕어도 방류한다. 주종은 1~2kg급이지만 대물을 노리려는 손님들은 원줄을 5호 정도로 튼튼하게 묶어 8kg급에 도전하기도 한다. 향어의 힘이 좋아 주말이면 찌가 여러 개 떠다닌다고 하니 최소 원줄 3호 이상의 튼튼한 채비를 준비해야 한다. 참고로 낚시자리에 따라 3.2칸 또는 3.6칸까지만 쓰도록 제한을 두고 있다.

외봉돌채비에 어분과 보리를 섞어 꾸준히 집어만 한다면 마릿수를 기대할 수 있다. 도장골낚시터는 음식이 맛있기로도 유명하다. 바로 '오리주물럭' 때문이다. 맛도 맛이지만 푸짐하기까지 해서 일반인들도 많이 찾아온다고 한다. 주인 아주머니의 음식 손맛이 좋아 다른 음식들도 모두 맛이 좋다고 하니 입맛 까다로운 낚시인들도 안심이다. 노지와 좌대를 포함 낚시자리가 총 70석이 안 되는 작은 규모이다 보니 주말에는 출조를 서둘러야 한다. 〈낚시춘추 2022년 9월호〉

가평 도장골낚시터의 오리주물럭

| PART 5 | 낚시터 5

태화산 자락의 풍광 좋은 광주 유정낚시터.

풍광 좋은 힐링낚시터
경기 광주 유정낚시터

낚시터 기본 정보
- 소재지:경기 광주시 도척면 유정리
- 수면적:4만7천 여평
- 낚시터 형태/운영 방법:관리형/잡이터
- 방류·서식 어종:토종붕어, 메기, 잉어, 향어, 송어 등
- 입어료/시설 이용료(2023년 현재):4만원/방갈로 5만원
- 내비 주소:도척면 유정리 588-3
- 문의:031-762-5185

낚시터 내 방갈로

태화산을 마주보며 낚시할 수 있다.

태화산 밑에 자리한 4만7천평 소형 규모의 계곡형 저수지다. 계곡물이 흘러들어 맑고 깨끗한 수질을 자랑한다. '경기도 속 강원도'라는 수식어가 어울릴 만큼 깊은 산세와 수려한 풍광을 자랑하며 단풍이 드는 10월이면 눈앞에 절경이 펼쳐진다. 도로 맞은편은 직벽 지형이어서 도로 중상류권 연안에서만 낚시가 가능하며 멋진 풍광의 태화산을 마주하고 있어 힐링낚시터로도 손색없다.

수심은 3m 내외. 잔교와 좌대 모두 연안 접지형이어서 진입하기 편하다. 동절기에는 송어터(상류 일부에 그물을 쳐서 운영)를 운영하는데 그물을 빠져나온 송어가 가끔씩 대낚시에 걸리기도 한다. 여름에는 낮에도 입질이 잦지만 가을이 깊어질수록 밤낚시가 강세를 보인다. 입질이 약할 때는 새우살(대하)을 작게 달아 쓰면 의외로 효과가 뛰어나다.

내림낚시, 전층낚시는 할 수 없고 바닥낚시만 할 수 있으며 미끼는 생미끼, 루어로 제한하고 있다. 떡밥은 사용할 수 없다. 〈낚시춘추 2018년 10월호〉

광주 유정낚시터에서 거둔 조과.

데크식 좌대가 많아 단체출조에 어울리는 광주 진우낚시터.

방갈로, 데크식 좌대 많아 단체출조에 제격
경기 광주 진우낚시터

낚시터 기본 정보
- 소재지:경기 광주시 도척면 진우리
- 수면적:2만여 평
- 낚시터 형태/운영 방법:관리형·양어장형/잡이터·손맛터
- 방류·서식 어종:토종붕어, 떡붕어, 향붕어, 잉어 등
- 입어료/시설 이용료(2023년 현재):4만원(잡이터), 2만원(손맛터)
- 내비 주소:도척면 진우리 851-1
- 문의:031-762-7913

연안과 붙어 있는 데크식 좌대

관리실 뒤쪽의 손마터

직접 기르고 담근 채소와 장이 오른 낚시터 식단.

물 맑고 풍광 뛰어나기로 유명한 곳이다. 2018부터 편의시설을 확충하였고 붕어 방류량도 많이 늘려 찾는 낚시인들이 늘어났다. 붕어터로 운영하기 전에는 잉어, 향어를 방류한 대물터로 운영하였기에 가끔 잉어와 향어가 나오지만 빈도수는 높지 않다.

핫 포인트는 상류권과 건너편 중류권이며 말풀 언저리에서 입질이 잦다. 관리실 뒤쪽에 약 1천평 규모의 손맛터도 운영하고 있다.

주 어종은 토종붕어이고 개체수가 풍부하다. 미끼는 특별히 가리지 않고 골고루 먹히는데 저수지가 크다보니 방갈로도 많은 편이다. 1인 방갈로는 32개가 있으며 데크식 좌대도 17동이 있다. 연안과 연결된 부교도 많아 포인트가 다양하다. 입질은 밤에 강세를 보이지만 상류권 일부는 해질녘부터 폭발적인 입질이 들어올 때가 있다. 데크식 좌대는 단체출조 때 유용하다. 식당도 운영하고 있으며 직접 담근 고추장과 된장은 3년 이상 숙성돼 맛이 깊다. 대부분의 메뉴에 쌈채소와 된장이 나오니 된장 맛은 꼭 맛보길 바란다. 〈낚시춘추 2019년 7월호〉

| PART 5 | 낚시터 7

향어 중심의 대물터로 유명한 광주 추곡낚시터.

힘의 화신 향어의 짜릿한 손맛 최고
경기 광주 추곡낚시터

낚시터 기본 정보
- 소재지:경기 광주시 도척면 추곡리
- 수면적:6천여 평
- 낚시터 형태/운영 방법:관리형/잡이터
- 방류·서식 어종:향어, 붕어, 잉어, 메기 등
- 입어료/시설 이용료(2023년 현재):3만원
- 내비 주소:도척면 추곡길 91
- 문의:031-764-9590

연안을 따라 늘어선 접지좌대들.

1인용 천막으로 낚시자리를 구분해 놓았다.

광주 추곡낚시터에서 낚인 향어들.

태화산 끝자락에 자리잡은 추곡낚시터는 맑은 물과 수려한 풍광을 자랑하는 계곡형으로 향어 위주의 대물터다. 물이 맑고 수온이 낮은 편이라 5월 이후 본격 시즌이 시작되며, 그 즈음부터 향어의 활성도가 높아져 채비도 튼튼하게 준비해야 한다.

수심은 상류가 2m권이며 하류로 내려갈수록 깊어져 4~5m까지 나온다. 봄에는 상류가 유리하고, 초저녁에 낚시가 잘 되는 편이지만 수온이 오르면서 그 패턴도 조금씩 바뀌어간다. 낚싯대는 2대까지 편성 가능하다. 관리실(제방)에서 봤을 때 우측 라인은 3.2칸 대까지, 좌측 라인은 4.5칸 대까지 가능하다. 대물급에 대비해 보통 원줄은 3~4호, 목줄은 합사 2호 정도를 쓰고 바늘은 향어바늘(이두메지나) 12호를 주로 쓴다.

향어낚시 특성상 꾸준한 집어는 필수다. 향어낚시는 밥 주는 재미로 즐긴다는 얘기가 있다. 그만큼 밑밥질을 꾸준하게 해줘야만 좋은 결과를 거둘 수 있다는 얘기다. 낚시인 간의 자리 간격도 넓고 낚시하기에도 불편함은 없다. 농번기 때도 약간의 배수만 있는데 큰 영향은 없다고 한다. 〈낚시춘추 2021년 6월호〉

펜션급 수상좌대로 유명한 안성 개나리낚시공원.

럭셔리펜션, 수변공원 여기 다 있구나!
경기 안성 개나리낚시공원

낚시터 기본 정보
- 소재지: 경기 안성시 삼죽면 진촌리
- 수면적: 1호지(2천평), 2호지(1천평)
- 낚시터 형태/운영 방법: 양어장형/잡이터
- 방류·서식 어종: 토종붕어, 향붕어, 잉어, 향어, 메기 등
- 입어료/시설 이용료(2023년 현재): 입어료 포함 좌대 18만~32만원
- 내비 주소: 삼죽면 개나리길 128
- 문의: 010-9012-6368

연안에 붙어 있는 수상좌대

큰 창과 함께 사선 지붕으로 멋을 낸 수상좌대.

안성 개나리낚시공원에서 거둔 조과.

이곳이 낚시터인지 잘 가꾸어진 수변공원인지 분간이 되지 않을 정도로 아름다운 풍광이 매력인 낚시터다. 개나리낚시공원은 1호지와 2호지로 나뉜다. 1호지는 수면적 3천평, 2호지는 1천평이다. 어종이 다양한 편인데 자연낚시터의 느낌이 들기 위해 관리하고 있다는 게 낚시터 대표의 설명이다.

좌대는 모두 연안에 배치되어 있어서 주차하고 걸어서 진입한다. 4인용 좌대와 좌대 두 동을 연결해 독립된 방이 있는 특좌대가 있으며, 특좌대는 두 가족이 함께 낚시하거나 동호회 회원 등 소규모 단체 출조객이 이용하기에 좋다. 낚시터에 찜질방이 있다는 것도 특징.

좌대 시설은 마치 물 위 펜션이라고 할 만큼 편리한 시설이 잘 갖추어져 있다. 실내에는 TV, 냉장고, 에어컨, 싱크대 등이 기본으로 있으며 인덕션까지 갖춰져 있어 쉽게 요리를 해먹을 수 있다(다만 식기는 직접 갖고 와야 한다).

화장실은 수세식이며 샤워 시설이 갖추어져 있다. 야외 테이블이 마련돼 있어 준비해온 음식을 먹으며 캠낚의 감성까지 만끽할 수 있는데 음식을 준비해오지 않았더라도 닭요리로 유명한 낚시터 식당에 주문하면 좌대까지 배달해준다. 〈낚시춘추 2022년 7월호〉

수상좌대가 수면을 수놓은 안성 고삼지.

봄 산란철과 오름수위에 토종 대물붕어가!
경기 안성 고삼지

낚시터 기본 정보
- 소재지:경기 안성시 고삼면 월향리
- 낚시터 형태/운영 방법:자연형/잡이터
- 입어료/시설 이용료(2023년 현재):수상좌대 9만~11만원
- 내비 입력:고삼저수지
- 수면적:83만7천평
- 방류·서식 어종:토종붕어, 잉어, 메기, 배스 등
- 문의(031) 느티나무좌대 673-4275 둥글레좌대 674-6210 고삼호수좌대 672-3481
  금터좌대 010-5447-7369 연못좌대 672-3870 양촌좌대 010-8375-2345
  돌배좌대 010-9251-7653 돌배좌대 671-0756 삼은좌대 672-3679
  월향리낚시터좌대 673-6399

고삼지 낚시터 배터

주요 포인트인 수몰나무

송전지와 더불어 경기도를 대표하는 대형 저수지다. 한때 떡붕어가 주로 낚였으나 2023년 현재는 토종붕어가 주류이며 배스가 유입된 후 4짜 붕어까지 낚이는 대물터로 변했다. 좌대낚시터로 유명하지만 봄 산란철이나 오름수위 때는 연안에서도 월척 붕어가 잘 낚인다. 수면적이 넓어 여러 구역을 낚시터업주들이 나눠 관리하고 있다. 업주들이 관할 지역 좌대와 연안낚시터 주변 포인트를 정비해 낚시하기 좋게끔 만들어 놓았다. 낚시터 권역은 크게 월향권, 향림권, 봉산리권, 삼은리권, 양촌권으로 나뉜다.

토종붕어와 떡붕어가 8대2 비율로 낚인다. 떡붕어는 봄 산란기와 오름수위 때 40~50cm급 대물을 만날 확률이 높다. 배스와 블루길이 있어 생미끼보다 글루텐떡밥이 유리하다. 옥수수는 입질 확률 떨어진다. 연안낚시는 봄 산란기와 여름 오름수위 때가 찬스. 그 외의 시기에는 좌대를 타는 것이 좋다. 〈낚시춘추 2020년 10월호〉

안성 고삼지에서 낚인 토종붕어.

수상좌대에서 씨알 굵은 붕어가 낚이는 안성 덕산낚시터.

소문난 수상좌대 대물터
경기 안성 덕산낚시터

> **낚시터 기본 정보**
> - 소재지:경기 안성시 삼죽면 배태리
> - 수면적:10만여 평
> - 낚시터 형태/운영 방법:관리형/잡이터
> - 방류·서식 어종:토종붕어, 잉어 등
> - 입어료/시설 이용료(2023년 현재):2만5천원/수상좌대 14만~20만원
> - 내비 주소:삼죽면 배태리 76-1
> - 문의:031-672-4527

항공촬영한 안성 덕산낚시터.

수심 깊은 산 밑의 수상좌대들.

안성권의 대표적 토종붕어터다. 터가 센 곳으로 알려져 있었지만 낚시터업주가 자원 조성과 좌대 시설 투자에 공을 들인 덕분에 조황 부침이 줄었다. 매년 10톤 정도 토종붕어만 방류하고 있다는 게 낚시터 측의 설명이다.

시설 변화가 눈에 띄는데, 기존의 낡은 좌대는 모두 철거하고 신형 좌대로 교체해 가족 단위 출조객이 많이 늘었다. 주말에는 예약을 하지 않으면 안 될 정도로 인기가 많다.

수상좌대는 모두 15개가 있다. 2인 기준 중형좌대부터 단체 출조객이 함께 낚시할 수 있는 투룸 좌대, 잔교를 붙인 대형 좌대까지 다양한 크기가 배치돼 있다. 상류에 수몰 버드나무와 갈대군락까지 포인트가 다양하게 형성되어 있다.

이곳의 매력은 월척부터 4짜 붕어에 이르기까지 낚이는 씨알이 굵다는 것이다. 수초대를 노릴 것이냐, 맨바닥을 노릴 것이냐에 따라 미끼 운용 방법은 다르겠지만 꾸준한 집어는 필수다. 수상좌대 낚시의 경우 수초대 등 포인트까지 공략 거리에 맞게 좌대를 배치했으므로 3칸부터 5칸까지 다양한 길이의 낚싯대를 준비해 가야 한다. 〈낚시춘추 2020년 7월호, 2023년 6월호〉

안성 덕산낚시터에서 낚인 토종붕어들.

깊은 수심에서 맛보는 손맛이 일품인 안성 도곡낚시터.

호쾌한 마릿수 손맛 짜릿
경기 안성 도곡낚시터

낚시터 기본 정보
- 소재지:경기 안성시 양성면 도곡리
- 수면적:6천여 평
- 낚시터 형태/운영 방법:관리형/잡이터
- 방류·서식 어종:향붕어, 토종붕어, 떡붕어, 잉어 등
- 입어료/시설 이용료(2023년 현재):3만원/입어료 별도 개인 방갈로 1만원, 좌대 3만원 추가
- 내비 주소:양성면 도곡리 42-1
- 문의:031-672-4643

연안을 따라 늘어선 크고 작은 연안 방갈로들.

상류에서 본 낚시터 전경.

2019년부터 향붕어 위주로 방류가 이뤄지고 있으며, 가끔씩 덩어리급 토종붕어와 떡붕어가 섞여 낚여 어떤 고기를 걸어도 손맛이 대단한 곳이다. 개인 방갈로, 2~3인용 좌대, 3~4인용 방갈로좌대는 시설이 좋고 깔끔하다. 노지는 상류 일부 구간에서만 가능했다.

상류를 제외하면 3~4.5m의 깊은 수심을 보이며 관정을 통해 지하수가 공급되는데 극심한 가뭄이 아니라면 수위 변화는 거의 없는 편이다. 상류권은 3월 초순~중순부터 여름 직전까지는 조황이 우수한 편이지만 이상하게 낮낚시가 잘 되지 않는 게 특징이다. 아침이 되면 입질이 확연히 줄어든다는 게 단골 낚시인의 공통된 말이다. 상류권과 달리 하류권은 낮에도 붕어가 잘 낚인다.

이곳 향붕어는 어분뿐만 아니라 글루텐도 잘 먹는다. 어분과 보리를 섞은 집어제는 공통으로 사용한다. 밤에는 대하도 잘 먹힌다. 〈낚시춘추 2020년 4월호〉

안성 도곡낚시터에서 거둔 조과.

수상 글램핑장이 들어선 안성 두메낚시터 관리실 앞.

수상 글램핑장과 떡붕어 잔교의 앙상블
경기 안성 두메낚시터

낚시터 기본 정보
- 소재지:경기 안성시 죽산면 두교리
- 수면적:10만8천여 평
- 낚시터 형태/운영 방법:관리형/잡이터(잔교는 떡붕어 손맛터)
- 방류·서식 어종:토종붕어, 떡붕어, 중국붕어, 잉어 등
- 입어료/시설 이용료(2023년 현재):2만5천원/수상좌대 9만~25만원
- 내비 주소:죽산면 두교리 465
- 문의:031-672-7838

고급스러운 분위기의 수상 글램핑장.

수상 글램핑장 내부

본래 저수지 이름은 광혜저수지. 중류에 있는 잔교가 떡붕어 전층낚시터로 전국적으로 잘 알려져 있다. 풍광이 뛰어난 저수지로 두 갈래로 나위어진 상류 골자리의 수상좌대가 인기가 높다. 하류 관리실 앞 구형 좌대를 글램핑장으로 바꿔 럭셔리 낚시터로 탈바꿈했다.

관리실 주차장과 이어진 중류 잔교는 자연산 떡붕어가 마릿수로 낚이는 곳이다. 매월 떡붕어낚시 대회가 열린다고 할 정도로 조황이 꾸준하다. 떡붕어 전층낚시 입문 장소로 두메낚시터 잔교만한 곳은 없다. 사계절 잘 먹히는 떡밥 배합법이 있으므로 관리실에서 문의하면 도움을 얻을 수 있다.

골자리마다 있는 수상좌대는 떡붕어 외에 원래 서식하고 있던 토종붕어가 잘 낚이며 큰 씨알도 올라온다. 잉어는 힘이 좋아 걸면 한동안 벌을 서야 한다. 우안 최상류는 봄 만수위 때 씨알 굵은 토종붕어가 잘 낚이는 포인트다.

관리실 앞 수상 글램핑장은 말 그대로 글램핑 시설을 그대로 물 위에 옮겨 놓았다. 특별한 하룻밤을 원하는 낚시인 부부, 가족에 좋은 추억을 남겨줄 만한 명소. 관리실은 식당과 함께 커피 한 잔을 나눌 수 있는 카페가 들어서 있다. 〈낚시춘추 2020년 9월호〉

떡붕어낚시 잔교

마릿수터로 가족낚시인들이 많이 찾은 안성 만정낚시터.

남녀노소 마릿수 손맛 즐기는 가족낚시터
경기 안성 만정낚시터

낚시터 기본 정보
- 소재지:경기 안성시 공도읍 만정리
- 수면적:7만2천평
- 낚시터 형태/운영 방법:관리형·자연형/잡이터
- 방류·서식 어종:토종붕어, 떡붕어, 중국붕어, 향어, 잉어 등
- 입어료/시설 이용료(2023년 현재):3만원/입어료 2만5천원 별도 수상좌대 3만~4만원
- 내비 주소:공도읍 만수동길 53-8
- 문의: 010-5251-8348

떡붕어낚시터로 유명했지만 2012년부터 토종붕어를 꾸준히 방류해 현재는 토종붕어 전용 낚시터로 바뀌었다. 배스와 블루길 등 외래어종이 없는 곳으로, 잔 씨알부터 월척급에 이르기까지 다양한 씨알의 붕어로 손맛을 볼 수 있다. 외래어종이 없는 탓(?)에 낮에는 피라미와 살치 등의 입질도 있는 편이지만 이게 가족 출조객에겐 무엇이든 잘 낚이는 게 있어 인기라고 한다. 이러한 소문 때문에 가족낚시인들이 특히 많이 찾고 있다.

구형 좌대를 신형 좌대로 바꾸는 작업을 이어가고 있으며 신형 좌대는 펜션형으로 복층형도 있다. 대부분 좌대에는 야외 테이블이 갖추어져 있다. 자생 새우도 많아서 새우를 채집하여 미끼로 쓴다면 35m 이상 붕어도 낚을 수도 있다.

좌우안 상류는 만수위를 이루는 봄엔 대물 붕어가 낚이는 포인트다. 특히 갈대와 부들이 자라는 좌안 골자리 상류가 특급 포인트. 수심은 1~2m를 보인다. 〈낚시춘추 2022년 1월호〉

펜션급으로 꾸며 놓은 수상좌대 시설.

단체출조하기 좋은 연안 잔교

연안에서 식사를 하고 있는 가족낚시인.

산속 옹달샘처럼 깨끗하고 조용한 안성 산우물낚시터.

산속 옹달샘처럼 조용해 밤낚시 즐기기에 그만
경기 안성 산우물낚시터

낚시터 기본 정보
- 소재지:경기 안성시 보개면 신안리
- 수면적:6천500평
- 낚시터 형태/운영 방법:양어장형/손맛터
- 방류·서식 어종:토종붕어, 양식붕어, 잉어, 향어 등
- 입어료/시설 이용료(2023년 현재):방갈로 5만~14만원
- 내비 주소:보개면 신안리 190-1
- 문의:031-676-1707

방갈로와 연결된 연안잔교

연안좌대에서 본 낚시터

준계곡형 낚시터로 깊은 산속 옹달샘 느낌의 아늑하고 조용한 분위기가 매력인 곳이다. 소음과 불빛이 거의 없으며 바람도 많이 타지 않아 때로는 요새 같다는 느낌도 받는다. 과거에는 붕어 전용 잡이터로 운영했으며 배스가 서식하여 치어나 잡어가 거의 없었지만 말풀이 낚시터 전역에서 자라면서 일부 서식하는 향어와 잉어가 산란하면서 향어, 잉어 자원도 형성됐다.

밤낚시는 차분한 분위기에서 붕어를 대상으로 즐길 수 있다. 간혹 초저녁부터 날 샐 때까지 붕어 입질이 계속되는 경우도 있다.

손맛터(반출 금지)로 운영하고 있으나 방류는 지속적으로 하고 있다. 수세식 화장실, 샤워실, 식당을 갖추고 있다. 손맛터로 운영하지만 무미늘 바늘 사용자에게는 고운 살림망 사용을 허용한다.

미끼 종류를 크게 가리지 않고 왕성한 입질을 한다. 다만 밤에 입질이 약하거나 뜸할 경우에는 대하살을 미끼로 쓰면 입질을 받기 쉽다. 〈낚시춘추 2018년 11월호〉

안성 산우물낚시터에서 거둔 조과

국내 유일의 역돔낚시터인 안성 설동하우스낚시터.

따뜻한 실내에서 맛보는 괴력의 역돔 손맛
경기 안성 설동하우스낚시터

낚시터 기본 정보
- 소재지:경기 안성시 죽산면 용설리
- 낚시터 형태/운영 방법:양어장형/잡이터(마릿수 제한)
- 입어료/시설 이용료(2023년 현재):6만원
- 내비 주소:경기도 안성시 죽산면 용설리 10
- 수면적:200여 평
- 방류·서식 어종:역돔(마릿수 제한 15마리)
- 문의:031-675-0842

식용으로 인기가 높은 역돔.

내림낚시에 낚인 역돔.

역돔 미끼인 어분사료.

역돔 전용 낚시터다. 열대어종인 역돔을 국내 최초로 낚시 대상어로 접목한 곳이며 그 역사가 이미 30년이 넘었다. 국내에서 역돔 전용 낚시터는 설동낚시터가 유일하다. 여름에는 노지낚시터를 운영하다가 수온이 내려가는 10월부터 이듬해 5월까지는 하우스낚시터로 운영한다.

역돔의 본명은 틸라피아다. 고향은 아프리카이지만 1955년에 태국에서 국내로 수입되었고 현재 방류되는 역돔은 모두 국내산 양식이다. 단단한 근육질 체형으로 생김새는 바다의 감성돔과 비슷하고 회뿐 아니라 구이나 튀김으로도 제격이다. 힘이 좋아 손맛이 좋고 입맛은 보너스라는 게 단골 낚시인들의 얘기다.

역돔낚시는 붕어낚시와는 약간 다르다. 주둥이가 붕어처럼 늘어나는, 이른바 '자바라'가 짧기 때문에 올림 입질보다 흡입하는 입질이 많아 내림낚시가 제격이다. 1~2마디 콕 찍어주는 정확한 입질을 볼 수 있다. 잡이터인 만큼 낚은 고기는 대부분 가져가므로 항상 새 고기가 방류돼 고기 상태가 좋다. 낚싯대는 2칸 대까지 사용할 수 있다.

낚시터에서 판매하고 있는 역돔용 어분사료를 미끼로 사용한다. 어분을 30분 이상 물에 불린 후 다른 특성이 있는 어분과 섞어 쓰면 효과가 뛰어나다. 구더기가 잘 듣는 날도 있다. 〈낚시춘추 2023년 1월호〉

장대를 맘껏 휘두를 수 있는 수심 깊은 계곡지 안성 성주리낚시터.

낚싯대 길이 제한 없는 계곡형 잡이터
경기 안성 성주리낚시터

낚시터 기본 정보
- 소재지 : 경기 안성시 원곡면 성주리
- 수면적 : 3천여 평
- 낚시터 형태/운영 방법 : 관리형/잡이터
- 방류·서식 어종 : 향붕어, 잉어, 향어 등
- 입어료/시설 이용료(2023년 현재) : 3만원/방갈로 입어료 포함 6만~20여 만원
- 내비 주소 : 원곡면 원암로 194-93
- 문의 : 010-9050-4330

안성 성주리낚시터에서 낚인 토종붕어.

저수지 중앙을 가로질러 설치한 잔교.

몇 해 전까지만 해도 대물터(잉어, 향어)로 운영하던 곳으로, 2020년부터 붕어 잡이터로 바뀌어 운영되고 있다. 전형적인 계곡지로 수심이 깊어 손맛이 좋고 풍광도 뛰어나다. 다른 유료터와 다른 점이 있다면 낚싯대 길이 제한이 없다는 것이다. 4칸 대를 사용하면 3칸 대를 사용하는 것보다 한결 여유 있게 손맛을 보면서 랜딩할 수 있다. 무엇보다 더 깊고 먼 곳을 공략할 수 있어 마니아층이 두텁다. 저수지 중앙엔 장대 전용 부교도 운영 중이다.

낚시터 전역의 수심은 3~7m로 연안에서는 3.2칸이면 충분하지만 부교 또는 수상좌대에서 저수지 중앙 쪽으로 자리한다면 3.6칸 대 이상을 준비해야 한다.

어종은 향붕어가 대부분이지만 과거부터 있던 잉어와 향어가 소량 서식하고 있다. 배스와 블루길이 없어 치어도 어느 정도 있는 편이다. 그나마 겨울에는 치어 성화가 덜한 편인데 큰 놈들은 대부분 밤에 나오므로 밤낚시에 집중하는 게 좋다.

미끼는 집어떡밥과 글루텐이 기본이며 어분 콩알떡밥도 잘 먹힌다. 정성스럽고 맛깔나게 내놓는 낚시터 식당의 메뉴들도 성주리낚시터를 찾는 또 하나의 재미다. 〈낚시춘추 2020년 12월호〉

맛깔난 성주리낚시터 식당 상차림.

아파트숲 불빛 아래의 밤낚시. 사진은 아산 월랑낚시터.

고삼지 수변에 있어 자연낚시터의 풍광을 그대로 간직하고 있는 안성 월향낚시터.

고삼지에 붙은 작지만 알찬 월척터
경기 안성 월향낚시터

낚시터 기본 정보
- 소재지:경기 안성시 고삼면 월향리
- 수면적:1천여 평
- 낚시터 형태/운영 방법:양어장형/잡이터
- 방류·서식 어종:토종붕어, 중국붕어 등
- 입어료/시설 이용료(2023년 현재):3만원/방갈로 5만~18만원
- 내비 주소:고삼면 월향리 594-2
- 문의:010-9633-3223

낚시 공간이 넓은 방갈로.

방갈로 내부.

경기도 안성에 있는 대형지인 고삼지에 붙어 있는 붕어 전용 잡이터다. 고삼지 내 수상좌대도 운영 중이다. 고삼지와 비교하면 무척이나 작게 느껴지는 규모지만, 아담한 분위기와 함께 아기자기한 맛이 있고, 고삼지와는 길 하나를 사이에 두고 있어 색다른 느낌을 준다.

수심은 1.5~2.5m이며 주 어종은 수입붕어와 토종붕어다. 월척을 넘어 4짜 토종붕어도 곧잘 낚이곤 한다. 이곳을 찾는 단골들은 '찌올림 좋은 대물 토종붕어를 낚으러 온다'고 입을 모은다.

낚시터 규모가 작음에도 노지 자리는 굉장히 넓고 일부는 칸막이로 분리되어 있어 나만의 아지트 같은 느낌으로 낚시할 수 있다. 일반적으로 유료터라고 하면 3.2칸 대를 주로 펴게 되는데, 이곳은 2.5칸 전후의 짧은 대도 잘 통하기 때문에 편하게 낚시할 수 있다.

미끼는 글루텐류가 제일 무난하며 낮낚시가 잘 되는 편이다. 특히 아침장이 좋은 편이므로 밤낚시는 적당히 하고 아침을 노려보는 것이 좋다. 매월 최대어를 선정하여 기념품과 좌대 무료 이용권을 주는 등의 이벤트를 진행하므로 대물 붕어를 낚게 되면 관리소에 연락하는 것을 잊지 말자. 〈낚시춘추 2021년 9월호〉

다양한 형태의 방갈로가 들어선 낚시터.

향붕어 마릿수 조황이 빼어난 안성 장광낚시터.

백두장사급 향붕어 손맛 일품
경기 안성 장광낚시터

낚시터 기본 정보
- 소재지: 경기 안성시 죽산면 매산리
- 수면적: 6천여 평
- 낚시터 형태/운영 방법: 관리형/잡이터(마릿수 제한)
- 방류·서식 어종: 향붕어, 잉어 등
- 입어료/시설 이용료(2023년 현재): 4만원/입어료 포함 좌대 10만~17만원
- 내비 주소: 죽산면 매산리 695
- 문의: 031-672-6677

연안잔교

휴일에 낚시인들이 몰린 낚시터

방갈로

비봉산 계곡수가 유입돼 1급 수질을 자랑하는 아담한 준계곡형지다. 수심과 포인트가 다양하며 좌대는 2인부터 4인까지 크기별로 갖추어져 있다. 모두 걸어서 진입이 가능하도록 연안에 배치돼 있다. 관리실 뒤에 취사장이 따로 있어 이곳에서 음식을 요리할 수 있으며 샤워장이 마련돼 있어 여름 땀을 씻을 수 있다.

이곳은 2020년 여름, 좌대가 모두 떠내려 가는 큰 비 피해를 입었다. 지금은 모두 복구해 새단장한 상태다. 원래 살치 입질이 많은 편인데 새단장을 하기 위해 물을 한 번 완전히 뺀 덕에 살치 등쌀은 이제 찾아보기 어렵다. 또 고기 관리를 잘해 향붕어 힘이 좋고 활성도가 좋다는 게 단골 낚시인들의 평이다. 많은 낚시인들이 다녀가고 있는덕에 고기 순환이 잘 이뤄지고 있다. 집어만 꾸준히 하면 잦은 입질을 받을 수 있다. 〈낚시춘추 2021년 9월호〉

| PART 5 | 낚시터 19

토종붕어 유료터로 인기가 높은 안성 칠곡낚시터.

24K 황금 토종 월척이 번쩍번쩍
경기 안성 칠곡낚시터

> **낚시터 기본 정보**
> - 소재지:경기 안성시 원곡면 칠곡리
> - 수면적:4만4천여 평
> - 낚시터 형태/운영 방법:관리형/잡이터
> - 방류·서식 어종:토종붕어, 잉어 등
> - 입어료/시설 이용료(2023년 현재):3만원
> - 내비 입력:칠곡낚시터(안성시 원곡면)
> - 문의:010-3721-1988

칠곡낚시터에서 낚인 월척 토종붕어.

전통의 명당인 상류 버드나무 앞.

관리실 앞 잔교

안성 칠곡낚시터는 약간, 아니 많이 특이한 낚시터다. 4만4천평에 달하는 적지 않은 저수지를 토종붕어터로 관리하는 것도 그렇고 주변 경관이 딱히 수려하지도 않다. 보통의 토종붕어 유료터들은 산세 좋고, 물 맑고, 한적한 자연미를 앞세우는 데 반해 칠곡낚시터에서는 그런 자연미를 찾아보기 힘들다. 저수지를 뻥 둘러 카페 천지고 밤이면 카페와 식당에서 발산하는 화려한 조명 탓에 밤에는 눈이 부신 포인트도 있다. 심지어 요즘 유료터에 흔한 최신 럭셔리 수상좌대도 안 보인다.

단골 낚시인들은 칠곡낚시터는 토종붕어 유료터의 정석이라고 입을 모은다. 토종붕어를 방류하는 유료터는 많고도 많지만 '때깔'에서만큼은 칠곡낚시터를 따라올 만한 곳이 없다는 얘기다. 이영주 낚시터 대표가 2023년까지 14년째 매년 많은 양의 토종붕어를 방류하고 있는 덕분이다.

봄에 가장 많은 월척이 낚이는 곳은 전통의 명당인 상류 버드나무 일대로 종종 4짜 붕어가 올라와 찾은 이들을 열광케 한다. 이렇듯 자연지의 낚시 여건과 어자원을 고스란히 간직하고 있어 자연지만 찾는 마니아도 많이 찾고 있다.

중류 관리실 앞에 200명 정도가 앉을 수 있는 긴 잔교가 뻗어 있으며 잔교와 관리실 옆에 방갈로도 운영하고 있다. 〈낚시춘추 2023년 5월호〉

연안을 바라보고 낚시하는 방갈로잔교가 특색 있는 양주 연곡낚시터.

저수지 중앙에 세운 붕어성(城)
경기 양주 연곡낚시터

낚시터 기본 정보
- 소재지 : 경기 양주시 백석읍 연곡리
- 수면적 : 7천여 평
- 낚시터 형태/운영 방법 : 양어장형/잡이터
- 방류·서식 어종 : 향붕어
- 입어료/시설 이용료(2023년 현재) : 3만원/방갈로 입어료 포함 4만~8만원
- 내비 주소 : 백석읍 연곡로 182번길 100
- 문의 : 031-879-5311

관리실 앞 부교 포인트

방갈로에서 손맛을 보고 있는 낚시인.

방갈로 내부

수심은 2.5~3.5m 내외. 특이한 점은 포인트에 따라 주야 모두 향붕어 위주로 나오는 자리가 있는데 그 자리가 매일 달라진다는 것이다. 물대포를 가동해 겨울에도 물낚시를 할 수 있다.

저수지 중앙에서 연안을 바라보며 낚시하는 구조로 부교 위에 수상방갈로가 설치돼 있어 4면 중 3면이 연안을 보고 낚시한다. 야간에도 불빛을 마주하지 않는 게 큰 장점이다. 4면 중 3면은 1인 또는 2인 방갈로 형태이며 관리실 앞 일반 부교식 포인트로 이루어져 있다. 저수지 안쪽에 부교와 방갈로가 많다보니 시설물 아래가 붕어의 은신처가 되어 의외로 짧은 낚싯대가 잘 먹히는 경우가 많다.

미끼는 어분이 강세다. 보리를 많이 사용하면 치어가 순식간에 달라 붙으므로 어분 위주로 낚시하되, 바닥까지 풀어지지 않게 내리는 게 중요하다. 지렁이나 대하살도 잘 먹히는 편이며 자생 새우도 있으니 직접 채집해 사용하는 것도 좋은 방법이다. 채집한 새우는 머리와 껍질을 벗겨내고 사용하는 것이 유리하다. 낚싯대는 3.2칸 대 이하로 사용할 수 있다. 〈낚시춘추 2019년 12월호〉

돔글램핑장에서 캠핑하며 낚시를 즐길 수 있는 양평 고재낚시글램핑장.

낚시와 캠핑의 끝판왕을 찾았다
경기 양평 고재낚시글램핑장

낚시터 기본 정보
- 소재지:경기 양평군 지평면 곡수리
- 수면적:2천500평
- 낚시터 형태/운영 방법:양어장형/손맛터
- 방류·서식 어종:토종붕어, 잉어, 향어, 메기 등
- 입어료/시설 이용료(2023년 현재):3만원/돔글램핑 입어료 포함 10만~16만원
- 내비 주소:지평면 곡수리 536
- 문의:031-773-1199

돔글램핑장 밤낚시 풍경

돔글램핑장 내부

글램핑에 낚시를 접목시킨 낚시터다. 글램핑이란 글래머(glamour)와 캠핑(camping)의 합성어로 일반적인 캠핑과는 달리 캠핑에 필요한 시설이 완벽하게 갖추어져 있는, 편리하게 이용할 수 있는 사전 준비된 캠핑을 말한다.

이곳은 취사가 가능해 일반 캠핑장처럼 개수대가 있으며 수세식 화장실과 남녀가 구분된 샤워장도 갖추고 있다. 주차하고 바로 돌계단을 내려가면 방갈로에 들어갈 수 있다. 퀸베드와 TV, 냉장고, 에어컨, 수납장 등이 있으며 수납장 안에는 스테인리스 코펠과 휴대용 가스버너가 준비돼 있다. 방갈로 앞 낚시 공간에는 대형 그늘막이 설치되어 있다.

낚시 자리는 두 명이 함께 낚시할 수 있을 정도의 공간이고 의자와 받침틀이 설치돼 있어서 낚싯대만 가져오면 돼 낚시 짐을 줄일 수 있다. 식당은 따로 없으며 바비큐 장비를 대여해 고기를 구워 먹을 수 있다. 방류어종은 토종붕어, 잉어, 향어, 메기 등이다. 간혹 4짜 붕어도 낚인다. 〈낚시춘추 2020년 8월호〉

양평 고재낚시글램핑장의 조과

자연지의 풍광을 품고 있는 연천 백학낚시터.

풍광·씨알·마릿수 대만족
경기 연천 백학낚시터

낚시터 기본 정보
- 소재지: 경기 연천군 백학면 두일리
- 수면적: 17만여 평
- 낚시터 형태/운영 방법: 관리형/잡이터
- 방류·서식 어종: 토종붕어, 배스, 잉어, 강준치 등
- 입어료/시설 이용료(2023년 현재): 3만원/수상좌대 11만~25만원
- 내비 주소: 백학면 두일리 산 27-1
- 문의: 010-2353-0036

하류 연안

수상좌대

연천 백학낚시터에서 올라온 월척 붕어.

 1969년에 축조된 평지형지로 민통선 안에 있어 민간인이 출입을 못하다가 민통선이 북상 조정된 1989년에야 일반인에게 개방됐다. 그 무렵부터 경기북부의 알짜터로 명성을 날렸다.
 가운데 제방이 있는 V자 형태의 저수지로 좌측을 큰 상류, 우측을 작은 상류라고 부른다. 가을에 큰 상류에서 큰 붕어가 낚인다. 부들과 마름, 수몰나무 등이 포인트를 형성하고 있으며 편하게 낚시할 수 있도록 튼튼한 연안좌대가 많이 배치되어 있었다. 산 아래엔 주차 공간이 넓어 많은 인원이 주차와 동시에 낚시할 수 있다.
 임진강의 물이 지속적으로 유입되어 작은 비에도 만수를 이루는 특징이 있다. 외래어종이 많아 어분이 포함된 떡밥은 쓰지 않는 것이 좋으며 글루텐과 신장떡밥, 옥수수와 지렁이가 잘 먹힌다. 씨알, 마릿수 모두 만족할 조과를 보여줄 때가 많다. 〈낚시춘추 2020년 12월호〉

| PART 5 | 낚시터 23

깊은 수심에서 씨알 굵은 떡붕어, 토종붕어가 낚이는 용인 삼인낚시터.

3~4m 수심에서 맛보는 왕떡 손맛 대단
경기 용인 삼인낚시터

> **낚시터 기본 정보**
> - 소재지:경기 용인시 처인구 남사면 북리
> - 수면적:3만평
> - 낚시터 형태/운영 방법:관리형/잡이터
> - 방류·서식 어종:토종붕어, 향붕어, 떡붕어, 잉어, 메기 등
> - 입어료/시설 이용료(2023년 현재):3만원/방갈로 입어료 별도 4만~17만원
> - 내비 주소:처인구 남사면 북리 422-5
> - 문의:031-332-6795

연안을 따라 들어선 수상좌대.

방갈로의 낚시인들.

용인 삼인낚시터에서 낚인 씨알 굵은 떡붕어들.

Y자 형태를 띠고 있는 계곡형지로서 풍부한 어자원과 수려한 풍광을 자랑하는 곳이다. 좌대시설과 잔교 등도 잘 갖춰져 있었다. 예전부터 떡붕어 자원이 풍부한 곳으로 유명했고 실제 낚이는 떡붕어는 4짜급이 종종 비칠 정도로 씨알도 굵다. 3~4m 수심에서 만나는 대형 떡붕어 손맛이 대단하다. 주 입질시간대는 계절에 따라 약간 다르다. 여름에는 낮낚시가 잘되지만 봄, 가을, 겨울에는 밤낚시가 강세를 보이며 밤낚시에는 거의 붕어 위주로 입질이 들어온다. 따라서 오전에 너무 일찍 도착해 밑밥을 주는 건 큰 의미가 없다. 또 낮에는 잉어가 붙는 경우가 많으므로 오후에 도착해 천천히 낚시를 준비해도 늦지 않다. 붕어 방류는 꾸준하게 이루어지고 있어 마릿수 조황도 좋은 편이다.

좌대 시설을 잘 갖추고 청결하게 운영하고 있어 가족이 함께 찾아도 좋다. 수려한 경관과 맑은 수질에서 튼실한 붕어의 당찬 손맛을 보며 편안한 좌대에서 하룻밤 쉬어갈 수 있다. 방갈로나 부교의 위치는 수위에 따라 달라지지만 서로 마주하지 않도록 배치해 밤낚시 때 편안하다. 〈낚시춘추 2022년 4월호, 2017년 11월호〉

대형 토종붕어, 떡붕어가 낚이는 용인 송전지. 사진은 묘봉골.

수도권의 대형 월척터
경기 용인 송전지

낚시터 기본 정보
- 소재지: 경기 용인시 이동면 어비리
- 수면적: 98만여 평
- 낚시터 형태/운영 방법: 자연형/잡이터
- 방류·서식 어종: 토종붕어, 떡붕어, 잉어, 가물치, 배스 등
- 입어료/시설 이용료(2023년 현재): 1만5천원/수상좌대 9만~13만원
- 내비 입력명: 송전저수지
- 현지 좌대 연락처(031)
창신집 336-7089, 오산집 010-7114-8801, 수원집 336-7314, 송도집 336-7313, 안성집 336-7315, 제일집 336-7310, 장수집 335-7730, 관광집 336-7312, 평택집 336-7354, 송전집 335-9947, 서울집 336-7207, 미성집 335-7854, 호남집 336-7309

수상좌대로 향하는 낚싯배

수몰나무 앞의 수상좌대

용인 송전지에서 낚인 월척 붕어들.

토종붕어와 떡붕어가 잘 낚인다. 고삼지와 더불어 중부권에서 5짜 떡붕어를 만날 수 있는 낚시터다. 좌대낚시터로 유명하지만 산란기, 오름수위 때는 연안낚시도 잘 돼 포인트 다툼이 벌어진다. 수면적이 넓어 10여 명이 저수지를 나눠 관리하고 수상좌대를 띄워 이용료를 받고 있다. Y자 형태로 나뉘어진 낚시터는 상류를 중심으로 송전권, 묘봉권, 장서리권으로 나뉜다. 봄에 수상좌대를 타면 수초대에 앞에서 낚시를 해야 하는데 채비가 약간 무거워야 수초를 누르고 채비를 안착시킬 수 있다. 잘 듣는 미끼는 떡밥과 지렁이다. 〈낚시춘추 2023년 5월호, 2022년 4월호〉

최초로 향붕어를 방류한 곳으로 대물이 출현하는 포천 가산낚시터.

향붕어 최초 방류한 곳, 5짜도 심심찮게 낚여
경기 포천 가산낚시터

낚시터 기본 정보
- 소재지 : 경기 포천시 가산면 우금리
- 수면적 : 5만8천여 평
- 낚시터 형태/운영 방법 : 관리형/잡이터
- 방류·서식 어종 : 향붕어, 토종붕어, 잉어 등
- 입어료/시설 이용료(2023년 현재) : 4만원/방갈로 6만~11만원
- 내비 주소 : 가산면 우금길 13-32
- 문의 : 031-541-8010

다리로 연결된 방갈로

수변의 둘레길

준계곡형 저수지로 물이 맑고 붕어 힘 좋기로 유명한 곳이다. 낚시터 전체를 한 바퀴 돌 수 있는 둘레길도 조성되어 있다. 특히 이곳은 2015년에 국내 최초로 향붕어가 방류된 곳일 정도로 향붕어의 역사가 살아 숨 쉬는 곳이다. 방류 이듬해부터 4짜급 향붕어가 쏟아지기 시작했고, 해를 거듭하면서 5짜, 6짜까지 배출하고 있다. 이곳을 찾는 단골꾼들은 향붕어 최대어 경신을 목표로 한다고도 한다. 그래서 채비의 튼튼함은 기본. 랜딩 과정에서의 몸부림으로 채비가 터지거나 옆 낚싯대와 엉키는 경우도 잦다고 한다.

부교 또한 거대하다. 기억자로 꺾인 부교의 총 길이는 약 250m이며 100여 개의 개인 텐트가 설치되어 있다. 낚시터에서 식당을 운영하지 않지만, 외부 식당이 인접해 있어 불편함이 없다. 부교에 적힌 번호를 말하면 음식을 배달해 준다.

봄까지는 밤낚시가 잘 되는 편이며 5월부터는 낮에도 입질이 잘 붙는다. 유료터지만 봄에는 지렁이가 잘 먹히는 날도 있으므로 미끼도 다양하게 준비하는 게 좋다. 〈낚시춘추 2021년 3월호〉

포천 가산낚시터에서 낚인 씨알 굵은 향붕어.

깊은 수심에서 뽐내는 향붕어 손맛이 일품인 포천 동교낚시터.

맑은 물, 뛰어난 풍광, 괴력의 향붕어
경기 포천 동교낚시터

낚시터 기본 정보
- 소재지:경기 포천시 동교동
- 수면적:1만5천여 평
- 낚시터 형태/운영 방법:관리형/잡이터(마릿수 제한)
- 방류·서식 어종:향붕어, 잉어 등
- 입어료/시설 이용료(2023년 현재):4만원/방갈로 12만~20만원
- 내비 주소:포천시 동교동 670-2
- 문의:031-543-4332

낚시터 입구의 연안잔교.

다리로 연결된 낚시터 진입로

계곡형 저수지로 포인트에 따라 3~8m의 깊은 수심을 자랑하며 천보산에서 맑고 깨끗한 계곡수가 유입되는 곳이다. 덩치 큰 향붕어의 현란한 몸놀림은 낚시터의 트레이드마크가 되었으며 주변 풍광도 뛰어나 매력 만점인 곳이다. 황금붕어라고 알려진 향붕어의 힘은 이미 소문이 나있다. 향붕어의 씨알을 선별해 허리급 이상으로만 방류하고 있기 때문이다. 그래서 동교낚시터로 출조하는 단골 낚시인들은 이 짜릿한 손맛을 잊지 못한다고 말한다. 워낙 씨알이 좋기 때문에 예민함보다는 튼튼함을 우선한 채비가 유리하다.

집어떡밥은 어분+보리가 기본이다. 먹이떡밥은 글루텐이나 어분을 콩알 크기로 달아 쓰는 게 좋다. 주 입질 시간대는 케미를 밝힌 이후부터 자정까지이며 밤에 입질이 없으면 동틀 무렵에 입질이 꼭 들어오므로 이 시간대를 놓치지 말아야 한다. 〈낚시춘추 2018년 5월호〉

포천 동교낚시터에서 거둔 향붕어 조과.

| PART 5 | 낚시터 27

4짜 토종붕어 꾸준히 낚이고 있는 포천 용담대물낚시터.

토종붕어 4짜 쇼가 열린다
경기 포천 용담대물낚시터

낚시터 기본 정보
- 소재지:경기 포천시 관인면 사정리
- 수면적:1만여 평
- 낚시터 형태/운영 방법:관리형/잡이터
- 방류·서식 어종:토종붕어, 잉어 등
- 입어료/시설 이용료(2023년 현재):4만원/좌대 8만~19만원
- 내비 주소:관인면 사정리 380
- 문의:031-531-9791

밤낚시에 낚인 4짜 토종붕어.

연안의 수상좌대들

강원도와 경기도 경계에 있는 준계곡형지로서 수도권의 대물 붕어터로 잘 알려져 있다. 토종붕어만을 방류하며 이곳에서 성장한 대물들이 낚인다. 낚이면 9치 이상일 정도로 평균 씨알이 굵다. 풍광이 수려하고 어느 정도 보장된 조황과 편의성이 매력이다.

농번기가 한창일 때도 이곳은 한탄강에서 물을 끌어다 대기 때문에 풍부한 수위를 유지한다. 편한 교통편 덕분에 단골 낚시인들이 많은 편이다. 연안에 좌대와 방갈로를 갖추고 있어 편하게 낚시할 수 있다.

수심은 상류 일부를 제외하고는 2~3m로 깊은 편이며 제방 주변에 부들과 마름이 자라 있다. 잘 먹히는 미끼는 글루텐떡밥과 옥수수. 늦가을엔 지렁이도 함께 준비하는 것이 좋다.

초저녁에 큰 녀석들이 들어오므로 이 시간대를 놓치지 말아야 하며 한눈을 팔다가 붕어가 낚싯대를 달고 도망가는 일도 있으므로 항상 주의가 필요하다. 〈낚시춘추 2021년 11월호, 2020년 6월호〉

아침낚시를 즐기고 있는 낚시인들.

마릿수 조황이 뛰어난 화성 고잔낚시터. 사진은 손맛터.

방류량 풍부해 마릿수터로 명성
경기 화성 고잔낚시터

낚시터 기본 정보
- 소재지:경기 화성시 양감면 요당리
- 수면적:4만여 평
- 낚시터 형태/운영 방법:관리형·양어장형/잡이터·손맛터
- 방류·서식 어종:향붕어, 중국붕어, 토종붕어, 메기, 잉어 등
- 입어료/시설 이용료(2023년 현재):2만원(손맛터), 3만원(잡이터)/방갈로 10만~15만원
- 내비 주소:양감면 요당리 435
- 문의:031-353-7878

붕어를 끌어내고 있는 낚시인.

고잔낚시터에서 거둔 조과.

손맛터 연안

80~90년대에 경기권을 대표하는 유료낚시터로 명성이 자자했다. 현재도 현대화된 시설과 풍부한 고기 방류를 통해 명성을 이어가고 있다. 4만평 규모의 관리형낚시터와 3천평 규모의 양어장형 낚시터를 함께 운영하고 있다. 소개하는 낚시터는 3천평 규모의 양어장형낚시터다.

올라오는 어종의 90% 이상은 붕어이며 가끔씩 향어와 메기도 올라온다. 많은 양의 고기 방류로 쉬는 시간이 없다 할 정도로 잦은 입질이 들어오는 게 매력이다. 이렇듯 자원이 풍부한 것은 낚시터 대표가 '고잔수산'이라는 붕어 유통업을 겸하고 있기 때문이기도 하다.

3천평 규모의 양어장형낚시터는 수심은 2.4m 내외로서 수온이 오를수록 짧은 낚싯대의 조황이 좋아진다. 여름에는 2칸 대만으로도 충분히 손맛을 볼 수 있다. 개체수가 많은 편이기에 미끼 운용도 특별할 것이 없다. 어분과 보리를 섞은 집어떡밥과 글루텐이면 충분하다.

붕어 활성이 좋은 날은 아침낚시가 특히 잘 되므로 아침 시간은 반드시 노려볼 필요가 있다. 〈낚시춘추 2020년 5월호〉

남양호 수변에 자리 잡은 화성 노진낚시터.

남양호산 토종 월척이 우글우글
경기 화성 노진낚시터

낚시터 기본 정보
- 소재지:경기 화성시 장안면 노진리
- 수면적:1만여 평
- 낚시터 형태/운영 방법:관리형·자연형/잡이터
- 방류·서식 어종:토종붕어, 잉어 등
- 입어료/시설 이용료(2023년 현재):3만원(1호지), 2만원(2호지)/방갈로 4만~9만원
- 내비 주소:장안면 노진리 1567
- 문의:010-5900-0081

자연지 여건을 살린 2호지

각종 수초가 발달한 1호지

화성 노진낚시터의 조황 사진들

화성의 대형 간척지 남양호변에 있는 낚시터다. 붕어 자원이 풍부한 자연미 넘치는 낚시터를 원한다면 이곳을 추천한다. 관리실 앞 1호지(약 5천평)는 일반 양어장형 유료터와 비슷하고 바로 옆 2호지(약 5천평)는 아담한 소류지를 연상시킨다. 둘 다 중심부에 부들이 무성하고 각 포인트마다 각종 수초와 마름이 자라있어 대물낚시인들의 취향에 잘 맞다. 2021년 봄 떼월척이 쏟아져 유명세를 탔다.

1호지는 수시로 토종붕어를 방류하며 연안에 처마가 달린 발판을 설치해 낚시 편의성을 높였다. 관리실 앞에는 약 10동의 방갈로가 있어 가족낚시에 적합하다. 2호지는 곳곳에 1인용 접지좌대가 놓여있고 별다른 편의시설은 없다. 자연 그대로의 분위기를 살리기 위해서다.

어자원 역시 자연 그대로다. 낚시터 대표가 남양호 어부와 계약을 맺어 직접 잡은 붕어를 방류하고 있다. 수온이 20도 이하로 떨어지는 봄, 가을 조황이 뛰어나다. 〈낚시춘추 2021년 10월호〉

연이 수면을 메운 화성 동방낚시터.

연밭나라 붕어와 신선놀음
경기 화성 동방낚시터

낚시터 기본 정보
- 소재지 : 경기 화성시 팔탄면 노하리
- 수면적 : 18만6천평
- 낚시터 형태/운영 방법 : 관리형·자연형/잡이터
- 방류·서식 어종 : 토종붕어, 떡붕어, 가물치, 메기 등
- 입어료/시설 이용료(2023년 현재) : 2만원/연안방갈로 3만~8만원(입어료 별도), 수상방갈로 10만~20만원(입어료 포함)
- 내비 주소 : 팔탄면 노하리 596-27
- 문의 : 010-4860-5516

연안에 놓인 컨테이너 개조 방갈로들.

방갈로 내부

알록달록 형형색색의 방갈로와 그 앞에 펼쳐진 연밭이 멋진 낚시터다. 방갈로는 컨테이너를 개조한 것으로, 저수지 연안에 일렬로 쭉 늘어서 있다. 배스, 블루길 등 외래어종은 없고 자생한 토종붕어, 떡붕어 외에 가물치, 메기 등이 낚인다.

전체적으로 수심이 1~1.5m로 고른 편으로 낚시는 주로 노지와 관리소 앞 연안 방갈로와 수상잔교, 수상좌대에서 이루어진다. 방갈로 안에는 TV, 냉장고, 에어컨 등이 있으며 방갈로 옆에는 평상이 있어서 음식을 조리해 먹을 수 있다. 그래서 가족낚시인들이 많이 찾는 편이다.

낚이는 씨알은 잔챙이부터 월척까지 다양하다. 연잎이 피기 전인 봄과 삭은 가을에 조황이 뛰어나다. 미끼는 떡밥, 지렁이, 옥수수 등 다양하게 준비하는 게 좋다. 〈**낚시춘추 2020년 10월호**〉

화성 동방낚시터에서 낚인 다양한 씨알의 붕어들.

토종붕어 자원이 풍부한 화성 어천낚시터.

수도권 대형 토종붕어터로 환골탈태
경기 화성 어천낚시터

낚시터 기본 정보
- 소재지:경기 화성시 매송면 어천리
- 수면적:7만5천여 평
- 낚시터 형태/운영 방법:관리형/잡이터
- 방류·서식 어종:토종붕어, 잉어 등
- 입어료/시설 이용료(2023년 현재):2만5천원/수상좌대 10만~15만원(입어료 포함)
- 내비 주소:매송면 어천리 241-1
- 문의:010-5267-3578

연안의 낚시인들

붕어를 끌어내고 있는 낚시인

4짜 토종붕어가 종종 모습을 보이는 토종붕어 전용터다. 매월 5~6톤의 토종붕어를 방류해 자원을 조성하고 있으며 30~50cm급 향어까지 방류해 대단한 손맛을 전해주고 있다. 노지낚시는 전역에서 가능하다. 저수지 전 연안에 1인용 철제 접지좌대 177개를 설치했고, 낚시인들이 애용하는 개인 장비를 자유롭게 사용하도록 천막 시설은 제외했다.

가장 인기 높은 구간은 우안 중하류 부대 정문 앞과 최상류 새물유입구(뜨라래식당 밑) 부근. 최상류는 새물 효과를 톡톡히 보는 곳으로 주중에도 포인트 경쟁이 심하다. 부교나 수상좌대에서 편한 낚시를 즐기고 싶다면 관리소 앞 '수상좌대촌'으로 가면 된다. 관리소 앞에서 부교를 지나 걸어가면 1차로 좌우로 길게 뻗은 낚시용 부교가 나온다. 길이가 200m에 달해 많은 인원이 동시에 낚시할 수 있다.

접지좌대 한 포인트당 낚싯대 편성은 5대까지만 허용하고 있으며 미끼는 글루텐이 가장 무난하게 먹힌다. 〈낚시춘추 2022년 6월호〉

화성 어천낚시터에서 낚인 토종붕어들.

| PART 5 | 낚시터

봄이면 월척을 쏟아내 화제를 모으고 있는 강화 항포낚시터.

해마다 봄이면 호황으로 강화도가 들썩
인천 강화 항포낚시터

낚시터 기본 정보
- 소재지 : 인천 강화군 삼산면 석모리
- 수면적 : 12만9천평
- 낚시터 형태/운영 방법 : 관리형/잡이터
- 방류·서식 어종 : 토종붕어, 잉어 등
- 입어료/시설 이용료(2023년 현재) : 2만원/수상좌대 2인 기준 입어료 포함 12만원
- 내비 주소 : 삼산면 삼산서로310번길 2
- 문의 : 032-932-8265

우안 중하류의 수상좌대들

연안 최고 포인트인 관리실 앞 섬 포인트.

강화 항포낚시터에서 거둔 월척 붕어 조과.

삼산지라고도 불리는 이곳은 강화도에서는 소문난 토종붕어 유료낚시터다. 지난 2015년 가뭄 때 배스와 블루길이 거의 퇴치되면서 지금은 토종 물고기만 살고 있다. 그러다보니 붕어 자원이 풍부하고 성장이 빠르다. 마릿수 조과만 놓고 본다면 강화도권 최고 수준이다.

과거와 달라진 점은 수상좌대다. 총 10동으로 우안 하류부터 중류에 걸쳐 놓여 있으며 연안에서 걸어 들어갈 수 있어 편리하다. 좌대 내부는 화려함보다는 실속을 먼저 생각해 만들었다.

봄 시즌에 보여주는 조황은 씨알과 마릿수에 있어 메카톤급이라는 게 단골 낚시인들의 말이다. 8치~월척 씨알이 잘 낚이고 채비가 내려가기도 전에 입질이 들어오는 일도 많다. 미끼는 떡밥, 지렁이, 옥수수 모두 고루 먹히지만 입질이 잘 들어올 때는 곡물성 떡밥을 최대한 묽게 개어 쓰는 것만으로도 충분하다. 반출할 수 있는 붕어의 마릿수를 5마리로 제한하고 있는데 대신 입어료를 낮췄다. 수상좌대가 마릿수가 뛰어나다면 씨알은 단연 관리소 앞 일명 섬(연안과 연결돼 있어 실제로 섬은 아니다) 주변이 앞선다. 〈낚시춘추 2022년 5월호〉

손맛이 오가는 휴일의 유료낚시터 풍경. 사진은 화성 동방낚시터.

| PART 5 | 낚시터 33

500명이 한꺼번에 앉을 수 있는 대규모 잔교가 있어 매년 많은 낚시대회가 열리고 있는 공주 자연농원낚시터.

경기장+좌대+글램핑장+하우스
충남 공주 자연농원낚시터

낚시터 기본 정보
- 소재지:충남 공주시 정안면 광정리
- 수면적:9천평(손맛터), 3천400여 평(잡이터)
- 낚시터 형태/운영 방법:양어장형·관리형/손맛터·잡이터
- 방류·서식 어종:향붕어, 중국붕어, 토종붕어, 잉어 등
- 입어료/시설 이용료(2023년 현재):1만원(손맛터), 3만원(잡이터)
- 내비 주소:정안면 광정리 200-5
- 문의:041-858-1438

하우스낚시터의 어린이낚시 체험행사

손맛터 연안의 글램핑장

잡이터의 접지좌대와 방갈로

우리나라 최대 규모의 낚시시설과 편의시설을 갖춰놓은 곳이다. 넓은 낚시 공간, 풍부한 수량, 꾸준한 조황으로 매년 많은 낚시대회가 열리고 있다. 낚시터는 손맛터, 잡이터, 하우스낚시터 3곳이 있다.

손맛터는 건너편 연안까지 이어지는 긴 잔교 3개가 나란히 설치되어 있어 낚시 편의성이 좋다. 앉은 자리와 상관없이 조황이 고른 편이다. 잔교 폭이 넓어 앞뒤 모두 앉아서 낚시하기 넉넉하다. 500명 이상의 낚시인이 한꺼번에 앉을 수 있어 낚시대회가 많이 치러지고 있다.

손맛터 앞엔 식당과 관리실이 있으며 그 주변으로 연안 방갈로가 설치되어 있는 잡이터와 하우스 낚시터가 있다. 하우스낚시터는 어린이 낚시 체험장으로 운영되고 있기도 하다. 손맛터 앞과 잡이터 주변엔 글램핑장과 방갈로가 설치되어 있다. 〈낚시춘추 2023년 6월호〉

보기만 해도 힐링이 되는 당진 안국지의 아름다운 수변.

신선이 놀다간 낚시터가 여기구나!
충남 당진 안국지

낚시터 기본 정보
- 소재지:충남 당진시 정미면 수당리
- 수면적:4천여 평
- 낚시터 형태/운영 방법:관리형·자연형/잡이터
- 방류·서식 어종:토종붕어, 떡붕어, 잉어 등
- 입어료/시설 이용료(2023년 현재):4만원
- 내비 주소:정미면 수담리 696-1
- 문의:041-353-3737

응봉산 7부 능선에 자리 잡은 당진 안국지.

관리실 앞. 자연 그대로의 낚시터 환경을 유지하고 있다.

당진 안국지에서 낚인 월척 토종붕어들.

안국지를 20년 넘게 낚시터로 운영 관리 중인 정제택 대표는 이곳을 연안좌대와 잔교시설 없이 오로지 노지낚시터로만 운영하고 있다. 그 이유는 자연이 내어준 풍광 그대로를 간직하기 위해서인데 무엇보다 낚시인들이 지금 이대로의 모습을 간직하길 원하기 때문이다. 그러다 보니 조용하고 자연미 있는 곳에서 캠핑과 낚시를 즐기려는 출조객이 많은 편이다. 단골 낚시인 중에는 "신선이 놀다간 낚시터가 있다면 바로 이곳이다"라며 안국지의 비경을 칭찬하는 사람도 많다. 1년에 100회 이상 출조하는 단골 낚시인이 있을 정도다.

응봉산 7부 능선에 있는 낚시터는 골 안쪽 가장 깊숙한 곳에 위치하고 주변에 민가가 하나도 없어 조용하게 낚시를 즐길 수 있다. 깊은 산에서 내려오는 맑은 계곡수 덕에 수질이 깨끗하고 수심이 깊다. 계곡지답게 가장 깊은 곳은 수심이 27m 정도나 된다.

토종붕어만 방류하고 있으며 그 외에 떡붕어, 잉어, 가물치, 쏘가리, 메기 등이 서식한다. 자생 새우도 많아서 새우를 채집하여 미끼로 사용하면 큰 붕어를 만날 수 있다. 〈낚시춘추 2021년 7월호〉

풍부한 수량과 붕어 자원을 유지하고 있는 당진 전대리지낚시터.

조황, 물 가뭄 모르는 토종붕어터
충남 당진 전대리지낚시터

낚시터 기본 정보
- 소재지:충남 당진시 송악읍 전대리
- 수면적:6만7천여 평
- 낚시터 형태/운영 방법:관리형·자연형/잡이터
- 방류·서식 어종:토종붕어, 잉어, 동자개 등
- 입어료/시설 이용료(2023년 현재):2만원/수상좌대 6만~7만원, 방갈로 13만~15만원
- 내비 주소:송악읍 전대리 720-5
- 문의:041-357-2782

아침 입질을 기다리는 수상좌대 낚시인들.

신형 수상좌대

몽리면적이 작아 웬만한 가뭄에도 풍부한 수량을 유지하며 지속적인 방류로 조황 역시 꾸준한 곳이다. 넓은 평지형지로 전역에 수초가 잘 발달해 있고 안락한 수상좌대까지 갖추고 있다. 잔챙이부터 4짜급 월척붕어까지 고루 낚이며 잉어와 동자개가 손님고기로 낚여 톡톡히 재미를 안겨준다. 봄도 조황이 좋지만 늦가을이 피크 시즌을 이루면서 11월 중순 이후 얼음이 얼기 전까지 낚시가 잘 된다.

미끼는 글루텐과 지렁이가 잘 듣고 새우를 사용하면 씨알 굵은 붕어를 낚을 수 있지만 채집이 잘 안 되기 때문에 미리 준비해야 한다. 가을엔 떡밥+지렁이를 단 짝밥채비도 효과적이다. 수초가 없는 곳보다 철저하게 수초가 많은 포인트에 앉은 것이 좋다. 입질 시간대는 초저녁부터 자정 전, 입질 동틀 무렵부터 오전 10시 사이다. 〈낚시춘추 2018년 12월호〉

당진 전대리지낚시터에서 낚인 월척 토종붕어.

캠핑과 낚시를 접목해 낚시인을 맞고 있는 부여 캠피그라운드.

낚시와 캠핑을 한꺼번에
충남 부여 캠피그라운드

낚시터 기본 정보
- 소재지:충남 부여군 부여읍 자왕리
- 수면적:500평(손맛터), 2천평(전층터)
- 낚시터 형태/운영 방법:양어장형/손맛터
- 방류·서식 어종:토종붕어, 양식붕어, 떡붕어, 잉어 등
- 입어료/시설 이용료(2023년 현재):1만5천원~2만원/캠핑장 2만원
- 내비 주소:상충로 272번길 12
- 문의:010-6732-1782

부여 캠피그라운드 입간판

손맛터의 낚시인

식탁이 놓여 있는 손맛터 통로.

낚시방송인으로 잘 알려진 장태성 씨가 낚시와 캠핑을 접목해 만든 캠핑낚시터다. 장태성 대표는 1980년대를 풍미했던 영사운드라는 그룹의 드러머로 활동한 특이한 경력도 갖고 있다. 7080세대라면 갈무리, 등불 등의 곡들을 기억할 것이다. 현재는 대한가수협회 충남지부 회장으로 활동 중이며 요양원과 양로원을 다니면서 음악으로 봉사활동을 하고 있다.

캠피그라운드는 6천평 대지에 500평 규모의 양식붕어 손맛터, 2천평 규모의 떡붕어 손맛터, 300평 규모의 하우스낚시터를 조성했다. 각 낚시터는 낚시 자리 뒤쪽 공간이 넓으며 양식붕어 손맛터의 경우 통로에 식탁도 놓여 있다. 캠핑장은 가족이 함께 캠핑과 낚시를 즐기기에 그만이다.

500평 손맛터의 수심은 대략 1.8m 정도로 고른 편으로 최대 3.2칸 대까지 캐스팅이 가능하다. 낚시 자리 옆 기둥마다 수도꼭지가 있다. 허리를 굽혀 저수지 물을 뜨지 않아도 돼 편리하다. 〈낚시춘추 2021년 1월호〉

풍차 형태의 수상방갈로가 시선을 모으는 서산 덕송낚시터.

풍차 수상좌대에서 하룻밤
충남 서산 덕송낚시터

> **낚시터 기본 정보**
> - 소재지:충남 서산시 팔봉면 덕송리
> - 수면적:6천여 평
> - 낚시터 형태/운영 방법:관리형/손맛터
> - 방류·서식 어종:토종붕어, 잉어 등
> - 입어료/시설 이용료(2023년 현재):A형 방갈로 2인 기준 11만~19만원, B형 방갈로 14만~24만원
> - 내비 주소:팔봉면 덕송리 842-3
> - 문의:010-5917-3400

수상방갈로의 낚시인들

부교 입출입로

서산 덕송낚시터의 밤 풍경

흰색의 이국적인 풍차 모양 수상방갈로가 눈을 사로잡는 낚시터다. 팔봉산 자락에 있는 아담한 계곡지로서 저수지를 임대한 낚시터 대표가 '수상풍차낚시터'라고 이름을 붙이기도 했다. 총 12개의 방갈로를 운영하고 있으며 A형이 8동, B형이 4동이다. 차이점은 B동이 A동보다 조금 크고 싱크대가 있다는 것이다. 수상방갈로이긴 하지만 진입로를 겸한 부교가 설치돼 있어 언제라도 자유롭게 입출입이 가능하다. 입, 퇴실 시에는 전동 카트에 짐을 싣고 이동을 할 수 있다.

난방 편의시설이 잘 갖춰져 있어 겨울에도 따뜻하게 지낼 수 있으며 고즈넉한 겨울 저수지 분위기를 만끽할 수 있다. 냉온수기가 설치되어 있으며 화장실은 수세식이다.

손맛터로 운영되고 있으나 살림망은 사용할 수 있다. 낚시터에서 2km 정도 떨어진 거리에 있는 구도항이 있다. 주변에는 횟집도 몇 군데 있으므로 연계해 회를 즐기고 가도 좋을 것이다. 〈낚시춘추 2020년 1월호〉

떡붕어 명당에 이어 토종붕어 마릿수터로 자리 잡은 아산 냉정낚시터. 사진은 관리실 앞의 떡붕어 잔교.

시설 좋은 토종붕어·떡붕어 명당
충남 아산 냉정낚시터

낚시터 기본 정보
- 소재지:충남 아산시 인주면 냉정리
- 수면적:7만8천여 평
- 낚시터 형태/운영 방법:관리형/잡이터·손맛터
- 방류·서식 어종:토종붕어, 떡붕어, 동자개, 메기, 장어 등
- 입어료/시설 이용료(2023년 현재):2만원/떡붕어 잔교 1만5천원, 연안좌대 10만~20만원
- 내비 주소:인주면 서해로 548번길 158
- 문의:041-533-4305

떡붕어 잔교의 낚시인들

연안 좌대

인주산 자락이 저수지 주변을 둘러싸고 있는 준계곡형 저수지다. 저수지 축조 이전부터 바닥에서 샘이 솟아나 맑은 물이 유입되는 곳이라고 알려졌는데 그래서인지 수질이 좋은 곳이다. 떡붕어 자원이 많기로 유명하며 토종붕어 자원도 많이 조성해 마릿수낚시부터 대물낚시까지 즐길 수 있는 전천후 낚시터가 됐다.

관리소 앞에는 약 50석의 떡붕어 전용 손맛터가 설치돼 있다. 낚시터 물속을 그물로 막은 후 떡붕어를 넣어둔 곳으로, 개체수가 많아 사계절 떡붕어 손맛을 볼 수 있는 곳이다.

연안을 따라서는 편의시설을 갖춘 좌대가 설치되어 있다. 뒤쪽에 주차 공간이 마련되어 있어 이용하기 편하며 식탁용 테이블에선 준비해 온 음식을 먹어도 된다. 투룸 펜션도 운영하고 있으며 이곳은 정수기도 있어 물을 따로 준비해 오지 않아도 된다. 〈낚시춘추 2022년 11월호〉

인주산 자락에 들어선 아산 냉정낚시터.

붕어 자원이 풍부하고 포인트가 다양한 아산 봉재낚시터. 사진은 관리실 앞 잔교.

누구나 손맛 보는 신병훈련소
충남 아산 봉재낚시터

낚시터 기본 정보
- 소재지 : 충남 아산시 둔포면 봉재리
- 수면적 : 15만여 평
- 낚시터 형태/운영 방법 : 관리형/잡이터
- 방류·서식 어종 : 토종붕어, 향어, 잉어, 메기, 배스 등
- 입어료/시설 이용료(2023년 현재) : 2만5천원/수상좌대 6만5천원~23만5천원
- 내비 주소 : 둔포면 봉재리 316-6
- 문의 : 041-531-3196

연안의 낚시인들

아산 봉재낚시터에서 거둔 조과

붕어낚시 신병훈련소라고 불릴 정도로 붕어 자원이 풍부하고 포인트도 다양하다. 잔챙이 붕어부터 4짜 이상 대물 붕어까지 다양한 씨알이 낚여 남녀노소 가족낚시인까지 많은 이들이 찾는다. 2000년 이전부터 유료낚시터로 운영되어 온 덕분에 계절별로 상, 중, 하류 포인트들이 고루 개발되어 있다. 인기가 높은 포인트는 주차장이 있는 관리실 앞 연밭 잔교와 수초가 발달한 상류다. 관리실 앞 잔교는 낚시 구간이 길어 직장낚시회 출조 등 단체출조가 많이 이뤄진다. 상류 잔교 포인트는 뗏장수초, 줄 등이 자라 있는 봄과 늦가을에 조황이 좋으며 낚이는 씨알도 굵다.

수면적이 넓다 보니 수상좌대가 연안을 따라 줄지어 있다. 1인용부터 가족형까지 선택의 폭이 넓다는 것도 장점이다. 아이들과 함께 찾았다면 지렁이를 미끼로 사용해 낮낚시를 해도 좋다. 배스와 블루길이 낚여 손맛을 즐길 수 있다. 〈낚시춘추 2018년 5월〉

수상좌대

풍부한 붕어 자원이 조성되어 있는 아산 영인낚시터.

토종붕어 씨알, 마릿수 모두 만족
충남 아산 영인낚시터

낚시터 기본 정보
- 소재지 : 충남 아산시 영인면 아산리
- 수면적 : 13만여 평
- 낚시터 형태/운영 방법 : 관리형·자연형/잡이터
- 방류·서식 어종 : 토종붕어, 떡붕어, 잉어, 배스 등
- 입어료/시설 이용료(2023년 현재) : 2만5천원/수상좌대 9만~16만원
- 내비 주소 : 영인면 영인로 159-20
- 문의 : 041-533-4321

우안 중하류 연안 포인트

토종붕어 낚시터로 명성이 높은 곳이다. 낚시터 대표 황운기 씨가 2011년에 인수해 토종붕어 자원을 지속적으로 관리해 어자원 만큼은 아산 지역 최고 수준을 자랑한다. 토종붕어 서식에 이상적인 수초 많은 평지지로, 물색이 사철 적당히 탁해 낚시가 잘 된다. 적당히 탁한 물색은 날씨, 기온, 수온 등의 영향을 적게 받기 때문에 조황이 꾸준한 것 또한 장점이다.

수상좌대는 마릿수, 씨알 모두 뛰어나 주말에 앉으려면 예약은 필수다. 수초낚시가 호황을 보이는 봄과 가을엔 4짜 붕어도 자주 출몰한다. 연안낚시 역시 잘 되나 핵심 구간인 우안 중하류가 일부 구간을 제외하곤 도로와 접해 있어 짐을 내리고 다시 차를 주차장에 대야 한다. 주차장 상류 방향 40m 부들밭은 최고의 연안 포인트로 꼽힌다.

가장 잘 먹이는 미끼는 글루텐이며 봄에는 딸기글루텐이 잘 먹히지만 먹성 좋은 가을에는 글루텐 종류를 가리지 않는다. 〈낚시춘추 2021년 12월호〉

군계일학 성제현 대표가 아산 영인낚시터에서 거둔 조과.

| PART 5 | 낚시터 41

포인트가 다양하고 조황이 꾸준한 아산 죽산낚시터.

조황 부침 없는 토종붕어터
충남 아산 죽산낚시터

낚시터 기본 정보
- 소재지:충남 아산시 선장면 죽산리
- 수면적:7만2천여 평
- 낚시터 형태/운영 방법:관리형·자연형/잡이터
- 방류·서식 어종:토종붕어, 중국붕어, 떡붕어, 잉어 등
- 입어료/시설 이용료(2023년 현재):2만5천원/수상좌대 9만~19만원
- 내비 주소:선장면 서부남로 344
- 문의:041-544-3666

연안의 잔교식 좌대

수상좌대에서 붕어를 끌어내고 있는 낚시인.

아산 죽산낚시터에서 거둔 조과.

기복 없는 조황이 매력인 낚시터로서 수도권 낚시회의 시조회, 납회 장소로 명성이 높다. 수상좌대, 잔교식 좌대 등의 편의시설도 잘 갖춰져 있다. 계절과 포인트에 따라 낚이는 어종과 조황이 달라진다. 상류의 갈대, 부들밭은 토종붕어가 잘 낚인다. 자생하는 새우를 잡아 미끼로 쓰면 밤낚시에서 월척 붕어가 낚인다.

제방 좌측 중하류의 관리실 아래에선 잔교식 좌대가 놓여 있으며 여기서 배를 타고 수상좌대로 간다. 오랜 기간 낚시터를 관리해온 대표가 계절과 배수 상황에 따라 수상좌대를 옮겨 놓기 때문에 조황 부침이 드물고 꾸준한 것이 장점이다. 얼음만 얼지 않는다면 한겨울에도 마릿수 조황을 보여주기도 한다.

어분을 섞은 곡물떡밥과 글루텐떡밥이 사계절 잘 듣지만 늦가을부터 결빙 전까지는 지렁이도 함께 준비해가는 게 좋다. 〈낚시춘추 2018년 1월호〉

우리나라에서 가장 큰 수면적의 유료낚시터인 예산 예당지. 사진은 최상류.

우리나라 최대 수면의 유료낚시터
충남 예산 예당지

낚시터 기본 정보

- 소재지 : 충남 예산군 대흥면 노동리
- 수면적 : 329만여 평
- 낚시터 형태/운영 방법 : 관리형·자연형·잡이터
- 방류·서식 어종 : 토종붕어, 떡붕어, 잉어, 배스 등
- 입어료/시설 이용료(2023년 현재) : 7천원/수상좌대 7만~16만원
- 내비 입력명 : 예당저수지
- 문의
2박3일좌대 011-452-5117 / 검은솔밭낚시좌대 041-334-6962 / 교촌낚시좌대 010-4352-5968
그린좌대 041-332-1077 / 낚시여행 010-5023-2552 / 낚시회관좌대 041-332-0020
대양낚시좌대 041-332-3311 / 도덕골좌대 010-2127-2004 / 만수낚시좌대 041-332-0043
붕어나라 041-333-1110 / 새물좌대 041-335-3187 / 숲속좌대 041-332-0294
하와이좌대 041-335-4581 / 애플좌대 010-8807-6833 / 무지개좌대 041-335-5772
예당좌대 010-5423-8348 / 오리장낚시좌대 041-332-0392 / 월척낚시좌대 041-333-4146
인천낚시좌대 041-334-4779 / 임존성낚시좌대 041-333-2606
장전정자나무좌대 041-332-0356 / 장전좌대 010-3582-9757 / 정자낚시좌대 041-332-9881
진수낚시좌대 041-333-4145 / 평촌낚시좌대 041-332-0005 / 포인트좌대 010-3582-9757
피쉬뱅크좌대 041-333-1330 / 한물좌대 041-331-5117

수상좌대

최상류 수몰나무 포인트

예산 예당지에서 낚인 토종붕어와 떡붕어.

댐이 아닌 저수지로는 우리나라 최대 규모(329만평)를 자랑한다. 광대한 수면만큼 포인트가 많고 붕어 자원이 풍부하다. 토종붕어와 떡붕어가 함께 낚이는데 떡붕어가 주로 낚이기 때문에 글루텐 위주로 미끼를 쓰며 토종붕어 산란철인 봄엔 글루텐과 지렁이를 함께 단 짝밥을 사용한다. 가을~겨울에는 수상좌대낚시 위주로, 봄에는 연안과 좌대에서 모두 호황을 보인다.
최상류 무한천, 상류 대회장자리, 우안 중상류 대흥면, 좌안 중상류 월송리·무봉리탄방리, 그 외 중하류로 낚시 구간을 나눌 수 있다. 도보용 데크와 출렁다리가 있는 우안 중하류는 연안낚시를 할 수 없다. 〈낚시춘추 2021년 5월호, 2019년 9월호〉

빼어난 풍광의 괴산 문광낚시터

가로수길보다 더 예쁜 붕어가 사는 곳
충북 괴산 문광낚시터

낚시터 기본 정보
- 소재지 : 충북 괴산군 문광면 양곡리
- 수면적 : 5만7천여 평
- 낚시터 형태/운영 방법 : 관리형·자연형/잡이터
- 방류·서식 어종 : 토종붕어, 떡붕어, 잉어, 메기, 가물치 등
- 입어료/시설 이용료(2023년 현재) : 2만5천원/수상좌대 11만원
- 내비 주소 : 괴산로 양곡5길 44
- 문의 : 043-834-4456

연안의 낚시인

수몰나무 사이에 자리 잡은 수상좌대.

낚시터 초입에 유명한 은행나무 가로수길이 있어 전국적으로 아름다운 곳으로 알려져 있다. 은행나무가 노랗게 물드는 가을엔 사진 촬영을 위해 사람들이 몰려든다.

양곡지라고도 불리며 준계곡형 수변에 숲이 우거져 있고 고목이 많아 매우 아름답다. 노지 수변길이 잘 정비돼 있어 연안에서 낚시하기에도 편리하고 잔교 시설도 여러 개가 있다. 편리한 시설을 갖춘 수상좌대가 있으며 식당을 함께 운영하고 있는 관리실에서 배달도 해준다.

미끼는 떡밥, 글루텐, 옥수수 등이 주로 쓰인다. 옥수수 미끼에 간혹 4짜 대물 붕어가 낚이곤 한다. 포인트는 산 밑 새물 유입구 쪽과 은행나무 가로수 길 초입의 길 건너 갈대밭 이다. 계절별로 잘 듣는 미끼는 큰 차이가 없으며 집어떡밥과 글루텐이면 손맛을 볼 수 있다. 낚이는 붕어는 힘이 좋고 체색이 깨끗하며 황금빛을 띠는 게 매력이다. 〈낚시춘추 2019년 9월호, 2018년 12월호〉

낚시터 랜드마크인 가로수길

한여름에도 서늘한 바람이 불어오는 괴산 신흥낚시터.

에어컨 낚시터가 여기구나
충북 괴산 신흥낚시터

낚시터 기본 정보
- 소재지:충북 괴산군 불정면 신흥리
- 수면적:3만7천여 평
- 낚시터 형태/운영 방법:관리형·자연형/잡이터
- 방류·서식 어종:토종붕어, 잉어 등
- 입어료/시설 이용료(2023년 현재):3만원/수상좌대 2인 기준 10만원
- 내비 입력명:신흥낚시터
- 문의:010-4763-8047

관리소 앞 수상좌대

연안 접지좌대

상류의 수상좌대

충북 지역 유료터 중 경치 좋고 물 맑기로 소문난 곳이다. 지대가 높아 해만 지면 여름에도 서늘한 바람이 불어 두터운 점퍼를 필수로 준비해야 된다.

좌안과 우안에 걸어서 들어갈 수 있는 수상좌대가 놓여 있고 그 사이 사이에 시멘트 접지좌대가 배치돼 있다. 접지좌대가 놓인 연안에는 나무들이 울창해 그늘을 만들고 있는데 키가 커서 종일 햇볕이 들지 않는 곳이 많다. 다른 유료터의 접지좌대와 달리 이곳의 접지좌대는 폭이 2m가 넘을 정도로 넓은 것이 특징이다. 수상좌대는 깔끔하고 청결하다.

조황도 뛰어나다. 토종붕어 위주로 다양한 씨알이 방류되고 있다. 낮낚시엔 5~7치 붕어가 잘 낚이고 밤이 되면 월척이 붙는다. 큰 비가 오거나 물색이 뒤집어지지 않는다면 찌맛을 보며 살림망을 채울 수 있다. 〈낚시춘추 2021년 8월호〉

| PART 5 | 낚시터 45

토종붕어 대물터로 유명한 음성 사계지낚시터.

4짜 못하신 분 여기서 소원 푸세요
충북 음성 사계지낚시터

낚시터 기본 정보
- 소재지:충북 음성군 금왕읍 구계리
- 수면적:1만5천 평
- 낚시터 형태/운영 방법:관리형·자연형/잡이터
- 방류·서식 어종:토종붕어, 잉어 등
- 입어료/시설 이용료(2023년 현재):3만원/연안좌대 2인 기준 13만원
- 내비 주소:금왕읍 보습길 77
- 문의:043-878-8819

상류 연안의 낚시인

다리로 연결된 연안좌대

토종붕어만 방류하고 있는 낚시터다. 관리소는 식당을 겸하는데 집밥 같은 정갈한 음식과 맛으로 낚시인들에게 알려져 있다. 식당 벽 한쪽에는 사계지낚시터에서 낚은 허리급 이상과 4짜 붕어를 낚고 찍은 조사들의 사진을 볼 수 있다.

연안에 배치되어 있는 좌대는 뒤쪽에 주차 공간이 있어 진입하기 편하다. 상류 쪽에 배치된 3동의 좌대에는 말풀과 마름, 부들 등의 수초가 밀생해 대물 붕어의 산란장과 은신처가 되는 핫포인트이다. 수심은 1m권이다. 제방 우안 중류 쪽에 배치한 좌대 수심은 3m 이상으로, 장대를 이용하면 마릿수로 붕어가 잘 낚이는 곳이다. 상류 배터와 연결된 좌대는 수심이 1.5m권으로 이곳 역시 상류 다음으로 인기 있는 포인트이다. 그리고 마지막 제방 좌완 산밑 포인트는 수심이 깊은 곳으로 대체적으로 바닥 지형이 깨끗한 편이다.

이곳은 낚시인 사이에 4짜 조사 반열에 오를 수 있는 낚시터로 알려져 있다. 미끼는 옥수수가 잘 먹히지만 간혹 글루텐 떡밥에도 월척 붕어가 낚인다. 〈낚시춘추 2022년 5월호〉

음성 사계지에서 낚인 대물 붕어.

청주, 세종 낚시인들의 손맛터로 인기가 높은 청주 호암낚시공원.

중부고속도로 석곡JC 인근의 손맛 명당
충북 청주 호암낚시공원

낚시터 기본 정보
- 소재지 : 충북 청주시 흥덕구 석곡동
- 수면적 : 3천500여 평
- 낚시터 형태/운영 방법 : 양어장형/손맛터
- 방류·서식 어종 : 토종붕어, 향어, 잉어, 메기 등
- 입어료/시설 이용료(2023년 현재) : 1만5천원
- 내비 주소 : 흥덕구 석곡동 317-1
- 문의 : 010-2464-7238

중부고속도로 석곡JC 인근에 있어 청주, 세종 등 주변의 도시, 직장 낚시인들이 퇴근 후 또는 주말에 나들이를 겸해 많이 찾고 있는 곳이다. 지하 암반층에서 올라오는 지하수를 담수해 수질이 좋고 고기 힘이 세다. 다른 손맛터에 비해 깨끗하게 관리되고 있는 낚시시설도 장점이다.

토종붕어, 향어, 잉어, 메기 등 다양한 어종을 방류하고 있으며 쏘가리, 철갑상어를 풀어 놓기도 한다. 연안을 따라 지붕이 있는 200석 규모의 낚시자리가 마련되어 있다. 출조 낚시인들이 길지 않은 시간 손맛을 즐기고 가는 일이 많은 만큼 이벤트도 수시로 열고 있다.

중층·내림낚시는 금지하고 바닥낚시만 허용한다. 미끼는 글루텐떡밥은 사용할 수 없고 생미끼는 지렁이만 허용한다. 어분류 떡밥이 잘 듣는다. 매점을 겸하고 있는 관리실에선 간단한 낚시용품을 구입할 수 있다.

항공촬영한 낚시터

200석 규모의 낚시자리가 마련되어 있다.

입질을 기다리고 있는 낚시인들.

수려한 산세와 맑은 수질의 충주 모점낚시터.

한 번만 찾는 사람은 없다는 그곳!
충북 충주 모점낚시터

낚시터 기본 정보
- 소재지 : 충북 충주시 앙성면 모점리
- 수면적 : 7만2천여 평
- 낚시터 형태/운영 방법 : 관리형·자연형/잡이터
- 방류·서식 어종 : 토종붕어, 떡붕어, 잉어, 가물치, 메기 등
- 입어료/시설 이용료(2023년 현재) : 2만5천원/수상좌대 10만~30만원
- 내비 주소 : 앙성면 모점1길 128
- 문의 : 010-8520-0606

상류 버드나무군락의 연안 포인트

수몰나무 앞에 늘어선 수상좌대

본래 저수지 이름이 앙암저수지인 이곳은 저수지 주변으로 병풍처럼 산으로 둘러싸여 있어 천혜의 풍광을 자랑한다. 계곡에서 물이 내려와 수질이 깨끗하고 주변의 민가도 드물어 오염원이 없다. 배스나 블루길 등 외래종이 없으며 자생새우가 많아 새우에 대물 붕어나 자연산 메기가 낚인다.
수상좌대는 연안에 붙어 있어 걸어서 갈 수 있는 좌대와 배를 타야 오를 수 있는 좌대 두 형태로 나뉘며 상중하류 곳곳에 배치돼있다. 상류 연안은 캠핑과 낚시를 함께 즐기기에 최상의 여건을 갖추고 있다. 장박낚시를 하는 낚시인도 종종 있다. 낚시 자리 뒤에는 기암절벽까지 있어 입질이 없으면 잠시 뒤로 돌아서 풍경을 감상하는 것만으로도 힐링이 된다. 중류 골자리에 배치돼 있는 좌대는 한여름엔 녹음 속에 안겨 있는 아늑함이 매력이다.
미끼는 옥수수와 글루텐이 잘 먹힌다. 식당은 따로 운영하지 않지만 주변 음식점에서 배달시킬 수 있다. 〈낚시춘추 2022년 6월호〉

충주 모점낚시터에서 거둔 조과.

우리나라 최대 수면적의 댐호 충북 충주호.

수상좌대 댐붕어 손맛 상쾌 호쾌
충북 충주호

낚시터 기본 정보
- 소재지 : 충북 충주시 종민동
- 수면적 : 2천900여 만평
- 낚시터 형태/운영 방법 : 관리형·자연형/잡이터
- 방류·서식 어종 : 토종붕어, 잉어, 장어, 배스 등
- 입어료/시설 이용료(2023년 현재) : 수상좌대 7만~15만원
- 내비 입력명 : 충주호
- 문의

●충주 지역			
꽃바위낚시터		010-3447-2914	동량면 화암리 273
늘푸른낚시터	043-852-4585	010-4100-2293	살미면 무릉리 산 30-6
명서낚시터	043-852-9520	010-6311-8200	산척면 명서리 300
목벌낚시터	043-847-9504	010-9252-4604	목벌동 552
문골낚시터	043-852-1902	010-5104-0459	살미면 내사1리
솔낚시터	011-276-9777	011-276-9777	동량면 서운리 379
신매낚시터	043-851-7987	010-3547-3626	살미면 신매리 452
윤낚시터	043-851-6200	010-5360-7831	살미면 내사리 795-6
입석낚시터	043-855-4688	010-5464-4423	가금면 용전리 307-10
제일낚시터	043-851-0052	010-5162-0051	살미면 내사리 803
하천낚시터	043-851-0025	010-3709-3507	동량면 하천리 180-4
●제천 지역			
단돈낚시터		010-5265-2259	청풍면 단돈리 113-2
대류한버들낚시터		010-3841-9027	청풍면 대류리 359
덕곡리낚시터	043-647-2701	010-5230-2701	한수면 덕곡리 405
명암낚시터		010-3720-4646	봉양읍 영암로 2431
사오단돈낚시터		010-7275-9802	청풍면 단돈리 110-4
사오리낚시터	043-644-9027	010-9320-1958	청풍면 사오리 산20-3
서창B낚시터		010-5483-1530	한수면 서창리 18
서창A낚시터		010-5438-1500	한수면 서창리 18
신리낚시터		010-3782-1153	청풍면 신리 233-1
실리곡낚시터	043-647-1789	010-3782-1153	청풍면 실리곡리
양평리낚시터	043-647-9764		청풍면 양평리 432
돌감낚시터	043-647-2365	010-2173-8510	청풍면 연론리 381
짱가네낚시터	043-648-5337	010-2434-5337	청풍면 연론리 381
오산낚시터	043-851-2082	010-9203-3198	청풍면 호반로 2123
김병주낚시터	043-647-2907	010-4182-3371	청풍면 용곡리 339
용곡리낚시터	043-647-2365	010-5459-2365	청풍면 용곡리 393-5
후산리낚시터	043-653-1377	010-9020-2821	청풍면 후산리 89-2

골자리의 수상좌대

충주호에서 월척 붕어를 낚은 낚시인들.

낚시춘추 무크지 11
유료낚시터 붕어낚시

지은이 낚시춘추 편집부
펴낸이 정규도
펴낸곳 황금시간

초판 1쇄 인쇄 2023년 8월 14일
초판 1쇄 발행 2023년 8월 16일

편집 서성모
디자인 정현석 김혜령

공급처 (주)다락원 (02)736-2031

주소 경기도 파주시 문발로 211
전화 (02)736-2031(대)
팩스 (031)8035-6907
출판등록 제406-2007-00002호

Copyright ⓒ 2023, 황금시간

저자 및 출판사의 허락 없이 이 책의 일부 또는 전부를
무단 복제·전재·발췌할 수 없습니다.
잘못된 책은 바꿔드립니다.

값 15,000원
ISBN 979-11-91602-42-5 13690

http://www.fishingseasons.co.kr

낚시춘추 홈페이지를 통해 인터넷 주문을 하시면 자세한 정
보와 함께 다양한 혜택을 받으실 수 있습니다.